우리는 다시 연결되어야 한다

TOGETHER

외로움은 삶을 무너뜨리는 질병

우리는 다시
연결되어야 한다

together

비벡 H. 머시 지음 | 이주영 옮김

한국경제신문

"머시 박사는 공중보건위생국장으로서 국가에 헌신하면서 직관력과 통찰력을 바탕으로 각계각층의 사람들에게 영향을 미치는 외로움이라는 가장 골치 아픈 건강상 문제를 찾아냈다. 《우리는 다시 연결되어야 한다》에서 그는 마지막까지 연민을 잃지 않으며 외로움의 숨겨진 위험성을 밝혀내고 치유의 이야기를 들려준다."

아리아나 허핑턴(Arianna Huffington), 스라이브글로벌(Thrive Global)의 설립자 겸 CEO

"이 힘 있고 중요한 책은 외로움을 공중보건의 문제로 다뤘다. 왜 인간에게서 외로움이 발달됐는지, 왜 외로움이 해로울 수 있는지, 오늘날 외로움은 왜 증가하며 이 문제에 어떻게 대처할 수 있는지 알려준다."

월터 아이작슨(Walter Isaacson), 〈뉴욕타임스〉 베스트셀러 작가

"머시는 이 책을 통해 의료 분야에서 공동체와 인간관계의 역할을 강조한다. 그는 인간성과 치유에 관한 설득력 있고 연민 어린 통찰을 제공한다."

싯다르타 무케르지(Siddhartha Mukherjee), 《암: 만병의 황제의 역사》의 저자이자 퓰리처상 수상자

"머시는 우리에게 흡연의 위험성을 경고하지 않는다. 다만, 외로움과 맞서 싸우고 공동체와 관계를 형성하기 위해 필요한 것을 알려준다. 설득력 있는 이야기와 철저한 증거로 무장한 이 책은 우리가 이제 행동할 때임을 알려 준다."

애덤 그랜트(Adam Grant), 《오리지널스》, 《기브 앤 테이크》의 저자

"《우리는 다시 연결되어야 한다》는 현대 생활의 특징인 외로움이라는 팬데믹을 연구하는 용감하고 아름다운 탐구다. 머시는 의학적 전문 지식과 다양한 경험, 지적 호기심을 토대로 이전에는 고려되지 않았던 전혀 새로운 영역을 탐구한다. 그는 개인이자 사회로서 우리에게 필요한 만족스러운 솔루션을 제공한다."

에이브러햄 버기즈(Abraham Verghese), 《눈물의 아이들》의 저자

"《우리는 다시 연결되어야 한다》를 캡슐 안에 넣을 수 있다면 블록버스터급 치료제가 될 것이다. 머시 박사는 외로움에 관한 과학을 훌륭하게 풀어낸다. 그리고 우리가 외로움을 느끼지 않고 훌륭하고 오랜 인생을 살 수 있도록 공동체, 친구, 가족과 관계를 더 잘 맺을 수 있는 강력한 처방을 제시한다."

댄 뷰트너(Dan Buettner), 내셔널지오그래픽 펠로우(National Geographic Fellow), 《블루존(The Blue Zone)》의 저자

"질병, 고통, 죽음에 다른 무엇보다도 큰 원인을 제공하는 보이지 않는 위기가 오늘날 미국을 괴롭히고 있다. 바로 외로움이다. 외로움은 종종 중독, 자살, 심지어 비만의 숨겨진 원인이 되기도 한다. 머시는 《우리는 다시 연결되어야 한다》에서 따뜻한 통찰력으로 외로움의 해결책을 능수능란하게 탐구한다. 방법은 분명하다. 치유를 일으키는 가장 강력한 힘은 사랑과 관계다. 공동체는 약이다."

마크 하이만(Mark Hyman), 의학 박사, 클리블랜드 클리닉 기능의학센터(Cleveland Clinic Center for Functional Medicine) 전략 혁신 책임자, 《푸드 픽스(Food Fix)》의 저자

"시내 중심가에는 셔터가 내려지고 쇼핑몰은 죽어가고 SNS를 통한 약한 고리가 확산되는 이 시대에 우리는 중요한 인간관계를 놓치고 있다. 《우리는 다시 연결되어야 한다》에서 머시는 개인의 삶과 사회에서 우리를 괴롭히는 문제를 훌륭하게 진단하고 우리가 서로와 스스로의 삶을 풍요롭게 할 수 있는 처방을 제시한다."

대니얼 골먼(Daniel Goleman), 《EQ 감성지능》의 저자

"머시는 디지털 시대의 단절 문제와 인간관계가 가진 힘을 깊이 공감하며 이해한다. 그는 우리를 괴롭히는 문제는 물론 이를 해결하기 위해 우리가 각자의 방식으로 함께할 수 있는 일과 해야만 하는 일을 아주 잘 파악하고 있다. 이 책은 우리 시대에 외로움이 급속히 확산되는 현상을 설득력 있게 진단하고 친절과 배려를 바탕으로 한 체계 있는 병인 분석, 예후, 치료 계획을 제시하며 희망적이고 광범위한 구현 사례로 위안과 영감을 준다."

존 카밧진(Jon Kabat-Zinn), MBSR 창립자, 《왜 마음챙김 명상인가?》, 《명상은 생각과 다르다 (Meditation Is Not What You Think)》의 저자

"우리 시대가 가진 중요한 문제 가운데 하나를 직시하게 하는 깊은 이해, 따뜻한 희망과 진정한 지혜가 담긴 해답을 제공한다.

잭 콘필드(Jack Kornfield) 박사, 《마음의 숲을 거닐다》의 저자

내가 주체가 되어
나를 통제할 수 있는 힘에 대한 통찰

외로움은 질병일까? 누구나 가끔은 외로움을 느낀다. 어떤 사람은 그 외로움을 조금 더 짙게 느낀다. 흔한 일이다. 외로움은 그저 누구나 겪는 일시적인 우울한 고립감쯤이라 여긴다. 그러나 그렇게 가볍게 다룰 사안이 결코 아니다. 어떤 사람은 외로움 때문에 괴로워하고 심한 우울증에 빠지고, 심지어 스스로 목숨을 끊기도 한다. 차라리 몸의 외상은 눈에 보이고 외과적 수술로 치료하고 회복할 수 있지만, 외로움은 주목하지 않으면 그저 가벼운 감기쯤도 되지 않은 가벼운 심리상태로 여겨진다. 이러한 흔한 오류에 대해 의학적으로 깊이 연구한 사람이 있다. 그것도 미국의 공중보건위생국장이던 사람이다. 왜 그는 이 문제에 주목했을까? 그게 그의 직분과 무슨 직접적인 관계가 있다고?

저자인 머시 박사는 미국의 주류인 WASP(앵글로색슨계 미국 신교도의 줄임말. 미국 주류 지배계급을 의미한다.)에 속한 사람이 아니다. 그의 가족도 인도의 이민자들이다. 이질적인 문화 속에서 아웃사이더로 살면서 겪은 소소한 일들을 목격하면서 외로움의 실체를 경험했다. 심지어 가족의 일원인 삼촌이 외로움 때문에 자살한 아픈 경험도 있다. 그런 경험들은 그가 공중보건위생의 중요한 과제 가운데 하나로 외로움이라는 것을 탐구하도록 이끌었다. 책 속에 등장하는 다양한 사례들은 외로움이 얼마나 위험하고 어떻게 우리의 삶을 갉아먹는지 보여준다. 외로움은 폭력성과 사망률에 밀접하게 맞물려있다. 관계와 외로움의 진화적 관계는 왜 우리가 이 고통을 직시해야 하는지를 역설적으로 보여준다. 강인해야 한다는 강박은 오히려 외로움의 늪에 빠지게 하고 자신을 스스로 소외되게 만든다. 그리고 남성들은 경쟁하는 삶을 사는 반면 여성은 관계를 맺으며 살아간다는 특징은 많은 것을 시사한다.

지금의 세대는 역사상 가장 잘 연결된 세대다. 오프라인뿐 아니라 온라인으로 난맥처럼, 그러나 매우 섬세하게 연결되어 있다. 그런데 왜 그들은 더 외로워하는 것일까? 외로움은 폭력성을 배양한다. 혐오 사회는 그것을 증폭시킨다. 악순환이다. 이 악순환의 고리를 제거해야 사회가 건강할 뿐 아니라 개인이 외로움이라는 늪에 빠지지 않는다. 머시 박사가 왜 공중보건위생이라는 관점에서 이 문제에 천착했는지 보여주는 대목이다.

외로움은 단순히 '홀로 있음'이 아니다. 외로움이 자신에게 향하면 극단적으로 자살에까지 이르고 타인에게 향하면 분노와 폭력으로 나타난다. 외로움은 주변에 대해 적대적이 되게 한다. 그런 점에서 저자가 외로움과 폭력은 '남매 사이'라고 규정한 것은 절묘하다. 여러 가지 중독의 큰 원인 가운데 하나도 결국은 외로움이다. 그런 외로움을 완화하는 방식 가운데 하나는 호의와 친절한 행동이다. 따라서 다양한 처방에 대한 사회적·교육적 관심과 행동이 수반되어야 한다. 그런 점을 비춰보면 공중보건위생의 총책임자로서 외로움을 탐구하는 당위가 분명하게 드러난다.

회복탄력성이라는 것도 결국은 자기정체성에 대한 분명한 인식을 토대로 가능해진다. 외로움 악순환의 고리를 끊어야 건강하고 균형 잡힌 회복탄력성이 가능해진다. 디지털 세대에게는 특별히 연결된 삶과 연대감이 절실하다. 고독과 고립을 구별하고 적절한 자기관용의 여지를 마련해야 한다. '내가 주체가 되어 나를 통제할 수 있다는 것'에 주목해야 한다. 그런 점에서 외로움은 '고립'의 차원이다. 고립은 타율적 고독이다. 타인의 탓도 자신의 탓도 있다. 반면 고독은 자율적 고립이다. 나 스스로 선택했다는 것 자체가 '주체적인' 행동이다. 고독은 자신의 지속가능성에 대한 밑거름이다. 무조건 홀로 있음을 피할 게 아니라 주체적 존재로서 자신에게 충실하고 더 많은 시간을 할애하며 섬세한 사유를 통한 견고한 판단력을 키울 수 있어야 한다. 그런 점에서 어렸을 때부터 고독의 힘과 가치를 가르칠 필요가 있다. 그리고 고독과 독서는 불가분의 관계라는 점도 간과할 수 없다. 저자가 독서를 '비슷한 영혼의 공동체에 속하는 것'이라고 정의한 건 명쾌하다. 고독은 삶의 속도를 늦춰 자신을 되돌아볼 수 있는 힘을 마련해준다. 그러므로 고독과 외로움 혹은 고립을 분별하는 것이 대전제가 되어야 한다. 그냥 '함께'라는 것으로 모든 게 해결되는 게 아니다.

다양한 관계망을 형성하고 사는 것 같지만 정작 자신을 발견하지 못하고 건강한 공동체적 연대를 마련하지 못하면 외로움은 질병으로 악화한다. 그것을 예방하고 치료하는 것은 개인의 차원에 그치지 않는다. '보이지 않는' 질병으로서 외로움을 직시해야 해결할 수 있다. 머시 박사의 이 책은 공중보건위생의 차원에서 외로움을 본격적으로 다뤘다는 점뿐 아니라 우리가 어떤 사회적 관계를 모색해야 하는지를 구체적이고 실증적으로 보여주는 백서다. 또한, 우리에게도 이 문제를 심각하게 고민하고 탐구해야 할 당위를 던진다.

김경집(인문학자)

외로운
세상에서
인간관계가
갖는
치유의 힘

2014년 12월 15일 미국 19대 공중보건위생국장 임기를 시작하면서 나는 '국가 주치의'로서 비만이나 흡연 관련 질병, 정신 건강 문제, 백신으로 예방 가능한 질병 등에 집중할 생각이었다. 이런 목표는 이미 10개월 전 인사 청문회가 열렸을 당시 상원 의원들 앞에서도 밝혔고 이들 질병에 특별히 집중해야 한다는 증거 자료는 차고 넘쳤다.

내가 어린 시절부터 세간의 주목을 받았거나 특별히 정치적인 인간이었던 것은 아니다. 굳이 따지자면 의학적 환경에서 자랐을 뿐이다. 유년기 대부분의 시간을, 아버지는 진료를 보고 어머니가 그 밖의 모든 것을 관리하는 부모님의 진료실에서 보냈다. 누나와 나는 학교가 끝나면 서류 작업과 차트 정리, 사무실 청소를 돕고 오가는 환자들과 인사를 나눴다. 부모님은 의료에서 가장 중요한 것은 관계라고 생각하셨다. 시간이 얼마나 걸리든 감정적·신체적으로 환자의 입장에서 그들을 이해해야 한다는 사실을 알고 계셨던 것이다. 진료실을 찾아올 때는 걱정스러운 얼굴이었던 환자들이 떠날 때는 안심한 표정으로 돌아가는 것을 보며 나는 자연스러운 수순으로 의사가 되겠다고 마음먹었다.

이것은 내가 실천하려고 노력해온 의료였고 되고 싶은 리더의 모습이었다. 그래서 공중보건위생국장으로서 의제를 정하고 계획을 세우기 전, 먼저 사람들의 의견을 듣기로 했다. 시간이 걸리더라도 직접 그들을 만나보기로 했다.

이후 몇 달 동안 우리는 미국 전역을 돌아다니며 이야기를 들었다. 앨라배마주부터 노스캐롤라이나주, 캘리포니아주부터 인디애나주까지 모두 우리를 환영했다. 부모, 교사, 목사, 소상공인, 독지가, 지역사회 지도자 등과 소규모 그룹 회의를 하거나 널찍한 마을 회관에 모이기도 했다. 가는 곳마다 우리는 무엇을 도울 수 있는지 물었고 이 과정을 통해 마약성 진통제 남용, 비만, 당뇨, 심장병 증가 등 의심했던 문제들이 주된 통점(pain point)이라는 사실을 재확인할 수 있었다.

하지만 한 가지 반복적으로 거론되는 주제는 예외였다. 바로 외로움이었다. 외로움은 당장 시급한 통점은 아니었다. 심지어 건강 질환으로 분류되지도 않았다. 하지만 중독, 폭력, 불안, 우울증처럼 사람들이 제기한 분명한 문제들을 관통하고 있었다. 예를 들어 내가 만난 교사와 학교 행정가, 여러 학부모가 우리 아이들이 고립되고 있으며 디지털 기기와 소셜 미디어에 오랜 시간 노출되는 아이들의 경우 특히 그 정도가 더 심하다는 우려를 드러냈다. 또 외로움은 마약성 진통제에 중독돼 고군분투하는 이들의 가족이 겪는 고통을 증폭하기도 했다.

외로움과 중독자 가족이 겪는 고통 사이에 관련이 있음을 처음 인식한 것은 어느 쌀쌀한 아침 오클라호마시티에서 샘과 실라 부부를 만났을 때였다. 부부는 아들 제이슨을 오피오이드(Opioid) 과다 복용으로 비극적으로 잃었고 이후 1년도 더 지난 시점에 지역 치료 시설에서 우리와 만나게 됐다. 부부의 지친 얼굴에는 그들이 겪은 고통이 여실히 드러나 있었다. 아들 이야기를 시작한 지 얼마 되지 않아 부부의 눈에 눈물이 고였다. 이들의 상처는 여전히 생생했다. 제이슨의 죽음은 상상할 수 없을 만큼의 고통이었지만 그 고통만큼이나 힘들었던 것은 가장 도움이 필요한 시기에 수년 동안 의지해왔던 사람들 중 누구도 곁에 없었다는 점이었다.

"예전에는 우리 가족에게 안 좋은 일이 생기면 이웃들이 도와주러 오거나 격려한다는 뜻을 보여줬어요. 하지만 아들이 죽었을 때는 아무도 찾아오지 않았어요. 사람들이 부끄럽게 여기는 병으로 아들이 죽었기 때문에 우리가 곤란해할 거라고 생각했나 봐요. 우리는 무척 외로웠어요."

이런 외로움은 샘과 실라만 느끼는 것이 아니었다. 피닉스, 앵커리지, 볼티모어, 그 밖의 여러 도시에서 사람들을 만나 이야기를 들어보면 가족이나 친구가 자신을 포기했다고 느낄 때 겪게 되는 심한 외로움이 알코올의존증이나 마약중독의 가장 견디기 힘든 부분이었다. 결국 이런 외로움이 치료와 재활을 포기하게 만들었다. 약물사용장애(substance use disorder)는 치료가 쉽지 않지만 중독자들은 "사람은 누구나 지지가 필요하다"고 말한다.

외로움이 건강에 문제를 일으킬 때도 있었고 반대로 사람들이 겪는 질병과 어려움의 결과가 외로움일 때도 있었다. 원인과 결과를 명확히 하는 것이 늘 쉽지 않지만 관계의 단절에는 분명 삶을 필요 이상 악화하는 뭔가가 존재했다.

한편으로는 외로움이 얼마나 만연해 있는지 알게 된 만큼 인간관계가 지닌 치유력이 얼마나 강한지도 알게 됐다. 뉴욕의 중독자 자녀를 둔 부모들의 네트워크에서 관계의 힘을 확인할 수 있었다. 이들은 자신이 겪고 있는 일을 진심으로 이해하는 비슷한 처지의 부모들과 커뮤니티를 만들어 자녀가 다시 중독에 빠지거나 이런 상황에 자책감이 들 때 더 쉽게 대응했다. 비만과 만성질환이 증가하던 앨라배마주 버밍엄에는 함께 뛰고 걷고 수영하기 위한 모임이 있었다. 너무 수치스럽고 의욕도 없어 혼자 운동하지 못하는 사람들조차 친구들이 이 모임에 참가하고 있었기 때문에 밖으로 나왔다.

이 외에도 여러 사례에서 개인, 가족, 지역사회가 어려운 문제에 직면했을 때 사회적 관계가 중요한 역할을 함을 알 수 있었다. 외로움은 절망과 그보다 더한 고립을 초래하지만 관계는 낙관주의와 창조성을 키운다. 사람들이 서로에게 속해 있다고 느낄 때 삶은 더 강해지고 풍요로워지며 즐거워진다.

그럼에도 현대 문화를 지배하는 가치들은 철저한 개인주의와 자기결정권 추구다. 이들은 운명은 스스로 만든다고 주장한다. 이런 가치들이 내가 목격한 외로움이라는 물살을 피해 가게 해줄까? 로스앤젤레스의 어느 성공한 병원 간부는 빡빡한 업무 스케줄 때문에 친구들과 연락이 끊겼고 집에서 혼자 생일을 보냈다고 머뭇거리며 말했다. 사람들은 이런 이야기들을 쉽게 털어놓지 않았다. 많은 이들이 자신이 얼마나 외로웠는지 인정하는 일을 어색해했다.

외로움에 대한 수치심은 법조계나 의학계처럼 자립(self-reliance)을 미덕으로 삼는 직업 문화에서 특히 심했다. 내가 보스턴, 내슈빌, 마이애미에서 만난 헌신적인 의사, 간호사, 의대생은 일하면서 감정적으로 고립감을 느껴도 동료들과 환자들의 반향을 우려해 아무에게도 말하지 못했다고 털어놨다. 심지어 일부는 조금이라도 정신 건강에 문제가 있다고 인정할 경우 면허관리국이 그들이 행하는 의료 행위의 적합성에 의심을 품을지도 모른다고 걱정했다. 그러면서도 동시에 외로움이 번아웃이나 정서적 피로를 불러오는 한 원인이라는 사실을 분명하게 인지하고 있었다. 다만 그것을 어떻게 다뤄야 할지 확신하지 못했다.

어떤 이들은 자신이 느끼고 있는 감정이 외로움이라는 자각조차 없었다. 하지만 일단 방 안에 있던 누군가가 외로움이라는 단어를 꺼내면 더 많은 이야기를 하기 위해 남녀노소 할 것 없이 여기저기서 손을 들었다. 고도로 훈련받은 전문가는 물론 자영업자와 최저임금 근로자도 마찬가지였다. 얼마나 교육을 받았고 부유하며 성공했는지도 상관없었다. 어떤 그룹에서도 예외는 없었다.

많은 사람들이 자신이 느끼는 감정을 소속감 부족이라고 표현했다. 사람들은 이런 감정을 해결해보려고 노력했다. 사회단체에도 가입해보고 새로운 동네로 이사도 갔다. 개방형 사무실에서 일했고 해피 아워(happy hours, 술집이나 식당에서 할인된 가격으로 술이나 음식을 파는 시간대. 보통 이른 저녁 등 고객이 많지 않은 시간이다−옮긴이)에도 갔다. 그러나 '집에 있는 것 같은' 느낌은 좀처럼 얻을 수 없었다. 이들은 다른 사람들과 진정한 관계를 이루는 가정에 관한 기본적인 사실을 놓치고 있었다. 집에 있는 것처럼 느낀다는 것은 사람들이 나를 잘 안다는 뜻이다. 내 모습 그대로 사랑 받는다는 것이다. 나를 진심으로 아끼는 사람들과 공통 배경, 공통 관심사, 목표, 가치를 나누는 것이다. 나는 여러 커뮤니티에서 머리 위에 지붕이 있어도 집이 없다고 느끼는 외로운 사람들을 만났다.

문제는 외로움을 어떻게 해결하느냐는 것이었다. 내가 만났던 많은 사람들은 내게 수십억 달러를 지출할 수 있는 재량과 수만 명의 직원이 있다고 추정했다. 나는 여러 번 그들의 생각이 사실과는 꽤 다르다고 말해줘야 했다. 그럼에도 공중보건위생국장이라는 새로운 지위는 내게 외로움에 대한 대중의 인식을 높이고 주요 이해 당사자들과 회의하며 연구나 정책부터 기반 시설과 개인의 생활양식에 이르기까지 모든 면에서 변화를 주장할 수 있는 영향력을 줬다.

외로움과 유대감 사이의 시소 같은 관계를 연구하면 할수록 나는 인간관계가 갖는 강한 힘을 더욱 확신하게 됐다. 외로움과 단절 때문에 중독과 폭력, 노동자와 학생 사이의 정치적 양극화 등 공동체가 직면하는 많은 문제들이 악화됐다. 지금보다 연결된 세상을 만드는 것은 이런 문제들은 물론 오늘날 우리가 직면하고 있는 다양한 개인적·사회적 문제들을 해결하는 열쇠가 될 것이다.

사회적 관계는 관심 받고 싶고 인정받길 원하는 직장인이나 직원들과 친해지길 바라는 CEO에게 중요하다. 어린 자녀를 키우는 데 친구들의 도움이 필요하지만 어떻게 부탁해야 할지 몰라 고민하는 부모들에게도 중요하다. 혹은 공동체를 더 나은 곳으로 만들 수 있는 방법을 알고 있음에도 그것을 소리 높여 말했을 때 아무도 신경 쓰지 않을까 봐 걱정하는 시민에게도 중요하다. 환자들의 회복을 돕고 싶지만 환자들, 때로는 자신의 외로움을 치료할 방법을 모르는 의사에게도 당연히 중요하다.

놀랍게도 대중들은 외로움이라는 주제에 내가 공중보건위생국장으로 공들였던 어떤 문제보다 가장 큰 반응을 보였다. 보수적인 의원들은 물론 진보적인 의원들, 젊은이와 노인, 도시와 교외 주민 모두에게 이처럼 열띤 관심을 이끌어낸 이슈는 거의 없었다. 너무나 많은 사람들이 스스로 외로움을 겪어봤거나 주변인들이 겪는 것을 봤기 때문이다. 그만큼 외로움은 직접적으로 또는 사랑하는 사람들을 통해 간접적으로 우리 모두에게 영향을 미치는 보편적 현상이다.

아이러니한 것은 외로움의 해결책인 관계 역시 보편적 특징이라는 점이다. 공통의 목적이나 위기를 중심으로 함께 뭉칠 때면 확인할 수 있듯이 사실 우리는 관계를 타고난다. 2018년 학교 총기 난사 사건으로 17명이 숨진 사우스플로리다 파크랜드의 고등학교에서 학생들이 보인 집단행동도 그랬다. 생존 학생들은 의회에 총기 규제 법안의 입법을 촉구하며 대규모 집회를 주도했다. 세계 곳곳에서 심각한 허리케인, 토네이도, 지진이 발생했을 때 쏟아지는 자원봉사자들의 원조와 도움에서도 이런 본능을 확인할 수 있다.

관계에 대한 사람들의 요구에 주의를 기울여야 한다는 생각은 공중보건위생국장 임기가 끝난 이후에도 계속됐다. 내가 만난 사람들, 전문가들이 겪는 외로움과 관련해 끊임없이 떠오르는 질문들도 마찬가지였다. 정확히 무엇이 공동체에서 관계를 해체하고 이렇게 높은 수준의 외로움을 야기해왔는가? 외로움은 건강과 사회의 어떤 부분에 영향을 미치는가? 외롭다는 낙인을 극복하고 우리는 모두 연약하다는 사실을 받아들일 수 있는 방법은 무엇일까? 어떻게 하면 삶과 공동체 안에서 더 강하고 오래 지속되는 관계를 형성하고 더 넓은 사회에서도 더 통일된 일치감을 느낄 수 있을까? 두려움이 주도하는 삶에서 사랑으로 움직이는 삶으로 균형을 옮길 수 있는 방법은 무엇일까?

이 책은 이런 질문들에서 시작됐다. 개개인의 삶에서 외로움과 인간관계가 얼마나 중요한 역할을 하는지 이해할 수 있는 연구들을 접하자 더 많은 것들이 보이기 시작했다. 이 책 전반에 걸쳐 우리는 여러 사실과 데이터 외에 과학자, 철학자, 의사, 문화 혁신가, 지역사회 활동가 등 각계각층의 사람들을 만나게 될 것이며 그들의 이야기는 우리가 함께일 때 진정으로 더 나아진다는 사실을 끊임없이 상기시켜줄 것이다.

먼저 1부에서는 외로움와 사회관계의 기초적인 부분에 초점을 맞춘다. 고도의 사회적 동물인 인간이 외로움을 진화시킨 이유, 문화가 다른 사람들과 유대감을 형성하고 공동의 소속감을 확립하려는 개인의 노력을 어떻게 지지하고 저해하는지를 살펴본다. 2부에서는 개개인의 삶에서 각자가 해결해야 하는 관계들을 다룬다. 자기 자신과의 관계에서 시작해 가족, 친구와 관계를 형성하고 궁극적으로는 미래 세대를 위해 더 연결된 세상을 만드는 방법 등이다.

앞으로 읽게 될 이야기를 통해 사회적 세계에서 우리 각자의 자리에 대해 인식하고 우리 모두가 서로의 삶에서 맡은 중요한 역할을 새로운 시각으로 바라보며 주변 사람들에게 다가갈 수 있도록 영감과 격려를 얻었으면 좋겠다. 이 책을 읽는 내내 보게 되겠지만 관계를 강화하면 우리는 더 건강하고 회복 탄력적이 되며 생산적이고 생동감 넘치는 창의력을 갖게 되고 성취감도 느끼게 된다.

나는 이 책을 쓰면서 사회적 관계는 우리가 한 개인으로서, 또 한 사회로서 마주하고 있는 여러 중요한 문제들을 해결할 수 있는 제대로 의식되지 않고 평가받지 못하는 힘이라는 사실을 깨달았다. 외로움을 극복하고 더 연결된 미래를 만드는 것은 우리가 함께 노력할 수 있고 또 노력해야만 하는 시급한 임무다.

together
우리는 다시 연결되어야 한다

[차례]

외로움의 기능을 처음 인식한 과학자들은
외로움에 반응하는 법을 배울 수 있다면 그것에 굴복하는 대신
외로움의 지속 시간과 부정적인 영향을 줄일 수 있으며
실제 삶의 전반적인 질을 향상시킬 수 있을 거라고 생각했다.

together

1부

외로움이란

무엇인가

하나는 부끄러운 숫자가 아니다

— 내 삶의 모든 신념은 나 자신과 간혹 혼자 있기를 좋아하는 사람들에게
서 발견할 수 있는 외로움이 드물고 특이한 현상이 아니라 인간 존재의
핵심이며 피할 수 없는 사실이라는 믿음에 기초한다.
토머스 울프(Thomas Wolfe), 〈신의 외로운 인간(God's Lonely Man)〉

의사로서 내 첫날은 어느 화창한 6월 아침, 보스턴에 있는 브리검여
성병원(Brigham and Women's Hospital)의 문을 열고 들어가면서 시작됐
다. 나는 다림질한 흰색 외투에 가장 좋은 셔츠를 입고 넥타이를 매고
출근했다. 그리고 보안 요원과 지나가는 직원들에게 미소를 지어 보
였다. 이날은 다른 사람들에게는 정신없는 도시 병원에서의 또 다른
하루에 불과했지만 내게는 평생 기억될 날이었다.

머릿속에는 의대에서 얻은 의학 지식과 잡다한 상식이 가득 차 있
었다. 주머니는 청진기, 검안경, 소리굽쇠, 타진기, 포켓 의학 매뉴얼,
까만색 볼펜 3자루, 환자의 세부 사항을 기록할 때 쓸 인덱스카드, 병

원 주요 전화번호 목록, 심장소생술부터 당뇨성 케톤산증의 처치 방법까지 모든 상황의 알고리즘을 적어놓은 코팅 카드를 비롯해 각종 도구로 넘쳐났다. 하지만 이 카드와 매뉴얼 중 어떤 것도 내가 환자들 사이에서 마주하게 될 가장 흔한 질병을 언급하진 않았다.

그 후 며칠간 나는 레지던트, 교수님과 함께 회진을 돌면서 올바른 진단을 내리고 적합한 치료와 처치, 검사를 처방하는 데 집중했다. 견디기 어려울 만큼 힘든 순간도 있었지만 시간이 지나면서 당뇨병이나 암처럼 흔한 병은 물론 교과서에서만 읽어본 특이한 병들을 다루는 일도 점점 편안해졌다. 그러면서 수련의라는 가파른 비탈을 천천히 오르다 보니 내가 보살피는 사람들의 사회적 삶이나 그것의 결핍 같은 다른 측면이 눈에 띄기 시작했다.

어떤 환자들은 낯선 병원 환경에 함께해줄 방문객이 늘 병실에 와 있었다. 환자의 상태가 악화되거나 인생의 말미에 가까워지면 환자와 함께 있어주고 의사와 병원 직원에게 그들이 사랑하는 이가 자신들에게 얼마나 큰 의미인지 호소하기 위해 가까운 곳, 먼 곳에서 가족과 친구들이 앞다퉈 달려왔다. 반면 어떤 환자들은 며칠, 심지어 몇 주가 지나도록 방문객도 없고 걸려오는 전화도 없으며 환자의 상태가 어떤지 묻는 사람이 아무도 없었다. 나와 병원 동료들 외에 마지막 순간을 지켜보는 사람 하나 없이 혼자 세상을 뜨는 환자도 있었다.

내가 주목한 것은 그저 친구나 가족의 물리적인 유무가 아니었다. 우리 병원 문을 통해 들어온 수많은 환자에게 교제에 대한 갈망은 분명히 존재했다. 대부분의 환자가 병원 밖으로 나가 다시 삶을 시작하고 싶어 했지만 상당수의 소수 환자들은 오랫동안 그리워했던, 자신의 이야기를 친근하게 들어줄 사람을 찾아 의료진에게 기댔다. 이런 환자들은 그들의 존재를 증명해줄 사람이라면 누구와든 상관없이 자기 삶에 관한 긴 이야기를 나눴다. 나는 이들의 곁에 있어주고 싶은 마음과 나를 기다리고 있는 다른 환자들이 많다는 사실 사이에서 종종 괴로워했다. 의사로서 내 주안점은 의학적 치료에 맞춰져 있었다. 환자의 사회적 문제들은 고통스럽긴 해도 치료 영역 밖에 있는 것처럼 보였다. 그런데 제임스란 환자와의 대화를 계기로 내가 얼마나 잘못 생각하고 있었는지 깨달았다. 제임스를 만난 건 그가 당뇨병과 고혈압을 치료하기 위해 찾아온 오후, 단 한 번뿐이었지만 이 중년 신사는 그날 외로움과 관계에 관해 내게 심오하고 잊을 수 없는 가르침을 줬다.

제임스는 갈색 머리에 여러 해 동안 뉴잉글랜드의 겨울을 보냈다는 사실을 알 수 있는 붉고 우툴두툴한 피부를 가진 다부진 사내였다. 그는 좌절감으로 인해 우울해보였다. 나는 그의 차트에 적힌 건강 문제와 관련이 있으리라고 짐작했다.

예상대로 제임스는 당뇨병과 고혈압, 체중, 이에 따른 잦은 스트레스 때문에 힘들다고 토로했다. 그는 말을 하면서도 피곤한 기색이 역력했고 제스처에도 힘이 없었다. 마치 삶에 패배한 사람처럼 보였다. 그러다 불쑥 당시 내게는 완전히 뚱딴지같았던 말을 꺼냈다.

"로또 당첨은 내게 일어난 최악의 일 중 하나예요."

"왜요?" 내 목소리에 당혹감이 묻어났을 게 틀림없었다. 이 말을 신호로 제임스는 자기 이야기를 쏟아냈다. 듣고 보니 그 말은 전혀 과장이 아니었다. 진짜로 복권에 당첨됐던 것이다. 그의 이야기에 따르면 복권에 당첨되기 전 그는 제빵사로 일했다. 솜씨가 좋았고 고객들도 그의 재능을 높이 평가했다. 제임스는 자기 일을 즐기며 자신이 만든 음식이 사람들에게 행복과 기쁨을 준다는 사실에 만족을 느꼈다. 미혼이었지만 좋아하는 사람들과 어울렸다. 제임스는 빵집에서 그들과 함께 일했기 때문에 전혀 외로움을 느끼지 않았다. 하지만 복권에 당첨되고 모든 것이 바뀌었다.

갑자기 '부자'가 된 그는 생활을 업그레이드해야 한다고 생각했다. 텔레비전, 영화, 광고, 기타 여러 미디어가 보내는 메시지에 따라 사치와 여가의 세계에 발을 들이기로 결정한 것이다. 그는 그렇게 하는 게 주방에서 노예처럼 일하는 것보다 자신을 더 행복하게 만들어주리라고 생각했다. 새로운 지위가 그를 다른 사람이 되게 하는 것 같았다.

제임스는 직장을 그만두고 해안가 부촌으로 이사했다. 모든 욕구가 충족되고 끊임없이 돈이 들어오는 그곳에서 그는 소위 꿈같은 삶을 살았다. 하지만 부자들만이 누리는 모든 것을 누리게 됐음에도 그 꿈은 악몽처럼 느껴졌다. 만족스럽기는커녕 아프고 비참했다. 과거에 사람 좋고 유머러스하며 외향적이었던 제임스는 점점 내성적으로 변하고 고립됐으며 자주 화를 냈다. 체중도 늘어나 결국 당뇨와 고혈압을 진단받고 나를 만나게 된 것이었다. 이제 그는 빵집 동료들이나 단골손님들과 시간을 보내는 대신 의사를 만나거나 그렇지 않으면 대부분의 시간을 집에 혼자 앉아 있었다. 너무 늦었지만 제임스는 마음의 소리에 귀를 기울이지 않고 복권 당첨자가 응당 해야 할 일이라고 생각했던 일을 한 것이 끔찍한 실수라는 사실을 깨달았다.

"나는 내가 사랑했던 친구들과 직업을 버리고 사람들이 커다란 집 안에만 틀어박혀 있는 동네로 이사했죠. 외로워요."

제임스의 경험은 지위, 부, 성공, 명성처럼 현대사회에서 우리가 가장 소중히 여기는 것들이 행복을 보장해주지 않는다는 사실을 보여주는 한 예였다. 돈이 많으면 더 많은 사생활을 살 수 있고 외딴 사유지에서 거주할 수 있으며 전용기나 보트를 타고 혼자서 여행할 수도 있다. 이 모든 특권에는 매력이 있지만 인간적인 비용도 숨어 있다. 성공 후 주위에 신경 쓰지 않으면 다른 사람들과 거리가 생기면서 오히려 삶은 점점 더 외로워질 수 있다.

나는 제임스가 자신의 금빛 우리에서 벗어나 인간관계를 강화할 방법을 찾는다면 건강이 눈에 띄게 좋아지리라고 생각했다. 그렇게만 된다면 그는 더 활동적이고 바쁘며 행복한, 진정한 자기 자신이 될 것이었다. 어쨌든 복권에 당첨되기 전 제임스는 공동체에 속해 있었고 사람들과 관계도 맺었다. 다만 기존의 생활 방식에서 벗어난다는 것은 제임스가 일반적인 성공의 가정에 저항해 자신의 목표를 금전적 조건보다는 사회적인 것으로 재정의해야 한다는 의미였다. 제임스도 그렇게 생각한 것 같았다. 하지만 그의 건강 문제가 시급한 지금 변화는 쉽지 않았다. 담당 의사로서 나는 그를 어떻게 도와야 할까?

우리가 함께한 진료 시간 동안 나는 제임스에게 최선을 다했다. 주의 깊게 듣고 질문을 던졌다. 수치를 좀 더 안정적인 범위 안에 넣기 위해 당뇨약과 혈압약 복용량을 조절하라고 권했다. 그리고 그가 공동체를 이룰 수 있게 도와줄 병원의 사회복지사를 소개해주겠다고 제안했다. 솔직히 이 이상의 치료법은 전혀 떠오르지 않았다. 지금도 당시 일을 생각하면 마음이 아프지만 풋내기 의사로서 나는 이 문제에 관해 제임스에게 내가 해준 것보다 훨씬 더 많은 것을 배웠다.

　의대 교육은 사회적 관계가 건강에 미치는 영향에 대해서는 가르쳐주지 않았고 당연히 외로움과 싸우고 있는 환자들을 도울 수 있는 방법도 알려주지 않았다. 내가 받은 교육은 거의 전적으로 육체적인 몸에만 초점이 맞춰져 있었다. 감정은 주로 우울증과 같은 정신 질환을 다루거나 환자들이 치료 과정에 편안한 마음으로 참여할 수 있도록 의사와 환자 사이에 관계를 형성해야 한다는 맥락에서 논의됐다. 하지만 약물 정맥주사로 심장판막이 세균에 감염된 환자를 만났을 때는 이 정도 지식만으로는 충분하지 않았다. 나는 향후 약물 정맥주사의 위험성과 앞으로 환자가 취해야 할 예방책을 조언해줄 수 있고 치료 과정의 복잡한 특징과 항생제 복용, 추후 영상 검사 시기를 어떻게 논의해야 할지 알고 있었다. 중병에 걸렸다는 스트레스와 감정적 고통에 공감해줄 수도 있었고 환자와 환자 가족이 걱정을 토로할 때 이야기를 들어줄 수도 있었다. 이 모든 것이 중요했지만 환자의 삶에서 더 중요한 건강한 관계 문제를 해결하는 데는 실패했다. 관계의 부족은 애초에 중독의 원인이 되며 향후 환자의 마약 재중독 여부를 결정하는 중요한 요소였다. 외로움을 평가하거나 해결하는 훈련을 받지 못한 채 이런 상황을 맞닥뜨리고 나니 어디에서부터 시작해야 할지 감조차 잡을 수 없었다.

외로움 vs 고립 vs 고독

대체 외로움은 무엇일까? 언뜻 간단해 보이는 질문이지만 자세히 들여다보면 의외로 복잡하다.

많은 사람들이 외로움을 고립이라고 생각하지만 둘 사이에는 상당한 차이가 있다. 외로움은 필요한 사회적 관계가 부족하다는 주관적인 느낌이다. 다른 사람들에게 둘러싸여 있어도 소속된 사람들에게서 고립되거나 버려졌거나 단절됐다고 느낄 수 있다. 외로움을 느낄 때 우리에게는 진정한 친구, 사랑하는 사람, 공동체와의 친밀감, 신뢰, 애정이 빠져 있다.

연구자들[1, 2, 3]은 부족한 관계 유형을 반영해 외로움을 3가지 '차원'으로 나눴다. 먼저 사적 외로움(intimate loneliness) 또는 정서적 외로움(emotional loneliness)은 가까운 친구나 애인, 즉 애정과 신뢰라는 깊은 상호 유대를 나눌 사람을 갈망하는 것이다. 관계적 외로움(relational loneliness) 또는 사회적 외로움(social loneliness)은 양질의 우정과 사회적 동료애, 지지를 원하는 것이다. 마지막으로 단체적 외로움(collective loneliness)은 목적의식과 관심사를 공유하는 사람들과의 네트워크나 커뮤니티를 갈구하는 것이다. 이 3가지 차원은 인간이 번영하기 위해 필요한 양질의 사회적 관계를 모두 반영하고 있다. 셋 중 어떤 관계 하나라도 결핍되면 외로움을 느낄 수 있고 따라서 우리는 의지할 수 있는 결혼생활을 하고 있어도 여전히 친구 사이나 공동체에서는 외로움을 느낄 수 있다.

사회적 관계에 대한 요구 수준은 저마다 다르기 때문에 외로움을 느끼지 않기 위해 얼마나 많은 친구가 필요한지 딱 잘라 말할 수는 없다. 이는 전 생애에 걸쳐 다를 뿐만 아니라 성격에 따라서도 다르다. 외향적인 사람들은 낯선 사람과 교류하면서 활기가 차오른다고 느끼기 때문에 인간관계와 사회적 활동을 더 원하는 경향이 있다. 내성적인 사람들은 혼자만의 시간이 더 많이 필요하며 상호작용을 지나치게 많이 하면 진이 빠져 소규모 모임이나 1 대 1 만남을 선호한다. 하지만 내성적인 사람과 외향적인 사람 모두 외로움을 경험할 수 있으며 둘 다 확실한 소속감을 느끼기 위해 탄탄한 관계를 필요로 한다. 종종 사회적 교제의 양과 빈도보다 관계의 질 그리고 우리가 그 관계에서 받는 느낌이 더 중요하다.

외로움이라는 감정이 주관적인 것과는 달리 고립은 다른 사람들과 동떨어져 혼자 있는 객관적이고도 물리적인 상태를 말한다. 다른 사람들과 교류가 드물면 더 쉽게 외로워질 수 있다는 단순한 이유로 고립은 외로움의 위험 요소로 여겨진다. 하지만 물리적으로 혼자라는 사실이 반드시 외로움이라는 감정적 경험으로 연결되는 것은 아니다. 일이나 창의적 활동에 몰두해 있을 때는 혼자 오랜 시간을 보내도 전혀 외로움을 느끼지 않는다. 반면 다른 사람들에게 둘러싸여 있어도 외로움을 느끼거나 감정적으로 혼자라는 생각이 들 수 있다. 우리 안에서 편안함을 느끼는 수준이 외로움을 규정한다.

이것이 외로움과 고독(solitude)을 구별 짓는다. 우리는 외로울 때 불행함을 느끼며 현재의 감정적 고통에서 벗어나고 싶어 한다. 이와 달리 고독은 평화롭게 혼자 있는 상태 또는 자발적으로 고립된 상태를 의미한다. 고독은 자기를 돌아볼 수 있는 기회이자 아무런 흐트러짐이나 방해 없이 나 자신과 관계를 맺을 수 있는 기회다. 고독을 통해 우리는 스스로를 돌아보고 상처를 회복해 부족한 부분을 보충하고 개인적 성장과 창조성, 정서적 안녕을 높일 수 있다. 다양한 영적 전통을 가진 수도자들과 금욕주의자들은 수천 년 동안 자기 성찰이나 신과의 관계를 새롭게 하는 기회로 고독을 간구해왔다. 외로움과 달리 고독은 부끄러움의 대상이 아니다. 오히려 성스러운 상태로 받아들여질 수 있다.

고독은 긍정적인 생각과 감정은 물론 부정적인 생각과 감정까지 모두 표면화하기 때문에 위협적으로 느껴질 수 있고 심지어는 두려울 수도 있다. 내 안의 악마와 맞서는 곳에 늘 흔쾌히 들어갈 수 있는 것은 아니다. 그러나 우리는 문제를 해결하고 자기감정을 명확히 알며 스스로에게 편안해지려고 노력해야 한다. 고독에 편해지는 것은 자신과의 관계를 강화하고 더 나아가 다른 사람들과의 관계를 가능하게 하는 필수 요소다. 역설적이게도 고독은 외로움을 막아준다.

외로움과 수치심

헨리J. 카이저 가족 재단(Henry J. Kaiser Family Foundation)이 2018년

발표한 보고서에 따르면 미국 성인의 22%가 자주 또는 늘 외로움이나 사회적 고립감을 느끼는 것으로 나타났다.[4] 5,500만 명을 훌쩍 넘는 이 수치는 성인 흡연자 수를 웃돌며 당뇨병 환자의 거의 2배에 이른다. 2018년 엄격한 검증을 거친 UCLA 외로움 척도를 이용해 미국은퇴자협회(AARP)가 시행한 연구는 45세 이상 미국 성인 3명 중 1명이 외로움을 느낀다고 보고했다.[5] 미국의 건강보험 회사인 시그나(Cigna)가 2018년 실시한 전국 조사에서는 응답자 중 5분의 1이 사람들과 거의 또는 전혀 친밀감을 느끼지 못한다고 응답했다.[6]

다른 나라에서 시행된 연구들도 위의 결과와 맥을 같이한다. 캐나다 중장년층 남성의 약 5분의 1, 여성의 4분의 1 정도가 일주일에 1번 이상 외로움을 느끼며[7] 호주 성인의 4분의 1이 외로움을 겪는다고 나타났다[8]. 영국에서는 20만 명 이상의 노인 인구가 "일주일에 1번 이하로 자녀, 가족, 친구와 만나거나 전화 통화를 한다"고 답했다.[9] 이탈리아 성인의 13%는 도움을 청할 사람이 아무도 없으며[10], 일본에는 정부가 공식적으로 정의한 히키코모리, 즉 사회적 은둔자에 해당하는 성인이 100만 명 이상 있다.[11,12]

이들은 왜 동호회에 가입하거나 새로운 친구를 사귀거나 가족 또는 오랜 친구들과 다시 어울리지 못할까?

간단히 답하자면 외로움 그 자체 때문이다. 사람은 이미 외로움을 느끼고 있을 때 다른 사람들이 함께 어울리고 있거나 주변 사람들과 즐거워하는 모습을 보면 그 무리에 다가가기보다는 물러서는 자연스러운 경향을 보인다. 그리고 따돌림당한다고 여겨지거나 왕따 딱지가 붙을까 봐 두려워한다. (이 걱정을 이해하고 싶다면 초등학교 카페테리아나 운동장에서 몇 시간만 보내봐라.) 심지어 우리와 친해지려는 사람들에게조차 진실한 감정을 숨긴다. 부끄러움과 두려움은 자기회의를 촉발해 결국 자존감을 낮추고 도움을 요청할 수 없게 만들어 외로움이 지속되는 상태를 만든다. 이 악순환을 타고 시간이 흐르면 우리는 스스로가 그 누구에게도 중요하지 않으며 사랑받을 가치가 없다고 확신해 자기 안으로만 향하게 되고 정말 필요한 관계에서 멀어진다.

이 같은 감정의 소용돌이는 외로움을 둘러싼 수치심의 원인이 된다. 사람들은 외로움을 숨기고 부정하는 경향이 있기 때문에 친구, 가족, 의사 등 도움을 줄 수 있는 사람들도 예민한 감정적 문제에 대해서는 캐물으려 하지 않는다. 그 결과 외로움이라는 감정적 고통을 마비시키기 위해 약물, 알코올, 음식, 섹스에 빠지는 경우가 많아진다. 이런 식으로 외로움과 수치심이 결합하면 개인의 건강과 생산성은 물론 사회 건강에도 악영향을 미치는 연쇄적인 결과들이 만들어진다.

이러한 외로움의 악순환에서 빠져나오기란 어려워 보이지만 끊기 불가능한 것도 아니다. 조기에 신호를 알아차리고 해결하는 법을 배우면 외로움이 우리 일상의 상수가 되게 하지 않고 건강한 관계를 형성하도록 개입할 수 있다. 그 첫 단계는 사회적 관계를 위해 모든 인간이 가진 본질적 필요를 인정하는 것이다. 간단히 말해 인간관계는 음식과 물만큼 우리의 안녕에 필수적이다. 배고픔과 갈증이 먹고 마셔야 한다고 알려주는 우리 몸의 신호인 것처럼 외로움은 다른 사람과 관계 맺어야 할 때를 상기시켜주는 자연스러운 신호다. 부끄러워할 이유가 없다. 다만 배고픔과 갈증은 외로움에 비해 인정하고 터놓고 이야기 나누기가 훨씬 쉽다. 외로움 앞에서 침묵하지 않기 위해서는 외로움과 사회적 관계, 신체 및 정서적 건강 사이의 관련성을 제대로 인식해야 한다. 그래야 외로움을 둘러싼 낙인을 깊이 파고드는 수치와 비난, 비판의 부담을 덜 수 있다.

이런 접근 방식은 우울증과 같은 질환에 효과가 있었다. 우울증에는 오랫동안 심한 낙인이 찍혀 있었기 때문에 대부분의 사람들이 우울하다는 사실을 인정하지 않고 침묵 속에서 고통을 겪어왔다. 지금은 올림픽에서 23번이나 금메달을 딴 운동선수 마이클 펠프스[13]나 레이디 가가[14], 〈더 록(The Rock)〉으로 알려진 드웨인 존슨[15], 조앤 K. 롤링[16] 등 문화계 인사들도 자신의 우울증을 털어놓고 있다. 학교와 직장에서도 우울증이 얼마나 광범위하게 퍼진 문제인지 인식하기 시작했고 많은 사람들이 우울증에 도움이 될 프로그램을 만들고 있다. 중독에 대한 사고방식도 비슷한 변화를 겪고 있다.

우울증이나 약물 사용 장애가 있는 사람들이 자신의 병으로 인해 수치스럽거나 차별받는다고 느끼지 않도록 해야 할 일이 여전히 많지만 한편으로 많은 진전도 있었다. 따라서 우리가 각자의 경험을 솔직히 터놓고 외로움을 거의 보편적인 인간의 본질, 그 자체로 이해한다면 외로움을 둘러싼 낙인 또한 틀림없이 줄어들 것이다.

외로움과 조기 사망

줄리앤 홀트룬스타드(Julianne Holt-Lunstad) 박사는 미네소타주 세인트폴에서 자라면서 사회적 관계가 갖는 힘을 체험했다. 박사는 부지런하고 결속력 높은 집안의 6남매 중 넷째였다. 아버지의 4형제도 모두 대가족을 꾸렸기 때문에 박사에게는 엄청나게 많은 사촌과 숙모, 삼촌이 있었고 해마다 1주를 모두 함께 보냈다. 가족의 중요성에 대해 확고한 믿음을 가졌던 박사의 조부모가 이 전통을 장려했다.

"자라면서 주변에는 항상 가족이 있었고 가족은 종종 내 가장 가까운 친구였어요."

사회적 관계가 갖는 힘은 박사가 진로를 결정하는 데 영향을 미쳤다. 그가 브리검영대학교의 교수가 됐던 시기에는 관계와 건강의 연관성을 뒷받침하는 좋은 자료들이 존재했지만 여전히 학계 안팎의 많은 사람들이 그의 연구 분야에 회의적이었고 하찮게 여겼다.

홀트룬스타드는 그들의 마음을 바꾸고 싶었다. 그와 공동 연구자들은 전 세계 30만 명 이상이 참여한 148개의 연구를 1년 이상 분석했다.[17] 연구팀은 세부 사항들을 면밀히 검토했으며 분석 소프트웨어를 만들기 위해 코드를 수없이 작성했다. 이 모든 노력은 '사회적 관계가 조기 사망의 위험을 줄여주는가?'라는 간단하지만 심오한 질문에 답하기 위한 것이었다.

2009년 여름, 홀트룬스타드는 마침내 답을 얻었다. 그의 연구에 따르면 사회적 관계가 약한 사람은 사회적 관계가 견실한 사람보다 조기 사망할 확률이 50%나 더 높았다. 더욱 놀라운 사실은 사회적 관계 결핍이 수명 단축에 미치는 영향이 하루 담배 15개비를 피우는 것과 같으며 비만, 과도한 알코올 섭취, 운동 부족으로 인한 위험보다도 크다는 것이었다. 간단히 말해서 홀트룬스타드는 사회적 관계 결핍이 건강에 심각한 위험이 될 수 있다는 사실을 발견해낸 것이다.

언뜻 믿기 어려운 사실이었다. 심장병이나 조기 사망을 일으킨 진짜 원인은 비만이나 빈곤인데 이들이 우연의 일치로 외로운 것뿐이라면? 통계적으로 외로움은 단순한 교란변수(confounder)였을 뿐 진짜 원인이 아니라면? 홀트룬스타드 역시 이 문제를 고민했다. 그래서 나이, 성별, 초기 건강 상태, 사망 원인 등 참가자들의 광범위한 위험 요소들을 분석해 건강에 영향을 미치는 원인을 명확히 파악할 수 있도록 연구를 설계했다. 그 결과 사회적 관계의 보호 효과는 기타 변수에 상관없이 일관적이었으며 외로움이 조기 사망에 미치는 영향 또한 일관적이었다.

그의 연구를 본 대중은 빠르게 반응했다. 신문 기자들은 호기심을 끄는 연구 결과를 기사로 쓰기 시작했다. TV와 라디오 프로듀서들은 그를 스튜디오로 초대해 흡연만큼이나 위험할 수 있지만 도외시했던 문제에 관해 청중들과 이야기를 나누게끔 했다. 영국과 호주 단체들은 자국의 외로움 문제를 해결하기 위해 계획을 세우면서 홀트룬스타드에게 조언을 구했다.

5년 후 홀트룬스타드는 외로운 사람들의 조기 사망 위험이 더 높다는 사실을 확인하는 또 다른 방대한 데이터 분석 결과를 발표했다.[18] 그 무렵 관상동맥 심장 질환, 고혈압, 뇌졸중, 치매, 우울증, 불안 등의 위험을 높이는 데 외로움이 관련 있다는 연구 보고들이 늘어나고 있었다. 연구들은 외로운 사람의 경우 수면의 질이 떨어지고 면역 체계가 제대로 작동하지 않으며 충동적인 행동과 판단력 저하의 가능성이 더 높다고 제시했다.[19]

전 세계 주류 언론과 단체는 더 적극적으로 외로움과 관련된 문제의 해결을 요구했고 모두 같은 질문을 했다. 그렇다면 외로움이 우리 건강에 위험한 이유는 무엇인가?

미싱 링크: 관계의 중요성

이즈음에는 많은 의사들이 환자들이 겪는 외로움을 인지하고 있었다. 2013년 조사 결과 영국 일반의의 75%가 외로움을 원인으로 방문하는 환자를 매일 1~5명 본 것으로 나타났다.[20]

헬렌 스토크스램파드(Helen Stokes-Lampard) 박사도 이런 의사 중 하나였다. 영국 버밍엄에서 약 32킬로미터 떨어진 리치필드에서 1차 진료를 보고 있는 그는 영국에서 가장 큰 의사협회 중 하나인 왕립일반의협회 의장으로 5만 3,000명이 넘는 영국 가정의학과 의사들을 대표하고 있다. 의장 취임 연설에서는 외로움과 싸우는 환자들을 언급하는 놀라운 행보도 보였다. 30여 년 전 이미 영국의 의료 서비스 이용 비율과 외로움 사이의 관련성을 발견한 일련의 연구 결과가 있었음에도 의학계는 외로움을 해결하기 위한 노력을 거의 기울이지 않았다. 외로움을 왕립일반의협회의 최우선 과제로 삼고자 했던 박사는 이번에는 다를 것이라고 다짐했다.

그는 연설에서 말년에 남편 브라이언을 잃고 극심한 외로움에 빠진 이니드라는 환자의 일화를 꺼냈다. 박사는 이니드에게 간단히 항우울제를 처방하고 다음 환자를 진료할 수도 있었다. 하지만 그러는 대신 현대 의학의 고도로 통제된 체크박스 문화에서는 선택하기 힘든 방법을 택했다. 바로 이니드의 말을 경청하고 환자의 요구가 진료 시간을 주도하게끔 한 것이다.

나는 규칙을 따르지 않았습니다. 대화를 나누고 경청했습니다. 훌륭한 일반의가 으레 하는 일을 했죠. 이니드와 만나는 소중한 몇 분 동안 그의 눈을 통해 세상을 봤습니다. 이니드가 원하는 것을 가이드라인보다 우선시했어요. …때로는 이니드에게 잘 맞을 것 같고 그의 건강과 안녕에 도움이 될 것 같은 새로운 수업이나 모임, 자선단체를 조언해주기도 했습니다.

마침내 이니드는 가족과 멀리 떨어져 사는 젊은 엄마들을 장년 여성과 연결해주는 지역 초등학교에서 활동하게 됐습니다. 이 일은 정확히 이니드에게 필요한 것이었습니다. 이니드에게는 일주일에 2번씩, 몇 시간만이라도 목적을 가질 일이 필요했습니다. 그곳에서 이니드는 평생의 경험을 토대로 남을 도울 수 있었죠.

이니드는 이제 정기적으로 진료 예약을 잡지 않습니다. 필요하지도 않은 고관절 대치술 때문에 병원 침대에 자리를 잡고 있지도 않죠. 항우울제를 복용하지도 않고 엄밀히 말해 약을 그리 많이 먹지도 않습니다. 화장도 다시 시작했더군요. 브라이언이 죽은 후 처음으로 제대로 머리를 손질했어요. 사회적 고립과 외로움은 환자의 건강과 안녕에 미치는 영향 면에서 만성적인 장기 질환과 유사합니다. …환자 중심적 접근 방식을 취하고자 한다면 사회적 고립과 외로움은 반드시 해결해야 할 문제입니다.

주요 의료 단체에서 외로움에 대해 언급하는 것은 이례적인 일이었다. 외로움을 문제로 인식한 의사들은 환자들의 신체적 건강에 자주 영향을 미치는 사회적·감정적 문제 사이의 관계를 두고 씨름하기 시작했다. 방치된 외로움은 건강에 장기적인 영향을 미칠 수 있지만 약이나 수술로는 고칠 수 없다. 사랑, 연민, 우정의 필요성을 느끼는 것은 인간의 본질이기 때문이다.

이니드를 돕기 위해 스토크스램파드 박사는 사회적 처방(social pre-scribing)이라는 치료법에 따라 접근했다. 즉, 환자가 건강하게 사회적 관계를 형성할 수 있도록 도움이 되는 공동체 활동과 방법을 권하거나 '처방'하는 것이다. 이런 치료법은 외로움이 건강에 영향을 미치며 우리에게는 다른 사람들과 관계를 맺어야 하는 보편적 필요가 있다는 인식을 반영한다.

사친 자인(Sachin Jain) 박사도 같은 결론에 다다라 스토크스램파드 박사처럼 미국 내 환자들의 사회적 관계에 초점을 맞추려 노력했다. 자인 박사는 노인과 저소득층을 주 대상으로 하는 의료 서비스 시스템 회사 케어모어(Caremore)의 CEO다. 2017년 케어모어는 외로운 환자들을 살피고 그들을 돕기 위해 투게더니스(Togetherness) 프로그램을 시작했다. 짧은 기간 동안 600명의 환자가 가정 방문, 주간 전화, 지역사회 내 기존 사회 프로그램과의 연결 서비스가 포함된 이 프로그램에 등록했다. 이 중에는 버타라는 50대 후반의 여성이 있었다.

2019년 캘리포니아주 다우니에 있는 케어모어 케어센터에서 버타를 처음 만났을 때, 그가 나를 보러 오기 위해 많은 노력을 들였다는 사실을 알 수 있었다. 버타는 당뇨병으로 쇠약해져 하루 대부분의 시간을 휠체어에서 보내고 있었고 신경병증으로 발과 다리에는 극심한 통증을 느꼈다. 그러나 미래에 대해서만큼은 낙관적이었다. 그는 우리가 그의 인생의 중요한 전환점에서 만나고 있다고 말했다.

원래 멤피스 출신인 버타의 부모님은 그가 아기일 때 캘리포니아 롱비치로 이사했다. 고등학교 졸업 후 롱비치 항구의 경비원으로 취직하기 전까지 버타는 여러 임시직을 전전했다. 버타를 만난 지 얼마 안 됐지만 나는 그가 젊은 시절 개성이 강했고 그에 걸맞게 매우 사교적으로 생활해왔다는 사실을 알 수 있었다. 버타가 말했다. "제가 건강했을 때라면 선생님은 저를 잡지도 못하셨을 거예요."

하지만 그는 패스트푸드와 설탕이 든 탄산음료를 달고 살았고 결국 당뇨병으로 합병증까지 얻어 잘 걷지도 못하고 만성적인 고통에 시달리게 됐다. 얼마 안 있어 그는 더 이상 일을 할 수 없게 됐고 집에 묶여 있을 수밖에 없음을 인정해야 했다. 그리고 모든 것이 달라졌다.

"정말 외로웠어요. 너무 아파서 나갈 수도, 사람들을 초대할 수도 없었죠."

버타는 성인이 된 딸과 아파트에서 함께 살았지만 거의 대화하지 않았고 대화할 때마다 싸웠다. 다른 가족들도 그에게 관심을 보이지 않았다. 자신의 삶을 풍요롭게 했던 관계를 지속할 수 없게 되자 버타는 희망의 끈을 놓기 시작했다.

그는 케어모어 투게더니스 프로그램의 광고 엽서를 받은 날을 생생하게 떠올렸다. 프로그램에는 상담, 운동, 사회적 참여 기회 제공, 의료 서비스가 포함돼 있었다. 심지어 교통수단까지 제공했다.

"편지를 읽고 울기 시작했어요. 저한테 손짓하는 것 같았거든요."

버타는 이 프로그램에 가입했고 며칠 뒤 '전화 친구(Phone Pal)'에게 전화를 받았다. 그는 자신을 아르만도라고 소개하며 버타가 잘 있는지 확인하고 안부를 묻기 위해 전화했다고 말했다.

"전화 친구는 그냥 내 이야기를 들어줬어요."

아르만도의 목소리는 차분했다. 그는 다음 주에 다시 전화하겠다고 약속하고 전화를 끊었다. 버타는 점점 아르만도의 전화를 기다리기 시작했다.

한편 버타는 일을 하지 못해 수입이 없었기 때문에 각종 청구서가 쌓여갔고 집세도 내지 못했다. 결국 집을 잃고 시립 공원 주차장에 차를 세워둔 채 그 안에서 살 수밖에 없었다. 밤이 되어 깜깜해지면 공원은 무섭도록 고요했다. 게다가 그의 건강은 악화되고 있었고 다리 통증도 견디기 힘들었다.

케어모어에서는 버타에게 루비라는 사회사업 인턴을 배정했다. 루비는 필사적으로 버타를 돕고 싶어 했지만 캘리포니아 남부의 집세는 저소득층에게 너무 높았다. 그러던 어느 날 루비는 크레이그리스트에서 거저나 다름없는 가격인 공공요금 포함 월 700달러에 나온 부속주택(in-law unit, 뒷마당 별채. 집주인이 뒷마당에 별채를 짓고 임대한다 – 옮긴이) 하나를 발견했다.

버타가 도착했을 때 집주인인 소냐와 어니스트가 그를 기다리고 있었다. 루비는 버타의 상황과 건강 상태를 집주인들에게 미리 이야기했고 부부는 버타와 계약하기를 원했다. 다만 부부가 알고 싶었던 것은 버타가 그들이 기르는 핏불 테리어인 프로텍터와 친해질 수 있을지 여부였다. 엄청난 턱과 거대한 가슴을 가진 이 개는 풀쩍 뛰어올라 버타의 얼굴을 핥았다.

"나중에 소냐가 전화로 임대해주겠다고 말했을 때 눈물이 났어요."

소냐와 어니스트는 버타를 가족처럼 반겨줬으며 그들이 베푼 우정은 버타가 마음을 열고 다른 사람들과 다시 관계를 맺도록 도와줬다. 아르만도는 여전히 매주 전화를 걸어 버타가 스스로를 돌보기 위해 뭘 하고 있는지 물었다. 그는 집 밖으로 나가보라고 버타를 격려했다.

버타는 종종 자신이 아르만도의 시간을 너무 많이 뺏는 것은 아닌지 걱정했다. 그러면서도 아르만도를 실망시킬까 봐 자신이 더 잘할 수 있다고 보여주기 위해 노력했다.

"아르만도가 전화를 하면 나는 '청소를 했어요'라든가 '오늘은 화장을 했어요'라고 말했어요."

차이를 만든 것은 인간관계였다. 비록 전화상이었지만 버타는 아르만도가 자신을 판단하지 않고 이야기를 들어주며 자신의 안위를 진심으로 걱정하는 것 같았기 때문에 그에게 마음을 열었고 그의 말에 쉽게 약해졌다. 마침내 버타가 투게더니스 프로그램 파티에서 아르만도를 직접 만나게 됐을 때 그는 아르만도가 중년이 아니라 30대 초반이라는 사실을 알고 놀랐다.

"젊은이, 당신이 아르만도예요?" 버타는 놀라움을 참지 못하고 물었다. "전화로는 나이가 많은 줄 알았는데."

우리가 만났을 때도 버타는 여전히 매주 아르만도와 통화하고 있었고 17킬로그램이나 감량에 성공했다고 자랑스러워했다.

"아르만도의 전화가 없었다면 성공하지 못했을 거예요."

버타는 조용하고 안전하게 살 수 있는 집이 있고 새로운 친구들과 가깝게 지낼 수 있음에 감사한다. 그는 여전히 건강해지기 위해 더 많은 노력을 기울여야 하고 이따금씩, 특히 밤에는 아주 외롭다고 느끼기도 한다. 하지만 건강을 회복하고 더 충만한 삶을 살기 위해 계속 노력하기로 결심했다. 그리고 자신의 삶을 변화시킨 관계의 힘을 사람들과 나누기 위해 손을 내밀 생각이다.

"세상에는 외로운 사람들이 아주 많아요. 저도 다른 누군가를 돕고 싶어요."

버타의 말이 맞다. 세상에는 외로운 사람이 많고 그 중에는 의료 체계 안에서 고립감이 심화되는 환자도 매우 많다. 특히 병원에서 환자들은 자신이 병 자체가 된 것처럼 느끼기도 한다. 이들은 희망과 동경, 두려움, 위로가 즉각적으로 필요한 사람이 아니라 진단하고 치료

해야 할 문제가 된다. 이런 경험에서 오는 고통은 환자들이 사랑하는 주변인에게까지 전이될 수 있다.

미셸은 남편의 생애 마지막 해 대부분을 로널드 레이건 UCLA 메디컬 센터에서 보냈다. 남편 빈센트는 골수가 건강한 혈액세포를 만들지 못하는 골수이형성증후군(MDS)을 앓고 있었다. 그는 화학요법과 계속되는 수혈을 견뎌냈고 형제에게 줄기세포 이식도 받았다. 그러나 2017년 크리스마스 무렵 중환자실로 옮겨졌다. 미셸은 그런 빈센트에게 아무 도움도 줄 수 없다는 무력감을 느꼈다. 이토록 절절하게 외로움을 느낀 것은 처음이었다.

2년 후 나와 대화를 나누면서 미셸은 남편을 이렇게 회상했다.

"그는 당신이 만나본 사람 중 가장 사랑스럽고 거대한 남자였을 거예요. 185센티미터 키에 모든 사람을 사랑한 덩치 큰 사모아인이었죠."

MDS라는 진단을 받았을 때 빈센트는 현역 미 해군이었다. 하지만 그해 크리스마스가 됐을 때 그는 이미 1달 이상 중환자실에 입원해 있었다. 얼굴은 입에 연결된 인공호흡기 때문에 반쯤 가려져 있었고 주변은 생명 유지 장치들에 온통 둘러싸여 있었다. 그는 미셸이 결혼했던 남자의 그림자 같았다.

미셸은 상황이 나쁘다는 것을 알았고 남편을 잃을까 봐 두려웠다. 그런 점에서 미셸에게는 눈앞의 시급한 문제에만 집중하는 의료진이 비인격적으로 느껴졌다. 미셸은 무능력 상태에 있는 빈센트의 가장 열정적인 수비수이자 의사결정권자였지만 그 자신을 이끌어줄 무언가를 찾지 못했기 때문에 겁에 질렸고 어느 방향으로 향해야 할지 몰라 좌절했다.

환자의 뜻을 존중한다고 알려진 폐와 중환자 치료 전문의 타인 네빌(Thanh Neville) 박사가 없었다면 이 상태는 계속됐을 것이다. 네빌 박사는 겸손하고 근면하며 환자들을 철저하게 보호하는 의사다. 그는 최근 캐나다 의사인 데버라 쿡(Deborah Cook) 박사의 프로그램을 모델로 한 '3가지 소원 프로젝트'를 시작했다. 중환자실에 있는 위독한 사람들의 소원을 들어주는 프로젝트로 비인간적이고 소외감까지 느낄 수 있는 중환자실의 경험을 죽음과 사랑하는 사람들에 대한 존중의 경험으로 바꾸는 것이 목표였다.

미셸은 네빌 박사와 그의 팀을 처음 만난 크리스마스에 자신이 얼마나 회의적이었는지 기억한다.

"박사님이 프로젝트에 관해 이야기했을 때 저는 박사님의 눈을 바라보며 이렇게 말했죠. '바로 이 순간 진실을 알고 싶어요. 남편은 죽는 건가요?' 박사님이 내 손을 잡으면서 말했어요. '솔직히 말할게요. 미셸이 들은 것처럼 병원 의료진은 빈센트가 병원에 머무는 동안 살아날 거라고 생각하지 않아요. 우리는 남은 시간 동안 빈센트를 존중하고 당신이 그를 보낼 준비를 할 수 있도록 돕고 싶어요.'"

빈센트는 정말로 죽어가고 있었고 그를 살리기 위해 의료진이 할 수 있는 일은 아무것도 없었다.

"처음에는 화가 났어요. 당신은 나를 모른다, 돈을 얼마나 내야 하느냐고 무례하게 굴었죠. 하지만 박사님이 그저 우리를 신경 쓰기 때문에 그곳에 있다는 사실을 믿기까지는 얼마 걸리지 않았어요."

바로 이것이 3가지 소원 프로젝트의 핵심이었다. 진심을 느끼자 미셸은 경계를 풀었다.

"나는 눈물을 흘리며 목이 잔뜩 잠긴 채 '혼자가 되는 게 무섭다'고 말했어요. 그러자 박사님이 나를 껴안으며 '우리가 당신을 혼자 두지 않을 거예요'라고 말했죠. 박사님의 동료도 눈물을 글썽이며 내 손을 잡더니 '우리가 계속 당신과 함께 있을 거예요'라고 했어요." 미셸은 잠시 말을 멈췄다가 계속했다. "솔직히 이 모든 과정을 나 혼자 겪지 않아도 된다는 사실을 알게 되니 상황을 받아들일 수 있었고 혼자서 기계가 꺼지는 것을 보지 않아도 된다는 데 감사하게 됐어요."

팀은 빈센트의 남은 3일 동안 약속을 이행했다. 빈센트는 아는 간호사가 많고 그 중 몇 명에게는 별명도 붙여줬던 암 병동으로 자신을 옮겨달라고 요청했다. 또 아내가 작년에 그들과 함께 치료 과정을 견뎠던 사람들과 함께 있기를 원했다. 암 병동에는 인공호흡기가 없었지만 네빌 박사의 팀은 예외적으로 허가를 받아 빈센트의 뜻을 존중해줄 수 있었다.

"그들이 신선한 꽃들을 가져왔어요. 나는 하와이 사람이고 남편은 폴리네시아 사람이라 우리에게 꽃은 아주 큰 의미가 있었죠. 박사님의 팀은 가능한 많은 폴리네시아 꽃들을 들여왔어요. 그런 작은 디테일이 정말 큰 의미를 지녔죠."

빈센트를 보내던 순간에도 네빌 박사의 팀은 미셸과 빈센트의 곁에 있었다.

"남편의 호흡기를 떼어야 할 때라고 결정하는 데 걸린 30분 동안 함께해줄 사람이 있었다는 사실이 너무 놀라워요. 의사의 의무는 아니지만 남편의 생명 유지 장치를 제거할 때 나와 함께 앉아 있어줄 사람이 있고 없고는 큰 차이가 있었어요."

네빌 박사에게 프로젝트의 기본 전제와 힘은 간단하다.

"3가지 소원 프로젝트의 목표는 환자에게 무엇이 문제인지 묻지 않고 무엇이 중요한지 묻는 것입니다."

이 프로젝트는 2년도 채 되지 않아 200명 이상의 환자와 그 가족을 도왔다. 2번의 결혼식을 거행했고 침대 옆 탁자에 테이블보를 씌우고 넷플릭스 영화를 틀어 마지막 데이트를 준비했으며 지역 예술학교를 섭외해 환자의 병실에서 그가 가장 좋아하는 뮤지컬 음악을 연주하게 했다. 환자가 가장 좋아하는 휴가 장소였던 하와이 사진으로 병실을 꾸미기도 했고 마지막으로 손을 잡은 커플의 손 조형 등 유가족들을 위한 다수의 유품을 만들었다. 또 환자가 세상을 떠나고 몇 주가 지난 뒤에는 그 유족에게 중환자실 의사, 간호사, 그 밖의 치료 팀원이 서명한 조문 카드를 보낸다. 네빌 박사는 이 카드에 대한 반응에 늘 깜짝 놀란다.

"조문 카드가 사람들에게 얼마나 큰 의미인지 알면 깜짝 놀란답니다. 인터뷰를 해보면 많은 가족들이 이 카드가 '우리가 잊히지 않았고 어떤 의미가 있다'고 말해주는 것 같다고 이야기합니다. '엄마를 떠나보내고 몇 주 뒤에 나는 모든 것을 잃었다고 생각했습니다. 선생님이 보내주신 카드 덕분에 여전히 나를 생각해주는 사람들이 있다는 것을 알았습니다'라는 답장을 보내온 사람도 있었어요."

의학과 기술은 때로 우리를 실망시키지만 사랑과 연민에 바탕을 둔 인간관계는 늘 우리를 치유한다. 죽음과 함께 오는 외로움과 단절 감은 완전히 막을 수는 없어도 완화할 수는 있다. 환자와 그 가족에게 우리가 그들을 잘 안다고 느끼게 하고 관심과 사랑받는 느낌을 갖게 하는 것은 우리의 가장 강력한 치료제일 것이다.

나는 3가지 소원 프로젝트에 구체적으로 얼마큼의 가치가 있는지 알고 싶었다. 인생에서 가장 큰 스트레스를 받는 순간 환자와 그 가족 이 얻는 충만함, 평화, 관계에 가격을 매기기란 쉽지 않다. 네빌 박사 의 3가지 소원 프로젝트에 드는 평균 비용은 환자당 30달러에 불과 하다. 3만 달러가 아니다. 딱 30달러다. 환자의 치료에 참여하는 의사, 간호사 그리고 직원에게 미치는 부가 효과를 고려한다면 엄청난 투 자수익률이다.

수년에 걸쳐 접한 많은 이야기들을 통해 나는 외로움이 우리의 신체 적·감정적 삶에 큰 해를 입힐 수 있다는 사실을 더 이상 의심하지 않게 됐고 사회적 관계의 중요성도 깨달았다. 모든 사람은 다채롭고 복잡하고 연약한 인간으로서 진짜 자기 자신으로 보이고 싶어 한다. 우리 모두는 스스로가 중요하고 사랑받는다는 사실을 알아야 한다. 이런 욕구는 안정적인 관계를 통해 충족되며 이것이 충족될 때 우리 는 더 건강하고 생산적이고 보람 있는 삶을 살 수 있다. 반대로 욕구 가 충족되지 않으면 고통 받는다.

극심한 고통 속에서는 그 고통이 설계된 진화의 일부분이라고 생각하기 어렵지만 외로움은 우리 생존에 필수적인 무엇, 다시 말해 사회적 관계가 부족할 때 우리에게 경고를 해주는 필수적인 기능이다. 이 중요한 기능을 처음 인식한 과학자들은 우리가 (배고픔과 갈증에 반응하는 것처럼) 외로움에 반응하는 법을 배울 수 있다면 그것에 굴복하는 대신 외로움의 지속 시간과 부정적인 영향을 모두 줄일 수 있으며 실제로 우리 삶의 전반적인 질을 향상시킬 수 있을지 모른다고 생각했다. 이를 확인하기 위한 첫 단계로 과학자들은 사회적 관계와 외로움의 앞뒤를 잇는 진화에 관해 연구했다. 2장에서 이 연구들을 좀 더 자세히 살펴보자.

관계는 본능이다

—— 진정한 우정으로 우리는 전 세계 평화의 기초를 더 단단히 다진다.

마하트마 간디(Mahatma Gandhi)

—— 우리에게 평화가 없다면 그건 우리가 서로에게 속해있다는 사실을 망각했기 때문입니다.

마더 테레사(Mother Teresa)

2017년 어느 따뜻한 가을 오후, 마이애미에 계신 부모님 댁을 방문했을 때 아이오와 라디오 방송국과 전화로 외로움에 관해 이야기를 나누게 됐다. 라디오 방송국에서는 내가 몇 달 전 〈하버드비즈니스리뷰〉에 기고한 외로움과 관련된 글을 보고 연락을 해왔다. 솔직히 말해 이런 반응에 조금 놀랐다. 비즈니스 저널을 읽는 독자들이 사회적 관계라는 주제에 관심을 가질 거라고 기대하지 않았기 때문이다. 그런데 세계 각지에서 몇 주 동안 메시지가 쏟아져 들어왔다. 그 중 일부는 왜 전직 공중보건위생국장이 흡연이나 비만 같은 전통적인 주제가 아닌 외로움을 이야기하는지 궁금해하는 기자들의 메시지였지만 외로움을 경험했고 그 감정을 나 혼자만 느끼는 것이 아니라는 사실에 안도한 사람들에게서 온 메시지가 더 많았다.

라디오 쇼에 전화를 건 청취자 중 로드라는 한 중년 남자는 가장 친한 친구가 암으로 10년 전 세상을 떠난 뒤 몹시 외로움을 느낀다고 털어놨다. 그는 이런 상황을 다른 사람과 이야기해본 적도 별로 없고 이럴 때 어떻게 행동해야 하는지도 몰랐다. 그저 외로움으로 인한 고통을 덜 수 있는 방법이 있는지 알고 싶어 했다. 로드는 이렇게 말했다. "또 다른 좋은 친구를 찾기가 힘들어요."

다음으로는 생계를 위해 트럭을 모는 레이첼이 대화에 참여했다. 그는 오랜 시간 길 위에서 혼자 일하며 우정이나 낭만적인 관계를 만들기가 쉽지 않다는 사실을 깨달았다.

"정말 많이 외로워요. 기본적으로 저는 나한테 무슨 문제가 있는 건 아닌지 알고 싶어요."

이 여성 청취자의 질문을 듣고 나는 멈칫했다. 살아오면서 그와 똑같은 질문을 나 자신에게 얼마나 많이 던져왔던가? '나는 대체 뭐가 문제일까?' 어린 시절 나는 친구 사귀는 재주가 없어서 내 안에 어떤 비호감 요소가 있다고 생각했다. 나만 빼고 학교 학생들은 모두 비밀을 털어놓을 친구가 있는 것 같았고 나만 따돌림당하는 것 같았다. 당시 내가 했던 생각은 전화를 건 청취자와 똑같은 고민이었고 여기에서 중요한 질문 하나가 떠올랐다. 이런 자기회의는 실제 결점을 반영한다기보다 오히려 외로움 그 자체에서 비롯된 오해 아닐까?

라디오 인터뷰가 끝난 후 나는 내 외로웠던 시절을 되돌아봤다. 어릴 때든 어른이 돼서든 만성적 외로움에 시달리면 그 경험이 마음속 깊이 스며든다. 그리고 거의 모든 것, 특히 자기 성격에 대한 관념에 영향을 미친다. 스스로를 부적응자라고 생각하게 되는 것이다. 사람들과 함께 있을 때조차 외로울까 봐 걱정한다. 무엇보다 가장 해로운 생각은 이런 고통을 유발하는 진짜 나쁜 문제가 나한테 있다고 믿으며 스스로의 가치를 의심하는 것이다.

나는 장거리 트럭 운전기사와 친구의 죽음으로 비통함에 빠진 남자가 왜 외로움을 느끼는지 어렴풋이 알 것 같았다. 미국 교외 지역 학교에 적응하려고 노력할 때의 내가 사회적으로 불안감을 느꼈던 이유도 알 수 있었다. 문제는 대체 왜 지금의 나 같은 사람, 즉 사람들에게 둘러싸여 있고 친한 친구들이 있으며 만족스러운 일과 사랑하는 가족이 있는 사람도 여전히 사회적 단절과 외로움이라는 감정에 시달리느냐는 것이었다. 이해하기가 힘들었다. 우리는 왜 우리가 누구인지와 상관없이 외로움을 느낄까?

진화의 발자취

지금은 고인이 된 존 카치오포(John Cacioppo) 박사는 외로움을 생화학적·유전적 뿌리가 있는 경고신호로 보고 이를 최초로 배고픔과 갈증에 비유했다. 그의 연구는 인지사회신경과학 분야에 한 획을 그었다는 평가를 받았으며 많은 사람들은 그를 '외로움 박사'라고 불렀다.

2017년, 나는 워싱턴 D.C.의 미국 보건복지부에서 카치오포 박사를 처음 만났다. 키가 크고 마른 체격에 머리가 희끗희끗한 카치오포 박사는 말할 때면 진지하고 집중하는 얼굴이었지만 중간중간 상대방을 무장 해제하게 만드는 따뜻한 미소를 보였다.

카치오포 박사는 대학교 때 끔찍한 자동차 사고를 경험한 이후 외로움을 중점적으로 연구하기로 결심했다. 그는 운전을 하고 가다가 우연히 말을 치는 바람에 차가 폐차 수준이 된 것은 물론 자신도 심하게 다쳐 거의 죽을 뻔했다. 죽는다고 생각했던 그 순간 그의 의식은 자신이 사랑했던 사람들에게로 향했다. 열심히 쌓아온 일이나 명성이 아닌 사랑하는 사람에게로 말이다.

이 경험은 카치오포 박사로 하여금 자신의 삶과 학문적 관심을 새로운 눈으로 바라보게 했다. 인생에서 가장 중요한 것은 사랑과 인간관계라는 깨달음이 분명하고 확실하게 그를 찾아왔다. 그때부터 그는 인간관계의 생물학적 기반, 사회적 연결과 외로움 사이의 긴장 관계에 연구 초점을 맞췄다.

오하이오주립대학교 대학원에 진학한 카치오포 박사는 그곳에서 뇌와 사회적 행동의 관계에 깊이 빠져들었으며 정신이 신체에 놀라운 영향을 미칠 수 있다는 생각에 매료됐다. 대학원 교수들을 비롯한 회의론자들은 심리학적 요소가 결합된 생물학을 진지한 과학이라고 생각하지 않았고 사회적 요소와 신경계는 관련이 없다고 말했다. 하지만 박사는 둘 사이에 분명한 관계가 있다고 확신했다. 그는 대학원 시절의 오랜 친구이자 동료 연구원이었던 게리 베른트슨(Gary Berntson)과 팀을 꾸려 생물학적 체계와 사회과정의 상호작용을 이해하는 '사회신경과학(social neuroscience)' 분야를 개척했다.

1999년 시카고대학교에서 외로움에 관한 카치오포 박사의 연구는 호응을 얻었다. 카치오포 박사는 외로움과 인간관계가 생물학적 과정에 미치는 영향을 설명하기 위해 노력했으며 그가 연구 과정에서 추구한 과학적 엄격함은 외로움 문제를 더 많은 연구와 관심이 필요한 자연과학의 위치에 올려놓았다.

역사와 생물학 렌즈를 통해 외로움을 바라봤을 때 사회적 관계에 대한 인간의 욕구는 분명 단순한 감정이나 편리함 이상의 것이었다. 이 같은 욕구는 수천 년간 이어진 인간 진화에 뿌리를 둔 생물학적·사회적 필요였다. 카치오포 박사는 외로움이 사회적 관계 욕구를 충족하려는 경고신호로서 진화해왔다고 주장했다. 이와 관련해 2016년 〈가디언〉지와의 인터뷰에서 박사는 이렇게 말했다. "외로움은 빙산과 같다. 표면은 파악했지만 계통발생학적으로 너무 깊어 우리가 볼 수 없는 것들이 더 많다."[1]

외로움에 관한 카치오포 박사의 진화 이론은 인간이 하나의 종으로 살아남을 수 있었던 까닭은 크기나 힘, 속도와 같은 신체적 이점이 아니라 사회집단 안에서 관계를 맺는 능력 때문이라는 의견에 기반을 두고 있다. 우리는 생각을 교환하며 목표를 조정하고 정보와 감정을 나눈다. 카치오포 박사는 말한다. "인간의 강점은 소통하고 협력하는 능력입니다."[2]

2011년 옥스포드대학교 인류학자들로 이뤄진 연구 팀은 카치오포 박사의 이론을 뒷받침하는 약 5,200만 년 전의 증거를 발표했다.[3] 그들은 최초의 원숭이와 유인원이 과거 일부 과학자들의 생각처럼 짝을 이뤄 관계를 맺은 것이 아니라 남녀가 섞인 무리를 이뤘다는 사실을 발견해냈다. 이 연구의 주요 저자인 수잔느 슐츠(Susanne Shultz) 박사는 야행성 영장류가 포식자의 눈에 띄기 쉬운 낮에 사냥을 하기 시작하면서 무리를 이뤘다는 이론을 제시했다. 이때 관계가 지니는 가치는 쉽게 파악됐다. 바로 머릿수에서 오는 힘이었다.

《사회적 도약(The Social Leap)》[4]을 쓴 심리학자 빌 폰히펠(Bill von Hippel) 교수는 오스트랄로피테쿠스의 몸이 무기를 던질 수 있도록 진화했을 때인 약 300만 년 전부터 인류의 조상에게 무리가 특히 중요해졌다고 말했다. "이제 인류는 군사 역사에서 가장 중요한 혁신을 이룹니다. 멀리에서 적을 죽일 수 있는 능력을 갖게 된 거죠."

근거리라면 사자 1마리를 몽둥이로 때려눕히기 위해 사냥꾼 50명이 달려들어도 다수의 사상자가 나오지만 던지는 기술을 이용하면 상대적으로 안전한 위치에서 돌을 던져 공격할 수 있었다.

"먼 곳에서 죽일 수 있다면 모든 것이 달라지죠. 따라서 인류는 무리지어 함께 일할 동기를 갖습니다. 모두 협력해 동시에 무기를 던지면 살아남을 수 있게 된 것입니다."

인류가 발전함에 따라 진화의 압력은 협력이 주는 이점에 의해 더 많은 협력을 하는 방향으로 이뤄졌다. 협력을 통해 미래를 계획할 수 있게 됐고 분업도 가능해졌다. 인류의 조상은 무리지어 살면서 늑대나 검치호를 교대로 감시할 수 있었고 공격당했을 경우 반격을 위한 조직을 짜서 호랑이를 제압할 가능성을 높이고 서로를 구할 수 있었다. 또 사냥하고 채집한 식량을 한데 모아 개인이 굶을 가능성을 줄였다. 초기 인류는 무리에서 따로 떨어져 나오면 공격받거나 굶주릴 가능성이 현저히 높아진다는 사실을 금방 배웠을 것이다.

하지만 이것만이 함께 뭉쳐야 할 이유는 아니었다. 무리 생활로 개인은 짝짓기를 할 수 있는 충분한 상대와 안전을 확보할 수 있었고 이로써 부족이 번식하며 지속될 수 있었다. 나아가 양육 책임을 함께 나누는 신뢰할 수 있는 성인들이 대가족을 이뤄 협력함으로써 부족의 생존을 지키는 데 도움이 됐다. 부족 아이들을 가르치고 보호하는 일은 개인이 할 때보다 공동으로 할 때 효율이 더 높았다. 따라서 개인의 생존뿐만 아니라 전체 종족의 생존도 사회적 관계에 달려 있었다.

이처럼 관계는 기본적인 생존을 넘어 인류의 혁신을 높이고 종족의 창조성을 키웠다. 폰히펠 교수는 말한다. "인간은 지구상에서 즉각적인 이익이 없을 때조차 다른 상대와 마음을 공유하기 위해 노력하는 유일한 동물입니다."

이런 방식은 같은 목적 아래에서 좀 더 잘 합심하게 할 수 있고 서로에 대한 이해를 높이며 결국 협력과 효율 면에서 더 장기적으로 이득이 될 수 있다.

초기 인류는 함께 일하면서 개인적으로 난처했던 기술 문제들을 해결했고 자신의 발견을 공유하며 기술을 확산하고 개선했다. 최초의 인류가 모여 불의 사용을 논의하고 광활한 강을 건널 방법을 알아냈을 때의 흥분을 상상해보라.

감정적인 지식도 가치가 있었다. 저 사냥꾼은 사냥한 동물에게 관대한가? 저 여자는 자식들에게 상냥한가? 이 족장은 믿을 만한가? 상호부조를 위해 서로 의지할 수 있는가?

폰히펠 교수는 "우리는 감정적 합의를 구하도록 진화했다"고 말했다. 그리고 이야기는 "다른 사람들이 우리의 감정적 반응을 공유할 수 있도록" 합의를 기록하고 발전시키기 위해 진화했다.

여기에서 우리 조상들은 기본적으로 모여 있는 시간이 많았다는 사실에 주목할 필요가 있다. 인류학자들은 수렵·채집인이 하루 약 3분의 1은 일을 했고 3분의 1은 아이들과 어울려 놀았으며 3분의 1은 잠을 잤을 것이라고 추정한다. 그들은 거의 붙어 있었기 때문에 이야기를 나눌 시간이 충분했고 그 방식을 좋아했다. 폰히펠 교수는 이렇게 말했다. "우리는 혼자가 되는 경험을 회피하도록 진화했습니다. 이때 외로움이 이슈가 됐을 거예요."

여기에도 이야기가 기여한다. 다른 사람이 없을 때도 이야기는 개인에게 연결됐다는 느낌을 갖게 하고 소속감을 높인다. 이는 인간의 가치와 목적, 정체성을 확보하고 정서적으로 결속하는 스토리텔링의 엄청난 역할을 이해하는 데 도움이 된다. 첫 번째 동굴벽화 이후 인간은 언어, 그림, 음악, 의례를 통해 이야기 속에 우리의 경험을 녹여 대대로 전했다. 이 이야기들은 우리가 누구인지 이해할 수 있게 해주며 우리가 하는 투쟁에 의미를 부여하고 고통 받거나 두려워할 때 위안을 준다. 그리고 우리를 하나로 만든다.

　이 같은 사실들로 봤을 때 사회적 진화와 신체적 진화는 매우 밀접하게 얽혀 있다. 폰히펠 교수는 오늘날에도 여전히 이 모든 과정이 우리의 집단정신에 깃들어 있다고 말한다. "우리는 지식과 감정을 나누지 않으면 외로움을 느낍니다."

　그 이유에 대해 카치오포 박사는 "사회적 관계는 우리를 하나의 종으로 규정하며 외로움은 이런 사회적 관계를 돌봐야 한다는 신호로 작동"[5]하기 때문이라고 설명한다.

　우리는 친밀하고 가까운 사람들이나 가족과 함께 '집에 있는 것처럼' 느낄 때 관계를 맺고 있다고 생각한다. 인간은 타고나길 이야기와 감정, 기억, 걱정을 나누며 가족들과 어울리게 돼 있다. 그래서 진정한 우정과 사랑 속에서 관계를 맺으면 몸의 긴장이 풀어지고 기운이 북돋워지는 것이다. 견고한 인간관계는 삶에 기쁨과 의미를 더할 뿐만 아니라 건강, 기분, 업무 수행에도 긍정적 영향을 미친다. 또한 스트레스를 완화하고 질병, 직업 변화, 사랑하는 사람의 상실, 인생의 여러 중요한 전환 등 살아가면서 불가피하게 겪는 어려움을 헤쳐나가는 데 필요한 도움과 지지를 더 쉽게 받을 수 있게 한다. 사람들의 관계가 긴밀할수록 문화는 더 풍요로워지고 사회는 더 강해진다.

관계 본능

관계와 외로움에 관한 진화적 필요성을 알고 나니 다음으로 관계의 효과가 무엇인지 궁금해졌다. 이 문제를 풀기 위해 로스앤젤레스 캘리포니아대학교에서 게놈학을 연구하는 스티브 콜(Steve Cole) 박사에게 도움을 구했다. 사회적 관계가 건강을 증진하는 이유를 생물학적으로 어떻게 설명할 수 있을까?

콜 박사는 안전성 향상이나 일관된 식량 공급과 같은 실재적 이유 외에도 신체 스트레스 반응 감소와 이에 따른 결과가 관계의 이점에 포함된다고 말했다. 남을 돕는 등의 친사회적 행동은 사람들의 불안감을 낮추며 안전감을 높인다. 무엇보다 이렇게 스트레스가 낮은 관계는 우리의 기본 상태다. 인간은 생물학적으로 함께 있으면 더 기분이 좋아지며 나아가 함께 있는 것이 정상이라고 느끼게끔 돼있다.

옥시토신, 도파민, 엔도르핀 등 여러 호르몬과 신경전달물질이 매개하는 신체 반응이 이 메커니즘을 뒷받침한다. 그리스어로 '빠른 탄생'을 의미하는 옥시토신은 임신, 출산, 수유, 어머니와 자식 사이의 유대감에 영향을 미치는 호르몬으로 잘 알려져 있다. 이 호르몬은 두려움과 스트레스를 감소시키며 같은 집단에 속하지 않는 사람에게는 더 방어적으로 행동하게 함으로써 집단 내 유대감을 증진한다고 밝혀졌다. 바꿔 말하면 옥시토신은 강한 유대는 더 강하게, 약한 유대는 더 약하게 만든다.[6] 엔도르핀은 고통에 대한 지각을 줄이고 행복감과 기쁨에 기여하는 자연발생적 오피오이드다. 고통을 느끼거나 운동을 할 때('러너스 하이'처럼) 분비될 수 있지만 신체 접촉을 할 때, 다른 사람들과 동조행동을 할 때도 분비된다. 이를 통해 춤과 사랑이 멋진 커플을 만드는 이유를 이해할 수 있다. 마지막으로 뇌의 보상 체계에서 중요한 역할을 담당하는 도파민은 관계를 맺도록 강력한 동기를 부여하는 호르몬으로 고립에 반응해 급증하며 우정을 추구하게 한다.[7]

우리는 우리가 늘 사회적 관계를 생각하고 있다는 것을 미처 깨닫지 못하지만 사실 우리가 인식하는 것보다 훨씬 많은 시간 동안 사회적 관계를 생각한다. 또 다른 UCLA의 신경과학자인 매튜 리버먼(Matthew Lieberman) 교수는 지난 20년간 기능적 자기공명영상(fMRI)을 사용해 사람들이 말하고 포옹하고 수학 문제를 풀고 그냥 혼자 앉아 있을 때의 뇌 활동을 관찰했다. 그 결과 사회적 사고와 비사회적 사고를 처리하는 데 2개의 분리된 신경망에 의존한다는 사실을 발견했다. 리버먼 교수는 이 신경망 사이에 오가는 활동을 '신경 시소(neural seesaw)'에 비유한다. 세금 문제를 처리하거나 화학 숙제를 하거나 다리를 설계할 때는 비사회적 경로가, 친구를 만나서 점심을 먹거나 아이들이 숙제하는 것을 도와줄 때는 사회적 신경망이 활발해졌다. 리버먼 교수는 우리가 긴장을 풀고 아무것도 하지 않을 때는 어떻게 될지 궁금했다. 과연 우리의 기본 신경망은 무엇일까?

그 답은 놀라웠다. 그는 〈사이언티픽아메리칸〉과의 인터뷰에서 이렇게 말했다. "비사회적 사고를 끝낼 때마다 사회적 사고를 위한 신경망이 거의 즉시, 반사작용처럼 다시 작동했어요. 즉, 진화는 여유 시간에 우리 뇌가 할 최선의 일이 세상을 사회적으로 볼 준비를 하는 것이라고 판단한 거죠. …우리는 사회적 생물이 되도록 만들어졌습니다."[8]

이는 우리가 쉼 없이 다음 만남, 연애, 갈등을 준비하고 있다는 의미다. 설사 이 사실을 미처 깨닫지 못했고 심지어 스스로를 심하게 내성적이거나 업무 지향적인 사람이라고 생각해도 우리는 대부분의 시간을 다른 사람을 생각하며 보낸다. 리버먼 교수는 다른 사람과의 관계가 우리를 정의하기 때문이라고 말한다. 그는 전전두엽피질(medial prefrontal cortex)이라는 눈 사이의 영역을 가리키며 설명을 이었다. 이 영역은 우리가 자기 자신을 두고 무슨 옷을 입을지, 외모는 어떻다고 생각하는지 같은 개인적인 결정을 내릴 때 또는 제일 좋아하는 색깔이나 취미처럼 개인적인 선호를 확인할 때 빛난다. 신경과학자들이 '자기처리(self-processing)'라고 표현하는 이 활동은 과거 경험이나 감정을 기억하는 데도 관여한다. 언뜻 자기처리는 정체성을 형성하는 완전히 자기중심적인 활동처럼 보일 수 있다. 리버먼 교수는 여기에 함정이 있다고 말한다. 자기처리가 순전히 내적인 방향이라면 다른 사람에게로 주의를 돌릴 경우 전전두엽피질은 활동을 멈춰야 한다. 하지만 이와는 정반대의 일이 일어난다. 우리가 다른 사람들과 관계를 맺으면 소위 자기중심적 영역이라는 전전두엽피질의 활동이 가속화된다. 다시 말해 사람들과 사귀는 동안에도 우리는 스스로를 정의하는 것이다.

리버먼 교수는 여기서 한 걸음 더 나아간다. 그는 우리의 정체성이 마치 사회적 스펀지처럼 다른 사람들의 영향을 흡수한다고 말한다. 물론 모든 사람들이 다른 사람의 영향에 똑같이 민감한 건 아니지만 인지하고 있든 아니든 우리는 모두 어느 정도 그 영향을 받는다. 그리고 우리를 감동시키거나 설득하려는 사람에게 더 많은 관심을 갖고 있을수록 그 사람의 생각을 채택할 확률이 높아진다. 리버먼 교수는 이 과정을 트로이 목마에 비유한다.

"어둠을 틈타 우리가 알아차리지 못하게 다른 사람의 생각을 들여보내는 것입니다."[9]

결론적으로 우리 뇌는 관계를 추구하고 생각을 다른 사람에게 집중하고 주변 사람에 의해 자기 자신을 규정하도록 진화했다. 이 말은 내게 양날의 검처럼 들렸다. 우리가 '흡수하는' 의견이 존경하고 신뢰하는 사람의 견해라면 좋겠지만 영향력을 행사하는 사람이 사기꾼이거나 적이라면 어떻게 될까? 무엇이 우리가 너무 많은 사람들에 의해 '과포화'되는 것을 막는가? 번영을 위해서는 우리 삶에 분명 다른 사람이 있어야 하지만 관계를 위한 능력은 무한할 수 없다. 진화는 우리의 사회적 회로망이 과부하되는 것을 막기 위해 일종의 메커니즘을 제공했을 것이 틀림없다.

당연히 그랬다.

친구 아니면 적?

카치오포 박사는 2017년 〈애틀랜틱〉에서 진행된 인터뷰에서 이 딜레마를 설명했다.[10] 그는 초기 인류가 "서로에게 한결같이 긍정적인 것은 아니었다. 우리는 서로를 착취하고 처벌하고 협박하고 강압한다"고 말했다. 이는 실존적 위험을 제기했다. "내가 실수로 어떤 사람을 적으로 판별했는데 그가 사실은 친구였다면 괜찮다. 나는 빨리 친구를 만들 수는 없겠지만 살아남을 것이다. 하지만 내가 적을 친구로 잘 못 판별하면 그 때문에 목숨을 잃을 수도 있다."

인간에게는 관계를 맺기 위한 신경망뿐만 아니라 친구가 되지 않을 사람을 결정할 메커니즘도 필요했다. 카치오포 박사가 말한 것처럼 진화한 메커니즘은 신뢰, 더 구체적으로는 신뢰할 수 있는 사람과 그렇지 않은 사람을 신속하게 구별할 수 있는 능력을 발휘한다. 이 능력은 생후 첫해를 지나면서 발달하기 시작한다.

유아를 연구하는 연구자들은 아주 어린 유아기에는 뇌의 사회적 스펀지가 모든 사람에게 주의를 기울인다는 사실을 발견했다. 아기들이 막 태어났을 때는 선호가 없다. 처음 1~2달 동안은 거의 모든 얼굴에 끌린다.[11] 아기들은 아빠 얼굴만큼이나 원숭이 얼굴에도 많은 관심을 기울인다.[12] 게다가 개개인의 얼굴을 구별하는 놀라운 능력도 보인다. 심지어 원숭이 하나하나의 얼굴까지도 구별한다. 또한 어떤 인종이든 얼굴을 구별할 수 있다. 예를 들어 백인 아기일지라도 생후 몇 달 동안은 아시아인의 얼굴이나 아프리카인의 얼굴을 구별할 수 있다. 처음에는 지구상의 모든 얼굴이 아기가 신뢰하는 가족에 속하는 것 같기 때문이다.

하지만 연구자들은 생후 3개월이 되면 아기들이 가족과 같은 인종과 민족의 얼굴을 선호하기 시작한다는 사실을 발견했다. 연구자들이 지각협착(perceptual narrowing)이라고 부르는 과정을 통해 아기는 자신의 작고 신뢰할 수 있는 그룹에 속하지 않는 다른 얼굴들을 흐릿하게 처리하기 시작한다. 그 결과 아기들은 가장 가깝고 친숙한 사람들, 즉 아기가 가장 의지하는 사람들에게서 오는 뉘앙스와 미묘한 신호는 더 잘 이해할 수 있게 되지만 다른 인종의 얼굴은 구별하지 못하게 된다.[13]

가까운 인간과의 상호작용이 지닌 복잡성을 고려했을 때 이 같은 협착은 실질적인 기능을 한다. 아기들은 양육자와 강한 유대감을 갖기 위해 몸짓언어, 목소리 톤, 언어 패턴, 얼굴 표정, 눈의 움직임 등 양육자의 단서를 읽는 법을 배워야 한다. 엄마의 감정적 반응과 형제의 신뢰성, 아빠의 기분을 판단하는 법을 알아야만 한다. 또한 가족 구성원들을 더 가깝게 만들고 보호와 신뢰의 감정을 강화하는 단서에 반응하는 법도 알아야 한다. 이런 초기 교육은 애착, 관계, 사랑의 기초를 형성하며 큰 지력을 필요로 한다. 지각협착은 지력을 집중하는 데 도움이 된다.

오늘날 아무리 가장 뛰어난 수준의 인공지능이라 할지라도 이 복잡한 신호 체계에는 당연히 필적할 수 없으며 이런 체계가 뇌를 통과하면서 만들어내는 심오한 인간관계는 더 말할 것도 없다. 기술을 통한 사회적 네트워크가 현재도 그리고 앞으로도 직접 얼굴을 맞댄 소통보다 열등한 대체물일 수밖에 없는 이유가 이것이다.

하지만 아기가 무시하는 낯선 얼굴들은 어떤가? 익숙하지 않은 인종과 민족의 얼굴은 점차 모호해진다. 주로 단일 인종만을 접한 아기들을 연구해보면 생후 9개월쯤 코카서스인 아기들은 중동인들의 얼굴을 구별하지 못했으며[14] 중국인 아기들에게는 모든 백인의 얼굴이 똑같아 보였다.[15] 다른 인종이나 민족을 많이 접하면 그들의 얼굴을 더 잘 구별할 수 있게 되지만 우리가 태어날 때 가졌던 얼굴을 읽을 수 있는 보편적인 능력은 결코 다시 가질 수 없다. 초기 경험을 통해 우리는 우리에게 가장 중요한 사람에게 주의를 집중한다.

언어적으로도 비슷한 가지치기 과정이 일어난다. 인간은 지구상의 어떤 언어든 받아들일 수 있는 잠재력을 갖고 태어나지만 시간이 흐르면서 부족에서 듣는 언어, 즉 안전을 위해 신뢰하는 사람들과 소통하려면 알아야 하는 언어들을 제외한 나머지 언어는 습득 기능을 잃는다. 따라서 대부분의 사람들은 나이가 들면서 외국어를 배우기가 점점 더 어려워진다.

우리 선조들이 부족을 이루고 살던 세계에서는 이와 같은 지각협착이 소속감을 확보하고 적일 수도 있는 사람들과 친구가 되지 않도록 일족을 보호한다는 대단히 중요한 목적에 기여했다. 그러나 이들이 부족에서 이탈했거나 불신해야 한다고 배워왔던 외부인들 사이에서 혼자 고립되면 어떻게 될까? 카치오포 박사는 이때 외로움의 기저를 이루는 과잉 경계가 효력을 발휘한다고 말했다.

혼자 있든, 낯선 이들 사이에 있든 고립의 첫 번째 신호를 받으면 고립된 개인의 교감신경계는 경계 태세에 돌입해 공포를 촉발하고 그 상황에 맞서 싸우거나 도망치기 위해 즉각적인 준비를 한다. 이 스트레스 반응의 가장 중요한 부분은 에피네프린과 같은 카테콜아민 호르몬이 급증하는 것이다. 카테콜아민은 몸속을 흐르며 동공과 기도를 확장하고 심박수를 높이며 근육, 심장, 뇌로 가는 혈류를 증가시킨다. 시상하부-뇌하수체-부신(hypothalamic-pituitary-adrenal, HPA) 축도 활성화된다. 신호는 뇌의 시상하부에서 시작해 뇌하수체로, 이어 부신으로 전달되며 무기질 코르티코이드와 코르티솔의 분비를 촉진한다. 이는 혈압과 혈당 수치를 높여 쉽게 에너지를 공급할 수 있게 한다. 우리 신체는 고립, 심지어는 고립될 위험까지도 종종 비상사태로 받아들인다.

고립된 조상들은 경계가 높아진 상태에서 포식자의 조짐일 수도 있는 아주 작은 소리나 냄새, 빛의 변화를 감지할 수 있었다. 폐는 더 많은 공기를 마실 수 있었으며 근육은 더 큰 힘과 속도를 낼 수 있었고 심장은 중요 장기로 더 많은 혈액과 산소를 공급할 수 있었다. 부상과 감염이 생긴 경우에는 면역 체계가 활성화됐다. 이런 상태에서 몸 전체는 즉각적인 신호에 주의를 집중하며 욕망이나 경이감, 반성처럼 느긋한 생각들은 무시하고 밤에는 포식자의 공격을 받을까 봐 얕은 쪽잠을 자면서 자기보호에 몰두했다.

이 같은 과잉 경계는 심각한 위험의 순간에 생명을 구하게 해줬지만 신체에는 큰 스트레스를 줬다. 또 오랫동안 지속되지도 않았다. 시간이 제한적이라는 특징은 고립된 사람이 부족에 빠르게 다시 합류하도록 동기부여했다.

고립에 반응하는 과잉 경계는 수천 년을 지나며 우리 신경계에 내재됐고 외로움을 둘러싼 불안감을 만들어냈다. 외로움을 느낄 때 우리 신체는 여전히 야생동물과 생경한 부족으로 둘러싸인 툰드라에서 길을 잃은 것처럼 반응한다. 외로움이 지속되면 단기적으로 우리를 보호하기 위해 급증했던 동일한 스트레스 호르몬이 심혈관 스트레스와 몸 곳곳의 염증을 증가시키면서 장기적으로 우리 몸을 파괴하기 시작한다. 결국 조직과 혈관이 손상되고 심장병과 기타 만성질환의 위험이 높아진다. 여러 연구 결과에 따르면 외로움은 백혈구의 유전자 발현을 변화시켜 결국 염증 증가와 바이러스에 대한 저항력을 감소시킨다.[16]

카치오포 박사에 따르면 외로움은 부가적으로 수면의 질을 떨어뜨려 정신적·육체적 피로를 유발한다. 우리는 심하게 외로우면 선조들이 불시에 늑대나 적의 침입을 받지 않기 위해 그랬던 것처럼 얕게 자거나 자주 깬다. 카치오포 박사와 여러 차례 공동 연구를 진행한 시카고대학교 심리학 교수 루이스 호클리(Louise Hawkley)를 포함해 카치오포 박사 연구 팀은 외로운 사람들의 경우 자면서 여러 번 깊은 수면에서 빠져나온다는 사실을 발견했다. 본인은 깨지 않았다고 생각할 수 있지만 이런 미세한 각성은 수면의 질을 떨어뜨려 피곤과 짜증을 유발한다.[17]

외로움에 대한 우리 몸의 전반적인 스트레스 반응은 생존 가능성을 높이기 위해 고안됐지만 너무 오래 지속되거나 갑자기 극심해질 경우 오히려 반대 효과를 낼 수 있다. 극단적인 스트레스 반응의 한 예로 '상심 증후군(broken heart syndrome)'이라고도 불리는 타코츠보 증후군(Takotsubo syndrome)이 있다. 1990년 일본에서 처음 보고된 타코츠보 증후군은 우리가 압도적인 슬픔을 겪는 경우처럼 극심한 스트레스를 받았을 때 심장의 가장 강력한 펌프실이 타코츠보, 즉 일본에서 문어를 잡는 항아리와 비슷한 모양이 되는 데서 비롯된 이름이다.

　대부분의 사람이 인생의 어느 시점이 되면 가슴 아픈 고통을 경험하지만 사랑하는 사람을 잃은 외로움은 일반적으로 시간이 지나면서 가라앉는다. 특히 우리가 든든한 감정적 지지를 받고 있다면 더욱 그렇다. 다만 드문 경우 남겨지고 버려진 충격은 문자 그대로 남겨진 사람의 가슴을 찢어놓기도 한다.

　할아버지가 갑작스레 심장마비로 돌아가셨을 때 고등학생이었던 나는 상심의 생물학적 힘을 알게 됐다. 할아버지와 나는 무척 친했다. 할아버지의 죽음은 내가 처음 겪는 큰 상실감이었다. 당시 나는 엄청난 충격을 받았고 그건 혹독한 환경에서 할아버지와 함께 자랐던 할아버지의 동생도 마찬가지였다. 증조할머니는 할아버지가 어렸을 때 돌아가셨고 증조할아버지는 재혼을 하셨는데 새어머니는 할아버지 형제를 심하게 방치하고 학대했다. 형제는 종종 배가 고팠고 제대로 된 옷도 입지 못했으며 밤에는 잘 침대도 없었다. 그들은 아무도 돌봐줄 사람이 없던 수년 동안 서로를 돌봐줬다. 할아버지 형제는 일생을 쌍둥이처럼 가깝게 지냈기 때문에 할아버지가 돌아가셨을 때 종조부는 그야말로 하늘이 무너지는 듯했다. 종조부는 할아버지가 돌아가셨다는 소식을 듣자마자 조의를 표하러 오셨다. 평생 친구였던 할아버지의 시신과 함께 그곳에 선 종조부는 슬픔에 휩싸였다.

　"나만 남기고 떠났네."

　종조부는 눈물을 흘리며 말씀하시더니 가슴을 움켜쥐며 쓰러지셨다. 얼마 후 종조부는 사망 선고를 받았다.

상실의 충격은 사랑하는 사람이 사망한 지 얼마 되지 않았을 때 가장 크기 때문에 타코츠보 증후군은 그 직후 나타날 위험이 가장 높다. 그렇다면 심장은 왜 상실감에 이런 식으로 반응할까?

기술적으로 봤을 때 슬픔의 충격은 에피네프린과 다른 스트레스 호르몬을 분출해 심장을 팽창시키고 심장의 펌프 기능 일부를 잃게 한다. 이로 인해 혈액이 순환하지 못하면서 폐로 역류해 호흡곤란이 일어나고 전신이 부어오른다. 타코츠보 증후군에 동반될 수 있는 가슴 통증과 호흡곤란은 심장마비와 비슷하다. 따라서 적절한 치료를 받는다면 대개 살아날 수 있음에도 종종 잘못된 진단을 받는다.

그런데 상실감은 왜 이런 호르몬 분비를 촉발할까? 간단히 말해 상실감이라는 고통의 신호는 우리의 먼 조상들이 부족에서 단절돼 홀로 위협적인 야생의 불확실성에 직면했을 때 경험했던 스트레스 상태의 생화학적 반향이다. 이는 극도로 농축된 외로움과 같다.

외로움의 역설

외로움이 건강에 이처럼 해롭다면 사회적 고립이 예견된 첫 번째 징후가 나타났을 때 우리는 다른 사람들과 관계를 맺기 위해 온 힘을 다해야 말이 될 것이다. 실제로 이런 일이 종종 일어난다. 생물학적 과정이 설계된 대로 작동한다면 외로움의 첫 물결에서 우리는 불안을 느끼고 '내 사람'을 찾으려 할 것이다. 엄마한테 가거나 배우자를 껴안거나 이웃을 도와주거나 오래된 친구를 부를 것이다. 신뢰하는 사람들을 찾아서 관계를 맺을 수 있다면 그리고 그들이 호응을 보이며 우리를 진정으로 이해해준다면 외로움은 진정되고 스트레스 상태도 회복될 것이다. 대부분의 사람들이 낯선 도시로 이사하거나 새로운 학교나 직장에 다니기 시작할 때 찾아오는 상실감 등의 상황적 외로움을 이렇게 이겨낸다.

하지만 이런 관계를 찾아내고 만드는 일이 늘 쉽지는 않다. 대부분의 사람들은 만성적으로 외로움을 느끼면 의도했든 아니든 움츠러드는 경향이 있다. 카치오포 박사는 이런 경우 우리의 위협인식(threat perception)이 변해 사람들을 밀어내고 평범한 사회적 기회 속에서도 위험과 위협을 감지한다고 생각했다. 박사의 아내이자 공동 연구자이며 시카고대학교에서 카치오포 박사의 외로움 연구를 계속 진행하고 확장하는 일을 맡았던 신경과학자 스테파니 카치오포 박사는 외로운 사람의 뇌가 그렇지 않은 사람의 뇌보다 사회적 위협을 2배나 빨리 감지한다는 사실을 발견했다.[18] 고립되지 않기 위해 진화가 고안한 메커니즘에는 역설적인 반응처럼 보일 수도 있겠지만 진화론적 관점에서는 이치에 맞는다.

우리 조상들은 안전한 무리에서 떨어져 나오면 아주 작은 위협에도 방어적으로 반응할 필요가 있었다. 작은 위협도 치명적인 위험이 될 수 있었기 때문이다. 하지만 현대사회에서 이 같은 과잉 경계는 아무 해가 없거나 심지어 우호적인 사람, 상황까지도 위협으로 잘못 해석하게 할 수 있다. 자기보호 모드로 들어가버리면 사람들을 피하게 되고 자신에게 도움의 손길을 뻗는 사람들조차 불신하게 된다. 외로움이 길어질수록 오히려 초대를 거절하고 전화도 받지 않게 되는 것이다. 과잉 경계는 다른 사람들에게는 자아집착(self-involvement)으로도 보일 수 있을 정도로 내 필요와 안전에 집착하게 만든다. 위협에 대한 인식의 변화, 나에 대한 초점 증가는 외로울 때 다른 사람들과의 교제를 어렵게 만드는 과잉 경계의 2가지 핵심 요소다.

그러면 반작용이 일어난다. 도움을 주려 했던 사람들이 우리를 외면하기 시작하고 우리는 전보다 훨씬 더 혼자라고 느낀다. 머지않아 의심, 질투, 분노의 악순환에 갇히게 된다. 외로움은 균열이 심한 소외감으로 이어질 때까지 더 많은 외로움을 부채질한다. 그 해결책은 외로운 사람에게 함께 파티에 가자고 말하거나 "그냥 사람들과 함께 있어"라고 말하는 것보다 더 복잡하다.

콜 박사는 이렇게 말했다. "불편한 사실은 우리가 역사적 기본 상태와 다른 생활 문화를 만들어왔다는 것입니다. 원래 우리는 느긋하고 편안한 상태가 기본이고 휴식 상태에서는 유대감을 지향합니다. 하지만 이런 식으로 느끼는 사람은 거의 없죠. 이웃들과 모닥불 주위에 둘러앉아 이야기를 나누는 모습은 이제 흔하지 않습니다. 대신 우리는 늘 일을 해내려고 노력하면서 경쟁하고 있습니다. 나는 우리의 현재 상태가 원래 설계된 생리와 다르다고 생각합니다."

외로움은 때로 위협적인 세상이 불러일으킬 수 있는 부정적인 감정을 2배로 증폭한다. 현대사회의 다양성과 이동성의 증가는 이런 단절을 더욱 심화한다. 낯선 사람들 사이에서 스트레스 호르몬이 급증하면 문화적 편견, 인종적 고정관념, 차별적 관행에 더 민감해질 수 있다. 사회적 단서들을 잘못 해석하고 있지도 않은 사회적 위협을 볼 수도 있다. 작은 자극이 과장된 반응으로 이어질 수도 있다. 잘못 놓인 펜이나 실수로 엎지른 컵이 우리를 분노하게 하거나 세상이 무너지는 것처럼 느끼게 할 수 있는 것이다. 내 차선에 끼어든 사람이 나를 공격한 것처럼 느껴질 수도 있다. 외로움은 특히 새로운 동네로 이사하거나 새 직장이나 학교에 가게 됐을 때처럼 모든 사람들이 접근하기 어려운 다른 '부족'에 소속돼 있는 것 같은 상황에서 우정을 쌓기 어렵게 만든다.

그렇다면 고립됐다고 느낄 때 몸이 다르게 반응하도록 훈련할 수는 없을까? 카치오포 박사 부부는 이 질문에 대한 답을 연구하면서 사실 모든 사람이 외로움에 똑같이 민감하진 않다는 사실에 주목했다. 어떤 사람은 태어나면서부터 외롭다고 느끼는 반면 어떤 사람은 외로움을 잠깐 동안 드물게 경험한다. 외로움에 심하게 고통스러워하는 사람이 있는 반면 그저 가벼운 고통 정도로만 느끼는 사람도 있다. 존 카치오포 박사는 이런 다양성이 진화적 측면에서 유용하다고 말했다. 공동체의 일부 구성원들은 "단절을 지나치게 고통스러워하므로 흔쾌히 남아 마을을 지키려" 하는 반면 "다른 구성원들은 밖으로 나가 탐험을 하고 돌아와서 자신이 발견한 것을 나눌 관계가 충분하길 원하기" 때문이다.[19]

하지만 추가 질문이 생긴다. 이런 다양성은 선택과 훈련에 의한 것일까? 특정 사람들이 다른 사람들보다 불신감이 높아지는 경험을 했기 때문일까, 아니면 유전적 특징에서 비롯됐을까?

카치오포 박사와 연구 팀은 2016년 〈신경정신약리학(Neuro-psychopharmacology)〉[20]에 외로움에 대한 첫 번째 전장유전체 연관성 분석(genome-wide association study) 결과를 발표하면서 경험과 환경만큼은 아니더라도 유전자가 만성적인 외로움에 기여하는 바가 있음을 확인했다. 50세 이상 인구 1만 명 이상의 데이터를 조사한 연구 팀은 일반적인 유전자 변이체 분석에 근거해 상황에 따라 이따금씩 외로움을 느끼는 것이 아니라 일생 동안 외로움을 느끼는 경향은 유전성이 14~27% 정도라고 결론 내렸다. 쌍생아 연구를 포함해 외로움의 유전성을 조사하는 다른 연구들은 유전성이 55% 정도라고 높게 추산해왔다.[21] 하지만 우리는 외로움이 별개의 상태가 아니라 감정적 반응이라는 점을 유념해야 한다. 카치오포 박사는 이렇게 말했다. "외로움이 아닌 단절에 대한 고통이 유전되는 것입니다."[22]

카치오포 박사의 말이 의미하는 바는 외로움에 관한 전반적인 경험은 유전자와 과거 경험, 현재 상황, 문화, 성격의 복합 산물이라는 것이다. 이 요소들 중 무엇이 어느 날 우리에게 외로움을 느끼게 하는지 콕 집어 말하기란 거의 불가능하다.

외로움이 불안 장애나 우울증과 같이 나타나거나 종종 이들과 함께 유전된다는 점을 생각하면 외로움에 대응하는 문제는 훨씬 더 복잡해진다. 이런 질환은 때로 비슷하게 느껴지기 때문에 이들이 공존한다는 사실이 혼란스러울 수도 있다. 외로움, 불안 장애, 우울증은 모두 기분에 부정적 영향을 미치며 사회적 위축을 가져올 수 있다. 또한 서로가 서로에게 영향을 주면서 자라난다. 우울증과 불안감 때문에 다른 사람들과의 관계가 더 어려워지고 그로 인해 외로움으로 인한 고통도 깊어지기 때문이다.

외로움 vs 우울증 vs 불안

런던에 사는 미셸 로이드(Michelle Lloyd)는 외로움과 우울증, 사회적 불안이 함께 온다는 사실을 아주 잘 알고 있다. 그는 인생 대부분을 이 3가지 문제와 싸우며 보냈다. 현재 30대인 미셸은 정신 건강에 관한 블로그를 운영하는 인간관계 매니저다. 그가 블로그를 하는 이유 중 하나는 사람들이 외로움, 불안 장애, 우울증을 가진 사람들의 사회적 반응을 이해할 수 있도록 도움을 주기 위해서다. 외로움의 경험이 우울증이나 사회적 불안과 어떻게 다른지 그리고 이 3가지가 어떻게 겹쳐지는지 설명하기란 쉽지 않다.

"구별하기가 정말 어렵다고 생각해요. 외로움은 정신 건강 문제로 이어질 수 있어요. 정신 건강에 문제가 생기면 외로움에 더 민감해지죠. 우울증과 불안으로 고생하고 있을 때는 다른 사람을 이해시키기는커녕 자기 자신을 이해하는 것조차 매우 힘들어요. 저는 정신 건강이 피폐해지면 다른 사람들이 이러쿵저러쿵 판단하는 것이 두려워서, 아니면 단지 내 상태에 솔직해지고 싶지 않아서 사람들을 밀어내요. 그래서 친구들을 잃었고 일종의 외로움이 지속됐죠."

미셸의 말은 내게 잔인한 순환처럼 들렸다. 나는 그가 언제 처음 외로움, 우울증, 사회적 불안과 싸우기 시작했는지 궁금해졌다.

"제 생각에 외로움은 아주 어렸을 때 시작됐던 것 같아요. 저는 다른 아이들과 조금 다르다는 느낌이 있었어요. 그래서 다른 친구들보다 혼자서 훨씬 더 많은 시간을 보냈죠. 부모님이 이혼을 하셨는데 이 사건으로 저는 엄청나게 외로워졌어요. 누구와도 이야기를 나눌 수 없을 것처럼 느껴졌거든요."

그렇다면 우울증은 언제부터였을까?

"대학교 2학년 때 우울증과 불안이 정말 심각해졌어요. 사람들과 사귀지도 않았고 이유를 말하지도 않은 채 가족과 친구는 물론 모든 사람에게 내 상태를 계속 숨기면서 오랫동안 방에 틀어박혀 있었죠."

졸업 후 미셸은 맨체스터에서 살았다.

"일을 하고 있었고 막 연애를 끝냈을 때였어요. 너무 외로웠고 무력감을 느꼈죠. 더는 살고 싶지 않았어요. 절대 자살하고 싶은 건 아니었어요. 그냥 아무 감정도 느끼고 싶지 않았고 이제는 삶과 그만 다투고 싶었어요."

마침내 미셸은 의사와 상담하고 항우울제를 처방 받아 그 이후로 쭉 복용하고 있다.

"많은 사람들이 단지 대화를 나눌 사람을 원해요. 저도 상담을 받아봤지만 의사들에게는 늘 이런 종류의 개인적 요소가 부족했던 것 같아요. 그러면 이렇게 생각하게 되죠. 누가 내 친구가 되고 싶겠어? 대체 누가, 왜 나를 알고 싶어 하겠어?" 이런 생각은 외로움을 일으킨다. "외로울 때 자신을 혼자라고 느낄수록 모든 사람들이 나를 싫어한다고 더 강하게 생각하게 되고 그 결과 사람들과 더 접촉하지 않게 돼요. 악순환이죠."

그렇다면 사회적 불안은 이 모든 것과 어떻게 연결될까?

미셸은 사람이 많으면 불안해지는 경향이 있다고 말했다. "서너 사람 이상 있으면 저는 정말 불안해져요. 너무 불편하고 공황 발작까지 일어나서 종종 친구들과 함께하는 모임에서 빠져나와 그 자리를 떠나야만 했죠. 그냥 나와야 돼요. 탈출구가 보이지 않는 상황에서는 너무 힘들거든요. 그래서 저는 집에 갈 방법이나 빠져나올 방법을 확실히 계획해놔요. 불안감이 느껴지는 상황에 있는 것보다는 차라리 혼자 있는 편이 훨씬 낫거든요. 이런 태도가 때로 너무 무례하다거나 냉담하다는 인상을 줄지도 모른다고 생각해요. 하지만 이게 저의 대처 방식인걸요. 이 부분은 친구들에게 훨씬 더 솔직하게 털어놨어요. 친구들이 '1시간 정도 올 수 있다면'이라든가 '너는 밤새 있을 필요 없어'라고 말해주는 것이 도움이 돼요."

아이러니하게도 미셸은 다른 사람들과 어울리기를 정말 좋아하지만 그가 정말 중요하게 생각하는 것은 관계의 질이다. 미셸이 소중히 여기는 친구들은 그가 우울증, 불안과 싸우는 방법을 알고 있고 이를 이해하며 그의 투쟁을 무시하지도 않고 낙인찍지도 않는 사람들이다.

"제가 솔직해질 수 있고 저를 이해하는 선택된 사람들이 있어요. 때로는 약간이라도 자신의 취약성을 드러내 보여야 해요. 관계에 마음을 열어야 솔직하고 나를 이해해주는 관계를 만들 수 있거든요. 하지만 진짜 내가 되어 사람들에게 다가가지 않는다면 영원히 외로울 거예요."

이렇게 친구들과 어울리고 그들에게 솔직해지려면 미셸은 우울증과 불안이라는 자기 안의 시스템을 억제해야 하지만 사람들과의 관계에 치유의 힘이 있다는 사실을 알고 있기에 노력을 멈추지 않는다.

"정말 진이 빠지죠." 미셸은 인정했다. "내 안에 있는 두려움을 무시해야 하니까요. 하지만 그런 점에서 내가 조금이라도 안전지대 밖으로 나가면 보상받는다는 사실을 알았어요. 지난 몇 년 동안 얼마나 많은 사람들이 비슷한 문제를 겪고 있는지도 깨달았죠. 이들이 그런 식으로 느끼는 건 이상한 일이 아니에요. 사실 정말 흔한 일이죠. 단지 이야기하지 않는 것일 뿐이에요."

미셸의 이야기가 우울증, 사회적 불안, 외로움을 구별하는 데 도움이 됐지만 여전히 의문이 남아 있었다. 이 3가지 요소는 왜 그렇게 가깝게 연결돼 자주 함께 일어날까? 외로움은 우울증의 강력한 위험 요소라고 알려져 있다. 하지만 이 2가지가 일부 운 나쁜 사람들에게 단순히 겹쳐서 일어나는 것뿐일까, 아니면 적극적으로 연결돼 있을까? 《아프지 않다는 거짓말》의 저자인 뉴욕 심리학자 가이 윈치(Guy Winch)에게 이 질문을 던져봤다.

"외로움과 우울증은 별개의 임상적 문제입니다. 어떤 사람은 외로움을 느껴도 여전히 자신을 바쁘게 하는 일이나 취미 생활, 직업에 매우 흥미를 느낍니다. 우울증에 빠진 사람은 어떤 것에도 활력이나 흥미, 열정을 보이지 않아요. 훨씬 포괄적이고 전신적이죠."

"그럼 외로움과 우울증은 왜 그렇게 서로 비슷한가요?"

"오랫동안 만성적으로 우울한 사람은 관계를 맺지 않아 결국 외로워집니다. 한편 외로운 사람은 고립이 심해지면 우울해질 수 있죠. 그리고 고립은 순식간에 심각해질 수 있습니다."

윈치는 우울증에 걸렸다고 치료받으러 왔지만 사실은 그저 배우자와 단절된 느낌을 받은 것뿐이었던 한 환자를 예로 들어 설명했다. 이 남자는 배우자와 재결합하게 되자 우울함이 사라졌다.

"그는 우울한 것이 아니라 외로웠던 것이었습니다." 윈치는 이런 사례를 만나면 "환자들과 함께 배우자와 지금까지와는 다른 방식으로 관계를 맺거나 오랜 친구와 지극히 본질적인 방식으로 관계를 맺을 수 있도록 집중적으로 노력한다"고 말했다.

한편 윈치는 좋은 관계를 맺고 있지만 아주 우울한 사람도 자주 본다고 이야기했다. "자신을 사랑해주는 배우자도 있고 우울증에 걸리기 전까지는 관계에 강한 확신도 있던 사람들이에요. 우울증에 걸린 지금은 그들과 단절되고 멀어진 것처럼 느끼겠지만 일단 우울증이 사라지면 다시 연결되는 느낌이 들 거예요."

사회적 불안에는 개인적인 경험이 유전만큼 중요한 역할을 한다. 외로움에 대한 기본 가정 하나는 관계가 도움이 된다는 것이다. 하지만 모든 관계가 바람직하거나 연결된 느낌을 주는 것은 아니다. 카치오포 박사는 이렇게 말했다. "인간은 관계를 맺도록 동기화돼 있습니다. 하지만 다른 사람과 아무렇게나 맺은 관계는 죽음으로 이어질 수 있죠. 따라서 당신이 관계에 약간은 회의적이고 미심쩍어하도록 신경 메커니즘이 발동합니다."[23]

만약 이전 관계에서 깊은 상처를 자주 입었다면 이 신경 메커니즘은 고통스러울 만큼 강해질 수 있다. 당신이 학대를 받았거나 정서적으로 무관심한 가정에서 자랐다고 가정해보자. 아마도 낯선 사람을 신뢰하기가 어려울 것이다. 다시 상처 받을 것이 두렵기 때문에 새로운 사회적 상호작용이 일어날 때 당신은 극도로 불안해질 수 있다.

외로움의 영향을 분자 수준에서 연구하는 콜 박사는 반복적이거나 확대된 위협 경험이 실제로 뇌를 변화시킨다고 말한다. 정서적 상처를 안고 있는 사람들은 "위협과 거절에 일종의 신경생물학적 민감성"을 발달시킨다. 이런 민감성은 사회적 불안을 안고 태어난 사람들의 타고난 성향을 반영하며 유전적 성향에 더해 고통스러운 사회적 경험까지 가진 불운한 사람들의 타고난 성향을 악화한다. 의식하든 하지 않든 이들은 사회적 상황에서 늘 경계하며 주변 사람들의 신뢰성을 평가하고 잠재적인 친구와 적을 구분하려 한다. 콜 박사는 말한다. "내가 난폭한 훈육을 받았던 사람이라면 새로운 사회 환경에 들어가게 됐을 때 처음 보는 사람에게 다가가 곧바로 상냥하게 대하지는 않을 것입니다."

대신 첫 번째로 보이는 반응은 주의와 경계로, 다른 사람에게는 그런 모습이 내성적이거나 서먹서먹해하거나 심지어 오만하게 보일 수 있다. 그러면 원래 다정한 사람들은 기분이 상해 뒷걸음질 치게 된다. 미처 알아차리기도 전에 사회적 위협에 대한 두려움은 거부에 대한 자기충족적 예언이 된다.

콜 박사는 위협과 거절에 민감한 사람들이 모두 똑같이 외로움을 느끼지는 않는다는 사실에 주목해야 한다고 말한다. 바로 이 지점에서 성격이 영향을 미친다. 어떤 사람은 선천적으로 내성적이다. 이들은 미셸처럼 소수의 믿을 수 있는 친구들로 이뤄진 모임이나 1대 1 또는 소규모 만남에 편안함을 느낀다. 종종 스스로에게 만족하며 낯선 사람들과 교류하기보다는 관찰한다. 외로움은 관계를 원하고 받아들여지고 싶지만 그럴 수 없을 때 발생하는데 이 경우에는 살면서 다른 사람에게 학대당하거나 상처를 받아 갖게 된 두려움이 원인이다. 박사는 이것이 "사람들로 가득 찬 방에서 외로움을 느끼는 전형적인 역설"을 만들어낸다고 말한다.

의대 3학년 때 병원에서 전공과 선택을 위한 로테이션을 돌기 시작하면서 나는 우리가 일반적으로 정서적 통증과 육체적 통증 사이에 차이를 둔다는 사실을 알고 충격받았다. 환자들에게 육체적 통증이 있을 때는 서둘러 통증의 원인을 파악하고 질문하고 검사를 진행하고 실험실과 영상 검사 스케줄을 잡았다. 통증을 모니터링하고 치료하는 데도 적극적이었다. 반면 정서적 통증을 겪고 있는 사람을 발견했을 때는 우려와 연민을 갖고 반응했지만 정서적 통증이 육체적 통증보다 덜 걱정스럽고 덜 중요하다는 가정이 밑바탕에 깔려 있었다. 당시 우리 중에서 육체적 통증과 정서적 통증이 뇌에서 처리될 때 생각보다 큰 차이가 없다는 사실을 아는 사람은 거의 없었다.

정서적 통증과 육체적 통증을 기록하는 감각 섬유는 뇌에서 포개져 있다. 감각 섬유가 가깝다는 것은 외로움, 상실감, 실망감이 신체적 타격이나 상처에 의해 야기되는 증상과 비슷한 증상을 일으킬 수 있다는 뜻이다.[24] 연구자들은 우리가 외면받는다고 느낄 때 뺨을 맞았을 때와 같은 방식으로 움츠러들 수 있다는 사실을 발견했다. 외면당하거나 뺨을 맞을 때 fMRI를 찍는다면 뇌의 같은 영역 즉, 배측전방대상피질(dorsal anterior cingulate cortex)이 환해질 것이다.[25]

신경과학자 나오미 아이젠버거(Naomi Eisenberger) 박사와 심리학자 네이선 드월(Nathan DeWall) 박사는 진통제 타이레놀로 이 효과를 실험해봤다. 이들은 피험자를 두 그룹으로 나눴다. 한 그룹은 3주 동안 매일 타이레놀을 복용했고 다른 한 그룹은 위약을 복용했다.[26] 첫 번째 실험에서 타이레놀을 복용한 사람들은 3주 동안 사회적 고통을 더 적게 보고했다. 후속 실험에서는 피험자들에게 사이버볼이라는 온라인 비디오게임을 시켰다. 그리고 다른 사람들이 이 게임에 등장하는 2명의 아바타를 플레이한다고 알려줬다. 게임이 진행되면 아바타들은 자기 둘끼리만 공을 갖고 놀면서 피험자를 '배제했다'. 아이젠버거와 리버먼 교수는 과거 실험에서 피험자들이 사이버볼 게임에서 무시를 당하면 육체적 통증을 경험할 때 밝아지는 뇌의 두 영역인 배측전방대상피질과 전측뇌섬엽(anterior insula) 활동이 증가함을 입증했다.[27] 하지만 이번 실험에서 타이레놀을 복용한 피험자들은 위약을 복용한 그룹에 비해 이 두 영역의 활동이 현저히 더 적었다.

이들 연구와 그 밖의 비슷한 연구들은 대부분의 사람들이 의심하던 '거절은 상처가 된다'는 말이 사실임을 확인해줬다. 또한 뇌가 정서적 고통과 육체적 고통을 매우 비슷한 방식으로 처리한다는 사실도 보여줬다. 뇌에서 육체적 고통과 정서적 고통이 일치한다는 사실은 사람들이 외로움으로 인한 정서적 고통을 경험할 때 오피오이드 진통제나 술처럼 더 강력하고 위험한 물질에 손을 대는 이유를 밝혀 준다. 특히 오피오이드 확산과 관련해 우리는 점점 더 오피오이드 진통제 복용과 남용에 감정적 통증이 큰 역할을 한다고 평가해왔다. 오피오이드로 인한 사망에는 그럴 만한 이유로 절망적 죽음(deaths of despair)이라는 딱지가 붙어 있다.

한편 그 반대 역시 성립한다. 즉, 사회적 관계는 중독 치료 과정의 핵심 부분이다. 나는 수년 동안 환자들을 치료하고 공중보건위생국장으로 일하면서 오피오이드, 알코올, 기타 물질에 중독돼 어려움을 겪고 있는 사람들을 수천 명쯤 만났다. 어두운 터널을 지나 회복에 성공한 사람들을 생각해보면 거의 모두 믿을 수 있는 관계, 신뢰할 수 있는 가까운 가족과 친구 덕분에 회복할 수 있었다고 말했다. 외로움은 사람을 죽일 수 있는 잠재력이 있지만 관계에는 사람을 치유할 수 있는 그보다 훨씬 더 큰 잠재력이 있다.

이 모든 연구는 관계 욕구가 우리의 가장 중요한 생존 본능 중 하나라는 사실을 확인해준다. 우리는 번영하는 데 필요한 정서적 자양분과 힘을 관계에서 찾는다. 이 본능은 너무 강해서 관계에서 멀어지면 고통이 유발된다. 그리고 고통은 우리가 생존하기 위해 고통의 근원을 해결할 수 있도록 관심을 기울여야 한다는 사실을 상기시키는 역할을 한다.

자신에게 뭔가 '잘못'이 있다고 느꼈던 아이오와 트럭 운전기사의 두려움이 생각난다. 그가 느낀 감정은 아주 정상적이고 자연스러우며 당연한 것이었다. 그 감정은 그에게 삶이 균형을 잃었고 사회적 욕구를 보살펴야 한다고 경고하고 있었다. 외로움은 신호를 보낼 뿐 비난하지 않는다. 단지 얼마나 절박하게 다시 관계를 맺어야 하는지 상기시킴으로써 우리를 도우려 할 뿐이다.

진화와는 별개로 세상이 점점 복잡해지면서 상실감과 잊혔다는 느낌을 쉽게 갖게 됨에 따라 오늘날 우리에게는 지금까지 그랬던 것만큼 혹은 그 이상으로 사회적 관계가 필요하다. 나는 가족들이 음식을 먹을 수 있도록 사냥에 참여할 필요는 없지만 여전히 함께 식사할 사람들이 필요하다. 이웃과 교대로 포식자를 감시할 필요는 없을지 모르지만 아내와 나는 여전히 우리 가족과 이웃이 서로를 돌보고 있다는 사실에서 더 안전하다고 느낀다. 외로움은 우리가 씨족이나 부족, 가족, 친구로서뿐만 아니라 건강한 문화의 토대를 형성하고 보살피는 공동체로서 함께 더 강해진다는 사실을 일깨우는 내장된 신호다.

관계를 위협하는 문화 vs
외로움을 해소하는 문화

—— 영혼에 깊이를 더하는 것 외에 우정에 다른 목적을 두지 마라.

칼릴 지브란(Kahlil Gibran), 《예언자》

—— 씨족, 네트워크, 부족, 가족. 당신이 누구고 이것을 뭐라고 부르든 당신
에게는 이것이 필요하다. 인간이기 때문이다.

제인 하워드(Jane Howard), 《가족들(Families)》

관계 욕구와 외로움이라는 신호가 우리 몸과 마음에 내장된 메커니
즘이라는 것은 이 2가지가 세계 곳곳에서 인간 사회와 문화 발전에
중요한 역할을 했다는 의미다. 그러나 사회적 관계에 두는 가치는 대
륙마다, 여러 문화적 전통마다 크게 다르다. 이런 차이는 결론적으로
개인이 외로움을 경험하는 방식에 영향을 미친다.

최근 아내 앨리스와 공항으로 가는 길에 에티오피아 아디스아바바
출신의 젊은 우버 운전사를 만났는데 그와 가족에 관한 대화를 나누

다가 이 사실을 또 한 번 실감했다. 그는 아디스아바바에서 가장 그리운 것이 주위 사람들은 나를, 나는 주위 사람들을 서로 돌봐주는 문화라고 말했다. "아이들을 이웃집에 맡기고 4~5일 정도 집을 떠나도 이웃이 아이들을 돌봐줄 거예요. 이게 우리 방식이죠. 우리는 서로 요리를 해주고 아이들을 돌봐주며 함께 시간을 보내요."

어린 두 자녀를 키우며 일하는 부모로서 대가족과는 거리가 먼 앨리스와 나는 이 마지막 말에 상당히 감명받았고 더 많은 것을 알고 싶어졌다. 그는 아내와 아이들은 아직 아디스아바바에 있다고 말했다. 나는 가족들과 떨어져서 외롭지 않은지 물어봤다.

"당연히 가족들이 보고 싶죠. 하지만 워싱턴 D.C.에서 다른 에티오피아인 가족들을 만났고 우리는 에티오피아에서 해왔던 방식의 축소 버전을 만들었어요. 우리에겐 서로가 있고 그래서 외롭지 않답니다."

앨리스와 나는 서로 쳐다봤다. 그가 말하는 세상은 우리가 사는 세상과 너무나 다른 느낌이었다. 일상생활에서 우리는 다른 여러 친구들처럼 현대적인 임시방편에 의존한다. 일과 육아의 균형을 맞추기 위해 보모를 고용하고 아이들을 데리고 출장을 갈 때는 베이비시터를 찾기 위해 평판 좋은 온라인 사이트를 이용한다. 아이들이 베이비시터와 시내에 나갔을 때는 아이들의 안전과 마음의 평화를 얻기 위해 추적 장치를 부착하는 방법을 생각하고 한밤중에 기저귀를 가는 사이사이 물티슈와 유모차, 아기에게 야채를 먹이는 방법까지 모든 것에 관한 양육법을 찾아보느라 수없이 많은 시간을 보낸다(여전히 야채 먹이는 법은 찾지 못했다).

우리는 대가족에서 아이들을 돌보며 성장하지도 않았고 함께 사는 친척도 없기 때문에 대체로 스스로 육아법을 알아내려고 노력한다. 하지만 현대 생활을 더 쉽게 만들겠다고 약속하는 그 모든 혁신, 기술, 자원에도 불구하고 나는 이 남자가 말하는 강한 공동체를 갖는 편이 낫겠다는 생각이 들었다. 가까운 가족들과 가족 같은 이웃들. 나는 아무 때나 돌봄을 고용으로 해결하는 현대적인 솔루션보다는 전통적인 해결책을 택할 것이다.

생각해보면 인도의 전통적 관습은 에티오피아의 전통과 크게 다르지 않다. 부모님은 인도에서 자랄 때의 이야기를 하면서 에티오피아처럼 긴밀하게 이뤄진 공동체에 관해 말씀하셨다. 실제로 어린 시절 방갈로르의 증조할머니 댁에서 지내고 있으면 친구들과 친척들이 매일같이 그냥 찾아왔다. 대부분의 방문객은 근처에 살고 있었고 친척이든 아니든 누나와 내게 삼촌이나 이모라고 부르게 했다. 우리 모두가 하나의 거대한 가족에 소속돼 있는 것처럼 보이게 하는 행위였다. 이후 내가 명예 삼촌이 돼보니 이런 관습은 상호 유대감을 형성했다. 요즘엔 어떤 아이가 나를 삼촌이라고 부르면 그 아이와 좀 더 연결돼 있다고 느껴지고 좀 더 책임감을 갖게 된다.

친척들은 대화를 하다가 종종 오래 침묵에 잠기기도 했다. 어린 나조차도 친척들이 모든 순간을 말로 채우기 위해 조급해하지 않는다는 것을 알았다. 중요한 점은 그저 함께라는 사실이었다.

부모님은 미국에서도 친구나 친척을 맞이하고 함께 지낼 거대한 공동 네트워크를 그대로 재현하려고 했지만 결코 완전히 같지는 않았다. 인도 출신 가족들이 모인 좋은 커뮤니티를 발견해도 모두 뿔뿔이 흩어져 살았기 때문에 매일같이 상호작용하며 지지를 주고받기는 불가능했다. 이웃들도 좋은 사람이었지만 우리가 넘지 못하는 격식의 선이 있었다.

나는 자라면서 부모님의 어린 시절 세계가 내 세계와는 다르다는 사실을 알게 됐다. 인도(그리고 사우스플로리다의 인도계 미국인 사회)의 전통적인 가정은 항상 모든 사람들이 주위에 있고 서로의 사업에 깊이 관여하고 있어 어수선하고 복잡해 보였다. 아무도 사생활은 신경 쓰지 않는 것 같았다. 여기에는 확실히 그 나름대로의 단점이 있었지만 그들은 그걸 즐겼고 심지어 서로 얽혀있기를 기대하기도 했다. 반면 마이애미의 내 주위에서 본 핵가족은 사생활과 독립성을 높이 평가했고 여러모로 인도식 가정과는 정반대인 것처럼 보였다.

텔레비전 프로그램에서도 이를 확인할 수 있었다. 카우보이와 마차를 타고 서부로 향했던 개척자들이 주인공인 서부 영화들이나 〈패밀리 타이즈(Family Ties)〉에 나오는 키튼 가족, 〈디퍼런트 스트록스(Diff'rent Strokes)〉에 나오는 드러몬드 가족 등 TV에 나오는 가족은 개인과 핵가족을 자족적 단위로 강조했다. 이모와 삼촌, 이웃과 조부모는 먼 역할을 맡았다. 미국 핵가족은 마치 개인의 승리를 상징하며 위험을 감수하고 혼자 힘으로 일어서는 용기를 보여준 데이비 크로켓(Davy Crockett)이나 앤드루 카네기(Andrew Carnegie) 등 미국의 고전적인 영웅들처럼 자수성가를 의미하는 것 같았다. 확대가족에서 핵가족으로의 이행은 진보의 지배적 조건으로서 속도, 효율성, 경쟁을 향한 변화와 함께 산업화된 세계를 휩쓸었다.

나는 성장하면서 이런 규범들을 받아들였지만 의사가 되어 환자들 사이에 널리 퍼진 외로움을 마주하자 우리가 현대 문화로 이행하면서 생각보다 훨씬 가치 있는 뭔가를 잃어버린 것은 아닌지 의심이 들기 시작했다. 수년 동안 환자 가족과 우정의 다양한 전통을 보면서 나는 왜 어떤 문화에서는 다른 문화보다 관계가 더 끈끈해 보이는지 궁금해졌다.

혼자임에서 외로움으로

인간은 최초의 인류가 살던 시대부터 사회적 고립에 따른 신체적 증상을 경험해왔지만 '외로움(loneliness)'이라는 단어는 16세기 후반까지 영어에 존재하지 않았다. 셰익스피어가 〈코리올라누스〉에서 자신의 영웅을 혼자 활동하지만 두려움을 느끼며 친족과 친구로부터 단절돼있고 실제로 보거나 알려진 것보다 더 많이 회자되는 '외로운 용(lonely dragon)'[1]에 비유했을 때 그는 당시 서유럽에서 홀로 있다는 의미로 더 흔히 사용된 '혼자임(oneliness)'과는 다른 상태를 서술했다.

혼자임은 어떤 부정적인 의미도 담고 있지 않았다. '고독'처럼 한 사람이 돌이켜볼 시간과 공간을 갖고 있음을 의미했다. 혼자임은 감정적으로 불쾌한 상태와는 거리가 먼, 신을 더 가깝게 느낄 수 있는 기회로 여겨졌다. 그리고 신은 모두를 연결했다. 1624년 존 던(John Donne)은 "누구든 그 자체로 완전한 섬이 아니다. …모든 인간의 죽음은 나를 작게 만든다. 나는 인류 전체에 속해 있으므로"[2]라고 썼다. 기독교는 다른 주요 종교적 전통과 마찬가지로 신자들 사이, 신자와 신 사이에 유대감을 형성하도록 했기 때문에 보살핌, 겸손, 공감 같은 관계적 자질을 강조했다. 모든 사람들이 신을 중심으로 삶을 조직하고 교회가 공동체는 물론 안전까지 제공했을 때 교구민들이 자발적으로 교회를 떠날 위험은 상대적으로 적었다. 그러나 셰익스피어 이후 다른 작가들은 사회적 고립을 도덕적 해이로 여기기 시작했다. 1667년 존 밀턴(John Milton)은 《실낙원》에서 외로움을 사탄과 연결시키기까지 했다.[3] 밀턴이 아담과 이브의 순수한 행복을 방해하기 위해 지옥에서 나와 에덴동산으로 '외로운 걸음'을 뗴는 사탄을 그렸을 때 그는 사탄의 감정을 언급하지 않았다. 오히려 외로움을 중심으로 도덕적 장막을 드리우고 있었다. 사탄은 홀로 자신을 노출하고 천국과 지옥 사이에서 '상스러운 임무'에 뛰어든다. 그가 그렇게 외롭지 않았다면 아마도 신의 눈에 더 호의적으로 비쳤을 것이다.

영국 역사학자 페이 바운드 알베르티(Fay Bound Alberti) 등의 학자들은 밀턴 시대에 회중 사회에서 개인주의로 나아가는 문화적 변화가 나타나 외로움에 대한 우려가 생겼다고 주장한다. 알베르티 박사는 "신이 늘 가까운 곳에 있었기 때문에 인간은 결코 진정으로 혼자가 아니었다"고 말한다. 적어도 1600년대까지는 말이다. 따라서 누구에게도 고립을 경고할 필요가 없었다. 그러나 산업혁명의 물결은 이를 변화시켰다. "소비자 경제의 성장, 종교의 영향 감소, 진화생물학의 인기는 모든 사람이 자기 자리를 갖는 전통적이고 가족주의적인 사회 대신 개인이 중요하다는 사실을 강조하는 데 기여했다."[4]

나아가 알베르티 박사는 찰스 다윈의 '적자생존'이 누구나 다 아는 문구가 됐을 때쯤에는 서구 세계 전역에 걸쳐 이미 마을에서 도시로의 인구 이동이 일어나고 있었고 개인적인 부의 추구가 일종의 종교가 돼가고 있었다고 설명했다. 유럽인들은 전 세계에 식민지를 건설하면서 이 문화를 전파했다. 많은 아이들이 마을 학교에서 교육받는 대신 기숙학교로 보내졌고 그 중에는 5살 정도로 어린 아이들도 있었다.

이 시대 사람들이 외로움을 느꼈던 이유 중 하나는 자립이라는 새로운 사회적 기대와 오래전부터 존재해온 상호 의존적 삶의 방식을 향한 감정적 끌림 사이에 끼어 있었기 때문이다. 그들은 인도 문화와 미국 문화 사이에서 시소를 탔던 우리 부모님과 같은 느낌을 받았을 것이다.

연결된 문화의 조건

심리학자 아미 로카흐(Ami Rokach)[5] 박사는 수십 년간 다양한 문화와 국가의 외로움을 연구해왔다. 그는 1981년 오타와로 출장을 갔을 때 처음 이 문제에 강하게 끌려 연구를 시작했다. 오타와에서 열린 컨퍼런스가 끝나고 로카흐 박사는 실수로 집으로 돌아가는 비행기를 며칠 뒤로 예약했다는 사실을 깨달았다. 그는 꼼짝없이 아는 사람 하나 없는 도시에 머물러야 했다. 동료들이 모두 떠난 뒤 박사는 고층 호텔 방에 서서 창문으로 바쁜 거리를 바라보다가 예상치 못한 깨달음을 얻었다.

"갑자기 외로움이 어떤 느낌인지 완벽히 알 것 같았습니다. 나는 내 주위 세상을 볼 수 있었지만 거기 속해 있지 않았죠."

로카흐 박사는 연구를 통해 문화와 전통이 우리의 사회적 기대를 형성함으로써 외로움과 유대감의 질에 영향을 미친다는 사실을 알아냈다. 그가 말한 외로움은 사회적 경험이 사회적 기대를 충족하지 못할 때 생긴다. 우리는 뭔가가 '잘못'돼서 친구들을 '사귀어야 하는데' 사귀지 못하거나 '결혼해야 하는데' 결혼하지 못하거나 이웃이나 동료와 '교제해야 하는데' 교제하지 못할 때 외로움을 느낀다. 이 모든 '해야 하는 일들'은 성장 과정에서 우리에게 조용히 스며든다. 해야 하는 일들에는 가정, 학교, 직장, 사는 지역, 우리를 둘러싼 더 광범위한 문화가 형성한 사랑, 우정, 공동체에 대한 기대감 등이 포함된다. 우리는 텔레비전, 영화, 소셜 미디어 피드가 전달하는 메시지를 통해 이런 규범들을 흡수하기도 한다. 내 실제 사회생활이 나를 둘러싼 문화적 규범을 반영하지 않을 때 우리는 외로움을 느끼는 경향이 있다.

로카흐 박사의 통찰력은 내 일상의 경험에 직접 적용했을 때 더 명확해졌다. 커피숍에서 혼자 테이블에 앉아 일을 할 때 나는 좀처럼 외로움을 느끼지 않는다. 가게 안에 있는 사람 중 절반 정도가 혼자 있기 때문이다. 그러나 떠들썩한 대가족들로 가득 찬 식당에서 나만 혼자 1인석을 달라고 한다면 좀 다르게 느껴지고 어쩐지 사회적으로 용인하기도 더 어려우며 어색하다.

더 넓게 보면 이 말은 당신이 미혼인데 주변 지인들이 모두 기혼자라면 친구들이 전부 미혼일 때보다 더 외로움을 느낄 수 있다는 뜻이다. 자, 이제 당신이 속한 문화에서는 당신 나이에 결혼이 허락되지 않는다고 생각해보자. 아니면 반대로 결혼을 해야 할 나이지만 결혼을 하고 싶지 않다고 생각해보자. 외로움은 사회적 규범과 개인의 필요나 욕구 사이에 적절한 균형을 수반하며 이 균형은 문화에 따라 크게 달라질 수 있다.

로카흐 박사는 가족과 공동체의 유대가 강하며 상대적으로 혼자 사는 사람이 적은 남유럽과 이와 대조적인 경향을 보이는한 북유럽을 언급했다.[6] 이탈리아와 그리스에서는 고독이 정상적이고 친숙한 생활 방식으로 받아들여지는 스웨덴에서보다 가족과 공동체의 지지에 대한 사회적 기대가 훨씬 높다는 점을 고려했을 때[7] 이탈리아에서 배우자가 사망하거나 가족이 멀리 떠나거나 배우자나 가족이 필요한 순간에 그들을 찾지 못하면 어떻게 될까? 주위 사람에게 더 많이 기댈수록 그들이 없을 때 외로움도 더 많이 느낀다. 처음에 연구자들은 이 현상을 '외로움 역치(loneliness threshold)'라고 설명했다. 다른 문화적 가치와 기대를 가진 사람들은 다른 수준의 사회적 관계를 필요로 한다는 것이다. 따라서 사회적으로 고립된 남유럽 노인들은 가족을 주요한 지원 네트워크로 기대하지 않는 똑같이 고립된 북유럽 노인들보다 일반적으로 더 외로움을 느꼈다.[8]

그렇다면 오늘날 한 공동체의 일원 모두가 집단주의를 따른다면 어떤 모습이 될까? 나는 후터파 교도들의 인족종교(ethnoreligious) 집단에서 답을 찾았다.

이 재세례파의 선조들은 수세기 동안 유럽에서 박해를 받다가 19세기 후반 북아메리카에 상륙했다. 신약성서 사도행전 2장 44절 "믿는 사람들은 모두 함께 지내며 모든 것을 공동으로 소유했다"[9]가 그들의 철학을 압축하고 있다. 이런 사상은 정도가 지나치다고 여겨질 수도 있다. 사유재산을 허용하지 않으며 모든 수입을 집단의 수장이 갖고 그가 사람들에게 집, 음식, 기본적인 가정용품을 제공하는 방식이기 때문이다.

후터파는 아미시나 메노파 교도 등 지방의 다른 종교 공동체와 흔히 비교되지만 현대 농업 기술을 수용한다는 점에서 차이가 있다.[10] 현재 몬태나주, 다코타, 캐나다 서부의 일부 지역에 500개에 가까운 후터파 공동체가 있으며 각각의 집단에는 150명 정도[11]의 교도들이 거주하고 있다. 각 집단은 소규모를 유지하며 모든 사람들이 각기 책임을 지고 의미 있는 일을 한다.

이들은 자기포기(self-surrender)와 서로 섬김을 믿는다. 공동체 안에서 모든 사람들은 요람에서 무덤까지 보살핌을 받는다. 노인들은 돌봄과 존경을 받고 아이를 낳은 엄마들은 가족과 공동체의 일원에게 도움을 받는다. 여자가 임신을 하면 11~15살 사이의 소녀들(때로 가능한 소녀가 없을 경우에는 어린 남자아이도)이 산모의 '소르갈라(Sorgala)'[12], 즉 도제가 되어 아기와 더 큰 아이들을 돌봐준다. 소녀들은 부모가 되는 데 필요한 것을 배우고 산모와 그의 소르갈라는 둘 다 깊은 애착을 발전시킨다.

모든 후터파 공동체에는 다 같이 식사를 하는 공동 부엌이 있으며 남녀는 방의 반대편에 앉아서 식사한다. 아침 7시에 첫 번째 종이 울리면 공동체는 아침 식사를 하러 식당에 모인다(아이들은 그전에 먹는다). 여자들이 먹은 것을 치우고 정오 식사를 준비하기 시작하면 남자들은 각자의 일터로, 아이들은 학교로 떠난다. 사람들은 낮잠을 자기 전 정오에 마을 부엌에 다시 모였다가 저녁 기도회 때까지 그날의 일을 마친다. 예배와 후터파들이 최고의 오락으로 생각하는 노래 부르기가 끝난 후 함께 저녁 식사를 하고 나면 하루가 마무리된다.

여러 전통 사회에서 그렇듯 순응은 후터파 교도의 생활에도 필수적이다. 공동체 밖에서 일하는 사람들도 일부 있긴 하지만 개인의 직업 선택은 대체로 허락되지 않는다. 여성과 남성은 전통적인 역할을 받아들여야 하며 동성애는 용납되지 않는다. 모든 후터파 교인들은 종파의 믿음을 받아들이고 공동체 수장의 영적 권위에 복종해야 한다. 이런 조건들을 고수할 수 없거나 지키지 않는 교인은 극심한 반감을 사며 종종 공동체를 떠난다.

1969년 메리앤 커크비(Mary-Ann Kirkby)의 아버지는 매니토바주 포티지 라 프레리(Portage la Prairie) 근처의 후터파 공동체에서 수장과 사이가 틀어진 이후 가족들을 이끌고 공동체를 떠났다. 7명의 자녀를 둔 이 가족은 위니펙의 한 마을로, 나아가 현대적인 세상으로 이사할 수밖에 없었다. 커크비는 자신의 책《나는 후터라이트다(I Am Hutterite)》에서 이 시기를 "우리 인생에서 가장 외로웠던 여름"[13]이라고 회상했다. 강하게 연결된 사회에서 쫓겨나는 것은 유례없이 고통스러운 외로움을 만들어낸다.

"우리는 전혀 조화를 이루지 못했어요." 커크비가 말했다. 커크비와 그의 자매들은 여전히 구식 드레스를 입고 머리를 땋는다. "우리는 아픈 손가락처럼 튀었죠. 곱슬머리와 핫팬츠가 운동장을 지배했어요. 우리는 유머나 대중문화와 거리가 멀었어요. 월트 디즈니가 누군지도 몰랐으니까요. 아이들의 대화에서 아무것도 알아들을 수가 없었어요."

커크비는 모든 면에서 자신이 그들과 다르다고 느꼈고 새로운 문화 속에서 상실감을 느꼈다. 책만이 커크비의 친구가 됐다. 책에서는 그가 이해할 수 있는 공동체를 찾을 수 있었기 때문이다. '책 밖의 세상'에서 편안함을 느끼는 데는 약 10년이 걸렸다. 커크비는 여전히 자신을 후터파라고 생각하며 후터파 교도들이 서로에게 주는 깊은 헌신을 그리워한다. 이런 이유로 그는 그들과 계속 연락을 유지하려고 노력해왔다.

"오늘날 후터파 공동체에 가보면 거실에 휴대폰은 없고 젊은이, 아기, 어린이, 모든 세대가 다 모여 있어요. 그들은 엄청나게 호기심이 많죠. 전 연령대의 남녀로 거실이 꽉 차 있다니까요."

내가 기억하는 인도 증조할머니 댁에서의 모임처럼 이런 모든 친밀감은 공유를 조장한다. 커크비는 말했다. "공유는 관계를 만들죠. 이야기를 공유하고 삶을 추억하며 자신의 어리석음을 털어놓으면서 함께 웃는 것이 깊은 유대감을 주기 때문이에요."

이 말은 유명 작가이자 수치심과 취약성 전문가인 브레네 브라운 (Brené Brown)이 했던 "사람들은 가까이 있는 것을 싫어하기 어렵다"

는 말을 떠오르게 했다.

나는 카치오포 박사를 통해 처음 후터파를 알게 됐다. 카치오포 박사와 호클리 박사는 외로움이 수면의 질과 편안함을 방해하는 미세각성(microawakenings)의 빈도를 증가시킨다는 사실을 보여줬다.[14] 후터파 공동체가 다른 공동체보다 외로움을 느끼는 비율이 현저히 낮음을 발견한 리앤 커리나(Lianne Kurina) 교수와 캐럴 오버(Carole Ober) 교수가 이끄는 연구 팀 역시 후터파 공동체에서도 외로움과 미세각성 사이의 관계가 나타난다는 사실을 증명했다.[15] 카치오포 박사는 후터파 공동체에서 나타나는 미세각성 빈도는 그가 연구한 어떤 공동체보다 낮았다고 말했다.

후터파 공동체는 긴밀히 연결돼 있지만 그만큼 전체를 강조하는 모델은 우리 대부분에게 현실적인 선택이 아니다. 순응 요구와 역할, 사생활의 제한은 자유와 독립에 대한 개인의 기대와 양립할 수 없다. 성 역할과 성적 성향, 직업 할당에 관한 후터파의 입장과 개인의 모든 수입을 공동체에 기부해야 한다는 요구는 많은 사람들을 불쾌하게 할 것이다. 그럼에도 좀 더 연결된 문화를 만드는 일에 관해 후터파에서 배울 수 있는 교훈들이 있다.

커크비는 원래 살던 공동체에서 떨어져 나와 후터파가 아닌 남편, 아들과 함께 살면서 수십 년 동안 다음과 같은 가르침을 따르고 있다. 예를 들어 그는 모임을 주최할 때 어린 시절 이웃들이 어떻게 함께 시간을 보내며 그 시간을 알차게 만들었는지 떠올린다. 이를 염두에 두고 모든 대화에 의미를 부여하려고 노력한다.

"먼저 우리 모두가 토론할 질문을 던져요. 지난번에는 '부모님이 결혼에 관해 무엇을 가르쳐주셨는가?'였어요. 함께 모여서 시간을 보내는 것이 중요해요. 핸드폰은 꺼내지 않고 서로의 눈을 들여다보는 거죠."

또한 커크비는 낯선 사람들에게 다가가 친근감을 주고 그들이 연결된 느낌을 가질 수 있게 돕는다. 그는 체육관에 새로 와서 외톨이처럼 보이는 한 인도계 여성을 만난 이야기를 해줬다. 커크비는 그가 친구를 간절히 원할 거라고 생각했기 때문에 그에게 다가갔다. 이런 작은 친절은 각 개인이 공동체의 책임이라는 후터파의 믿음을 반영한다. 다른 식으로 말하자면 낯선 사람일 때조차 서로를 돌본다.

집단주의의 그림자

연구자들은 구조적으로 개인보다 집단을 강조하는 사회를 말할 때 '집단주의(collectivist)'라는 용어를 사용한다. 이와 대조적으로 개인주의 사회는 집단보다 개인을 강조한다.[16] 제3의 문화는 집단주의에서 개인주의로의 '과도기'에 있는 문화다. 로카흐 박사는 과도기적 문화에 속한 노인들은 강한 사회적 지지에 익숙해져 있을 뿐만 아니라 공동체가 흩어질 때 대처할 방법을 알지 못해 종종 외로워질 위험에 처한다는 사실을 발견했다. 로카흐 박사의 말에 따르면 노르웨이처럼 개인주의적 전통을 가진 나라의 노인들은 혼자 사는 데 익숙해질 수 있지만 일본이나 이스라엘의 홀로 남겨진 노인들은 자신의 외로움을 비정상적인 것으로 간주하는 경우가 많기 때문에 외로움을 인정하기도, 완화하기도 어렵다고 한다. 또 이들은 사회적 고립을 개인적으로 받아들이기 쉽다. 혼자라는 사실이 흡사 '나는 방문할 가치가 없는 사람이다'라는 뜻인 양 말이다.

전통적이고 집단적인 문화를 쉽게 낭만적이라고 생각할 수는 있어도 이런 문화가 외로움의 자동 해독제라고 생각하는 것은 실수다. 많은 전통적이고 집단적인 문화는 개인의 성장과 표현의 여지를 거의 허용하지 않아 규범 밖으로 엇나가거나 순응 압력에 저항하면 소외와 비슷한 다른 종류의 외로움이 나타나기 때문이다. 소속감이 엄격하게 조건부라면 아무리 사소한 위반도 고통스러운 반향을 불러일으킬 수 있다. 관례의 반역자와 위반자는 기피되거나 추방될 수 있으며 이보다 더 나쁜 결과도 일어날 수 있다.

가족들에게 수치심을 안겨준다고 비난받는 개인들을 향한 명예살인은 극단적인 예지만 안타깝게도 여전히 남아시아, 북아프리카, 중동에서 매년 수천 건씩 발생하고 있다. 또 터키, 인도, 르완다, 과거 유고슬라비아에서 일어난 비극적인 사건들을 보면 알 수 있듯이 이웃 간의 오랜 갈등은 집단 폭력, 문화 분열, 전쟁으로 이어질 수 있다.

부족은 전통 사회의 뿌리로 부족의 이념과 규칙을 받아들이지 않는 사람은 반대하거나 종종 악마화하면서 공동체의 규정된 신조와 행동 강령에 충실한 구성원들에게는 가까운 관계가 갖는 모든 혜택을 준다. 고대 부족처럼 전통 사회도 외부의 영향, 다양성, 변화를 의심하는 경향이 있지만 이 모든 것을 개인의 통제 아래 둘 수는 없다.

따라서 평생 알고 지냈던 비슷한 친구들과 이웃들에게 지지를 받는 것이 위안이 되는 만큼 다른 사람들과 피부색, 성적 성향, 민족성이 다르거나 금지된 소명, 종교, 생활 방식에 빠져 있을 경우에는 극도로 외로워질 수 있고 심지어는 치명적인 결과를 맞을 수도 있다. 엄격한 극단주의 공동체에서 자라다가 가족이 믿는 가치에 의문을 품게 되는 오늘날의 우리나라 아이들도 같은 경험을 한다.

데렉 블랙은 이런 아이 중 하나였다. 그의 아버지는 백인 민족주의 운동의 지도자였으며 쿠 클럭스 클랜(Ku Klux Klan, KKK)단의 위대한 마법사(Grand Wizard)였고 최초로 '스톰프런트'라는 최대 규모의 백인 우월주의 사이트를 설립한 사람이었다. 블랙의 대부는 KKK단의 또 다른 위대한 마법사였던 데이비드 듀크였다.

블랙은 대가족 속에서 안전하게 사랑과 보호를 받고 있다고 느끼며 자랐다. 그는 홈스쿨링을 받았고 그들은 그가 아는 세상의 전부였기 때문에 '바깥'세상에 있는 대학에 가기 위해 이 유대감 강한 집단을 떠나기 전까지 백인 우월주의에 대한 주변인들의 당연한 가정에 의문을 제기할 생각은 조금도 하지 않았다. 2019년 블랙은 이렇게 회상했다.

"의미와 목적의식이 있었어요. 우리는 옳은 일을 하고 있다고 느꼈죠." 그는 친밀감을 설명하기 위해 10대 때 떠났던 국토 횡단 여행을 이야기했다. "전에는 한 번도 만나본 적 없는 공동체의 다양한 사람들과 같이 지낼 수 있었어요. 함께 연결돼 있는 사람들의 네트워크로 무척 충만한 느낌이었죠."

다만 블랙은 이런 친밀감이 부분적으로 그 집단에 속하지 않은 사람들, 특히 유대인과 소수자에 대한 분노와 증오에 바탕을 두고 있다는 점에서 문제가 있다고 말했다. 그는 외부인에게 공감하기가 어려웠다. 그가 자란 문화는 외부인과의 공통된 가치관이나 경험보다는 차이를 강조했고 외부인을 부정적인 시각으로 그렸기 때문이다.

이런 딜레마는 블랙이 2010년 플로리다뉴칼리지에서 1학년을 막 시작했을 때 심각해졌다.

"대학은 내가 자라온 사회는 아니지만 나와 동일시할 수 있을 것 같다고 느꼈던 최초의 사회였습니다. 이 공동체에 마음을 쓰게 됐죠."

블랙이 아버지와 함께 주최한 라디오 쇼에서 한 청취자는 뉴칼리지를 '다문화주의의 온상'이라고 불렀다. 그의 아버지는 블랙이 마치 적의 학교에서 은밀히 정보를 수집하는 임무를 수행하는 것처럼 행동했다. 블랙은 원래 호기심이 많았다. 대학에 간 이후 그는 갑자기 다른 믿음, 정치적 신념, 성 정체성을 가진 사람들에 둘러싸이게 됐다.

"저는 이들의 불만과 문제가 무엇인지 좀 더 이해하고 싶었습니다."

하지만 블랙의 희망은 그가 누구인지 알아낸 어떤 학생이 학교 게시판에 그를 백인 민족주의자라고 '공개'함으로써 어느 날 갑자기 끝나버렸다. 수많은 캠퍼스 커뮤니티가 그를 비난했다. 하지만 모두가 그런 것은 아니었다. 몇몇 학생들은 그에게 연락하며 사려 깊은 대화를 나누기 위해 손을 뻗었다. 존중과 연민을 갖고 이야기를 듣고 나누려는 친구들의 의지는 점차 블랙의 믿음을 변화시켰고 그가 원래 가졌던 가치관이 얼마나 파괴적이었는지 깨닫게 해줬다. 블랙은 가족들이 따르는 문화의 도그마는 거부하면서도 가족과의 관계를 유지하려고 했지만 가족들은 그들의 핵심 가치에 대한 배신으로 간주되는 블랙의 행동을 받아들일 수 없었다. 직계가족과의 관계가 점점 껄끄러워졌고 대부분의 백인 민족주의 문화가 그를 경멸했다. 블랙은 벌써 몇 년 전 일이지만 가족과의 단절은 여전히 고통스러우며 이 일로 공동체의 긍정적 영향과 또 부정적일 수도 있는 영향을 오랫동안 고민하게 됐다고 말했다. "공동체의 진짜 의미와 목적은 공통의 신념에 뿌리를 둔 공통의 목적을 갖는 데서 비롯됩니다."

이런 신념은 종교, 정치, 예술 또는 스포츠 어디에 기반을 두든 이상적인 세계에 대한 특별한 비전을 반영한다. 그러나 연결의 기초가 되는 신념이 증오와 두려움에 바탕을 두고 있다면 이 신념은 공동체의 진실성, 궁극적으로는 공동체 구성원들의 행복을 서서히 좀먹는 독을 만들어낸다. 이는 백인 민족주의자 같은 극단주의자들뿐만 아니라 우리와 '다르다'고 생각하는 사람에 대한 거부와 증오로 유대감을 규정하는, 좀 더 눈에 덜 띄는 여러 집단에서도 마찬가지다.

공통의 신념을 증오와 두려움에 두고 있는 공동체의 구성원들은 자기들끼리는 유대감을 느낄 수 있겠지만 그들과 다른 사람들은 의심하며 관계를 철저히 조건부로 만들어 더 넓은 세계와 제한적인 관계를 맺는다. 이렇듯 다른 사람에 대한 좁아진 신뢰, 인식, 이해는 블랙처럼 밖으로 모험을 떠나는 사람들의 위협감과 외로움을 더욱 심화한다. 오늘날 같은 다양성 사회에서는 나와 다른 배경을 지닌 사람들과 필연적으로 마주칠 수밖에 없다. 이런 사회에서 소속감을 확립하려면 서로의 차이를 초월한 공통적인 인간성을 인정하고 이해할 수 있어야 한다. 편협한 구속에 얽매이지 않는 공감이 필요하다. 우리는 다른 인종, 민족, 종교, 국가 유산을 가진 사람이더라도 그 사람이 겪는 경험을 자유롭게 상상할 수 있어야 한다. 기꺼이 함께 공통의 이익과 목표를 인식하고 함양해야 한다.

차이점과 불일치를 완전히 무시해야 한다는 뜻은 아니다. 하지만 공통성에는 우리를 통합하고 갈등으로 생겨나는 외로움과 불안을 극복하게 할 잠재력이 있다. 블랙이 깨달은 것처럼 자신과 같은 생각을 가진 구성원들에게만 공감하는 공동체는 더 큰 사회에서 멀어지게 돼 있다. 이런 공동체의 구성원들은 세상이 변하고 발전함에 따라 분노하고 두려워하며 외로움에 점점 더 취약해지는 경우가 많다. 우리 모두가 진정으로 소속감을 느낄 수 있게 하는 접착제는 증오가 아닌 연결이다.

제3의 문화 그릇

문화를 관계가 형성되는 그릇이라고 생각하면 그 영향을 이해하는 데 도움이 된다. 이 그릇은 크기와 모양에 따라 연대감은 물론 외로움을 경험하는 방식까지도 바꿔놓는다.

자, 각각의 문화를 적당한 깊이의 아주 넓은 그릇이라고 상상해보자. 이 안에서는 배경이 각양각색인 사람들이 이곳저곳을 돌아다니며 마음 맞는 사람들을 찾기도 하고 우정을 쌓기도 하며 많은 시간을 혼자 보내기도 한다. 그릇의 넓은 형태는 다른 사람들과 함께하는 것이 강요되지 않는다는 의미다. 모든 사람들이 충분히 자기만의 길을 선택할 수 있다. 타인과 함께 어울리며 그 길에 도움이 될 동반자를 찾느냐 마느냐 하는 문제는 낯선 사람에게 다가가는 일에 얼마나 부지런하고 운이 따르며 마음을 단단히 먹느냐에 달려 있다. 탐험, 다양성, 변화의 여지가 많은 문화라면 공통점을 만드는 데 상당한 노력이 필요하다. 이 넓은 그릇 안에서 외로움은 방향 없이 떠다니는 것으로 느껴질 수 있다.

반면 좀 더 전통적인 집단주의 문화의 그릇은 좁고 깊다. 공통점은 말 그대로 날 때부터 확립된다. 이 그릇 안에 있는 사람들은 몇 세대 동안 마음껏 돌아다닐 만한 공간도 없이 함께 살았다. 다양한 연령에 다양한 성격을 지닌 사람들이 한데 어우러져 종종 서로의 디딤돌이 되기도 하고 서로의 등받이가 되기도 한다. 사람들은 육체적으로나 사회적으로 가까우며 문화적으로 친밀함을 소중히 여긴다. 하지만 이 테두리 안에 맞지 않는 사람들, 더 많은 공간이 필요하거나 다른 종류의 지지가 필요한 사람들은 이 모든 친밀함이 꺼려질 수 있다. 좁은 그릇 안에서의 외로움은 꽉 옭아매는 압박처럼 느껴질 것이다.

핵심은 서로 다른 두 그릇의 좋은 점만 모아서 전통적인 문화처럼 유대감은 단단하지만 유대감의 기초가 태어난 환경이 아니라 개인의 선택, 관심사, 이상인 제3의 그릇을 만들 수 있느냐는 것이다. 제3의 문화 그릇에서 개인은 표현의 자유가 보호되고 있는 그대로의 자신이 되어 원하는 만큼 고독하며 바라고 필요한 만큼 다른 사람과 교류할 수 있을 것이다. 또 서로 관계와 신뢰를 쌓도록 모일 수 있는 기회를 제공함으로써 외로움을 예방하는 시스템을 갖추고 있을 것이다. 관계를 넣는 넓고 깊은 주머니를 상상해보라. 이 주머니는 사람들을 붙잡아 그들에게 집이라고 부를 수 있는 곳을 제공하고 더는 소외되는 사람이 없게 한다.

제3의 사회를 만들려면 문화와 구조가 분명하게 바뀌어야 한다. 캘리포니아주 애너하임에서는 시장 톰 테이트(Tom Tait)를 필두로 이런 변화가 만들어졌다.

테이트 시장은 우리의 고유성을 유지하는 동시에 소속감을 키우는 방법 중 하나는 친절 문화를 기르는 것이라고 믿는다. 애너하임의 시의회의원이던 테이트는 10여 년 전 이런 생각을 처음 떠올렸다. 그는 도시 곳곳에 붙어 있는 기이한 포스터 캠페인에 주목했다. 포스터에는 "*친절을 전염시켜라*"라고 적혀 있었다. 후속 광고도 없었다. 스폰서로 언급된 회사도 없었고 단지 메시지뿐이었다.

테이트는 이 메시지를 보고 자신의 힘들었던 과거를 떠올렸다. 자칭 내성적인 성격이었던 그는 오랫동안 대중 연설에 공포심을 느꼈다. 학교에 다닐 때도 구두 발표가 필요한 수업은 모두 빼고 들었다. 그렇지만 그는 사람들을 돕는 공직에 끌렸다. 당시 시장이 비어 있는 시의회의원 자리에 테이트를 지명했을 때 그 자리를 수락하긴 했지만 토스트마스터즈(Toastmasters)에서 사귄 친구들의 지지가 없었더라면 의원 업무를 제대로 수행해내지 못했을지도 모른다. 친구들 덕분에 테이트는 마침내 자신의 공포를 극복하고 의원으로서 즐겁게 일했으며 재선에 입후보했다. 그때 친절에 관한 포스터가 그의 마음을 울렸다.

테이트는 포스터를 붙인 제이예프스키(Jaievsky) 박사를 만나기로 했다. 박사의 가족은 나치를 피해 아르헨티나로 도망쳤고 미국으로 이민오기 전까지 그곳에서 자랐다. 그는 테이트에게 몇 년 전 휴가 중 생긴 끔찍한 사고가 6살이던 딸 나타샤의 목숨을 앗아갔다고 말했다. 박사와 남은 가족들은 비탄에 잠겼다. 집으로 돌아와 나타샤의 유품을 정리하던 가족들은 나타샤가 친절에 관해 쓴 아름다운 글들을 발견했다. 다른 아이들이 게임을 하고 놀 때 나타샤는 앉아서 글을 쓰곤 했다. 포스터의 문구는 바로 나타샤가 쓴 글이었다. 딸에게 영감을 받은 제이예프스키 박사는 치유하는 힘으로써 친절의 역할을 좀 더 깊이 생각하기 시작했다.

"제이예프스키 박사는 전체론적 의사(holistic doctor)였어요. 신체의 치유가 안에서 비롯될 수 있는 것처럼 도시도 친절의 힘을 통해 안에서부터 치유될 수 있다고 믿었습니다. 제게는 번개를 맞은 것처럼 충격적인 순간이었죠. 10년간 시의회에서 일하며 끊임없이 두더지 잡기를 하는 기분이었거든요." 테이트는 회상했다. "6년 뒤 시장 선거를 앞두고 저는 여전히 친절에 관해 생각하고 있었어요. 사람들이 비웃더라도 이걸 정치 목표로 삼고 선거에 출마해야 한다고 생각했습니다. 출마를 선언하고 우리 도시에 친절의 핵심 가치를 확립하고 싶다고 말하자 사람들이 고개를 끄덕이더군요. 사람들은 우리에게 필요한 것이 친절이라는 사실을 이해했어요."

애너하임을 친절의 도시로 만들겠다는 테이트의 비전은 큰 반향을 불러일으켰고 그는 상당한 차이로 선거에서 승리했다. 시장 임기 동안 그가 가장 먼저 다룬 문제 중 하나는 사회적 단절, 즉 넓은 그릇 문제(wide bowl problem)였다.

"우리 지역의 문화란 사생활, 집들 사이의 높은 벽, 차고로 사라지는 자동차를 중심으로 설계된 동네, 격리된 뒷마당입니다."

많은 사람들이 혼자서 어려움이나 질병과 싸울 때도 이웃은 모르는 경우가 많았다. 테이트 자신조차 10년 동안 같은 곳에서 살았지만 이웃 대부분을 몰랐다. 친절이 사람들로 하여금 관계를 맺게 할 수 있을까? 테이트 역시 답을 몰랐지만 알아볼만한 가치가 있다고 생각했다.

테이트는 먼저 자신이 사는 동네에서 *하이 네이버(Hi Neighbor)* 프로그램을 시작했다. 이미 그곳에 산 지 10년이 지났는데 자기소개를 하기 위해 이웃집 문을 두드리는 건 너무 이상하게 느껴졌기 때문에 대신 이런 쪽지를 썼다.

> 안녕하세요, 이웃사촌. 필요할 때 서로를 돌봐줄 수 있도록 우리가 꼭 만나야 한다고 생각합니다.

테이트의 아내 줄리는 저녁에 한번 들르라는 초대장과 함께 이 쪽지를 이웃집 문 아래에 살짝 밀어 넣었다. 이웃한 10집 중 1집만 빼고 모두 테이트의 초대에 응했다. 얼마 동안은 어색한 분위기가 감돌았다. 테이트가 대화의 문을 열었다.

"친절한 행동은 벽돌을 잇는 회반죽과 같아요. 우리의 안전을 지키는 데 중요하죠. 지역사회의 치안 유지 활동은 이웃들이 서로 알고 지내며 관계를 맺는 데 기반을 두고 있습니다. 경찰 말로는 범죄자들은 이웃 사이에 유대가 긴밀한지, 서로에게 신경을 쓰는지 알고 있는 경우가 많고 유대감이 높은 동네에는 접근하지 않는 경향이 있다고 합니다. 서로 친해지면 우리는 더 안전합니다."

그러자 이웃들은 비상시에 서로 도울 수 있는 방법을 이야기하기 시작했다. 그 후로는 거리에서 마주치면 인사를 나눴고 서로 쓰레기통을 가져다주기도 했으며 어려움에 처한 이웃을 보면 도와줬다. 테이트는 다른 사람들도 샘플로 사용할 수 있도록 시 웹사이트에 '하이 네이버' 편지 템플릿을 게시했다. 그리고 유권자들에게 큰 지진이나 테러, 그 밖에 향후 지역사회에 큰 타격을 입힐 수 있는 다른 재난이 일어날 수도 있다고 말했다. 혹시라도 중대한 사건이 발생한다면 사람들을 안전하게 지키기 위해 경찰과 소방 인력보다 훨씬 더 많은 인원이 필요할 터였다. 그럴 때 사람들은 서로 도와야 했다.

친절 문화를 확립하려는 테이트의 계획은 여기서 그치지 않았다. 그는 애너하임 초등학교 교육구에서 '100만 개의 친절한 행동(Million Acts of Kindness)'이라는 프로그램을 시작했다. 각 학교는 학생들이 매 학기 친절한 행동을 할 수 있도록 의욕적인 목표를 세우고 이를 달성하면 테이트 시장이 참석하는 조회를 열어 학교 전체가 목표 달성을 축하했다. 100만 개의 친절한 행동이라는 지역구 전체의 목표를 달성했을 때쯤에는 집단 괴롭힘이 급격히 감소했고 지역구 전체의 정학 횟수도 반으로 줄어들었다.

테이트는 친절이 도시를 하나로 이어줄 연결 조직이라고 생각했다. 이 생각은 직원 고용이나 평가부터 프로젝트의 우선순위와 정책 결정까지 시장으로서 그가 하는 모든 일에 영향을 미쳤다.

"나는 한 걸음 물러서서 '친절한 도시는 이 문제에 어떻게 반응할까?' 하고 묻습니다."

이는 사람들의 차이와 오류 가능성을 받아들이는 동시에 공동체와 인간 경험을 존중함을 의미했다. 테이트는 친절의 힘을 이용해 시민 조직을 만들고 더 안전하고 건강하며 연결된 지역사회를 이루기 위한 계획을 실행했다. 친절을 베풀며 모두 더불어 살아가는 것이 개인에게 더 좋다는 것. 이런 사고가 제3의 그릇을 만드는 시작이었다.

테이트는 자신의 목소리가 도시 문화를 변화시킬 수 있는 가장 영향력 있는 방법이라는 사실을 깨달았다.

"저는 항상 핵심 가치를 이야기하고 행동으로 보여주는 일을 중시했습니다. CEO들이 하는 일이죠. 시장이라고 왜 못하겠어요?" 시장의 지위에서 처음 친절을 말하기 시작했을 때의 기분에 관해 테이트는 이렇게 말했다. "배들이 정박해 있는 항구에 몇 년 동안 아무 일도 일어나지 않는 것 같았어요. 문화는 변하지 않았죠. 그러다 어디선가 바람이 느껴지더니 갑자기 돛이 팽팽해지고 배들이 움직이는 것 같았습니다. 때로는 친절해야 한다는 말이 너무 빤한 이야기라고 느껴지죠. 하지만 사람들이 이 빤한 이야기를 잘 하지 않기 때문에 친절을 문화의 일부로 만들기 위해서는 제가 더 많이 이야기해야 했습니다. 다만 사람들이 일단 메시지를 받아들이면 친절함은 전염됩니다. 모두가 조금만 더 친절해지면 말 그대로 모든 것이 더 좋아집니다."

이렇게 친절이 전염되면 한 문화의 사회적 기준이 변하기 시작하고 변한 기준이 더 널리 용인되고 평범해지면 사회적 분열을 넘어 다른 사람과 관계를 맺고 서로 돕게 된다. 제3의 그릇에 관계를 담는 주머니를 더 많이 만들어내는 것이다.

예를 들어 테이트가 지역 학교들을 방문해 친절에 관해 강연했을 때 그는 많은 학생의 관점을 바꿔놨다. 그 중 1명이 션 올리우(Sean Oliu)라는 어린 소년이었다. 현재 고등학교 3학년인 올리우는 초등학생 때 들었던 테이트 시장의 강연이 생각을 뿌리째 바꿨다고 말했다. 강연을 듣고 난 몇 달 후 올리우는 한 노래 경연대회에서 우승했다.

"〈라보즈 키즈〉는 텔레문도(Telemundo)에서 방송하는 어린이를 위한 보이스 포 스패니시(Voice for Spanish) 프로그램이었어요. 저는 우승 상금으로 4,000달러를 받았죠. 우리 학교에는 음악 프로그램이 전혀 없었기 때문에 나는 이 돈으로 음악 프로그램을 시작하면 어떨까 하고 생각했어요." 올리우는 테이트 시장이 친절의 힘에 관해 말했던 것을 기억했다. "그다음은 쉬운 결정이었어요."

그 후 올리우는 다른 학교를 위한 돈을 모으기 위해 노래를 부르기 시작했다. 그는 마리아치에서 컨트리음악까지 다양한 음악가들을 모아 모금 행사를 열고 함께 공연했다.

"저는 키즈기빙백(Kids Giving Back)이라는 재단을 설립해 이런 노력을 계속해왔어요. 지난 몇 년간 저와 친구들은 6만 달러 이상을 모금했고 이 돈은 음악 프로그램을 지원하기 위해 여러 학교에 직접 전달됐습니다."

올리우가 행한 친절의 결과로 현재 학생들에게 음악 수업을 제공하는 학교는 0곳에서 약 28곳으로 늘어났다.

그리고 마침내 애너하임 바깥의 사람들도 테이트 시장의 외침을 듣기 시작했다. 테이트 시장은 켄터키주 루이빌의 그렉 피셔(Greg Fischer) 시장 등과도 연락했다. 피셔 시장은 고향을 온정의 도시로 만들기 위한 계획에 착수했다. 그들은 인도에서 뭄바이 시장과 사우스델리 시장을 만나 도시의 안전과 회복력을 지키기 위해 친절과 온정을 전략에 포함시키는 방법에 관해 이야기했다. 테이트는 워싱턴 D.C.에 초청받아 친절을 바탕으로 바닥부터 차근차근 튼튼한 관계와 사회적 회복력을 쌓아 올릴 수 있는 방법도 논의했으며 미국무부대테러국(Department Bureau of Counterterrorism)에서 독일 인사들을 만나 친절 문화를 만들어 극단주의에 대항할 수 있는 방법에 대해서도 이야기했다.

이 만남에서 테이트는 뒤셀도르프에서 신나치주의자였던 사람을 만났다. 그는 처음 신나치주의에 끌렸던 것은 관계를 원했기 때문이라고 말했다. 하지만 증오해야 한다고 여겼던 바로 그 사람들에게 예상치 못한 친절을 받고 편견에서 멀어지게 됐다.

테이트는 자신이 전 세계와 친절 문화를 공유한 여러 가지 방법들을 되돌아보면서 친절과 사회적 관계 사이에 결정적 연관성이 있음을 분명히 알았다. 그는 양로원에서 만났던 은퇴한 철학 교수 데니스 히키(Dennis Hickey) 이야기를 해줬다. 히키 교수는 친절함에 관심이 많은 사람이었다.

"히키 교수는 내게 알아야 할 또 다른 말이 있다고 알려줬어요. 독일어로 '함께 있다'는 뜻의 '공동존재(mitsein)'였습니다. 더 높은 수준의 친절이고 행동 그 자체죠. 친절해지기 위한 진정한 방법은 다른 사람들과 함께하며 그들과 관계를 쌓는 것입니다."

테이트는 사람들에게 모든 사람은 친절을 받을 가치가 있고 서로 친절하면 모두가 혜택을 누릴 수 있다는 사실을 보여줌으로써 도시의 사회구조를 강화하고 개인주의적이면서도 집단주의적인 공동체의 모범을 만들 수 있었다.

《블루존》[17]의 작가 댄 뷰트너(Dan Buettner)도 단절에 대한 제3의 해결책을 적극적으로 모색하고 있다. 뷰트너는 몇 년 동안 세계에서 통계적으로 가장 기대 수명이 높은 지역 또는 100세 이상 인구 비중이 가장 높은 지역인 '블루존(Blue Zone)'을 연구했다. 그 결과 장수는 대부분 채식 위주의 식습관과 하루 종일 자연스럽게 움직이는 활동의 함수이며 장수하는 사람들은 유난히 높은 수준의 사회적 관계를 누린다는 사실을 알게 됐다.

뷰트너는 일본 오키나와의 블루존에서 모아이(moai)라는 인상적인 사회 시스템을 발견했다. '공동의 목적을 위한 모임'을 뜻하는 이 용어는 원래 마을 전체를 위한 공동 자금을 지칭하는 말이었지만 이제는 가까운 친구들로 이뤄진 사회적 지원 네트워크를 가리키는 말로 진화했다. 과거 오키나와의 부모들은 비슷한 나이의 아이들을 5명씩 모아 형제처럼 길러 모아이를 시작했다. 아이들은 서로 의지하면서 함께 성장하고 어른이 돼서도 매일 또는 매주 만났다. 오늘날 모아이는 필요할 때는 여전히 재정적으로 서로 돕지만 이제 '공동의 목적'은 우정이나 조언에 더 가깝다. 모아이는 제2의 가족이나 마찬가지다.

뷰트너는 오키나와를 연구하면서 수년 전 그곳에서 장수 연구에 참여한 인류학자이자 노인학자인 크레이그 윌콕스(Craig Willcox) 박사를 만났다. 박사는 오키나와인들의 건강에서 사회적 관계가 맡는 핵심적인 역할을 두고 뷰트너와 비슷한 결론을 내렸다.

"오키나와인들은 친밀한 공동체에서 살고 있습니다. 서로의 집에 들르거나 야채를 가져다주는 방문 행태가 많습니다."

오늘날 오키나와 사람들은 아기 때부터 반드시 모아이에 소속되지는 않는다. 다만 신뢰와 관계의 초기 기초가 되는 공통의 관심사를 중심으로 나중에 자기만의 그룹을 형성하는 경우가 많다. 같은 고향 출신일 수도 있고 같은 반이었을 수도 있으며 같은 직업을 가졌을 수도 있다. 윌콕스 박사는 바다로 연결된 모아이의 일원이었다. 일원 중 1명은 잠수부, 다른 1명은 돛 제작자, 또 다른 1명은 보트 엔진을 수리했다. 모아이에는 여전히 금융적 요소가 존재한다. 모든 일원들이 돈을 모아서 재정적 도움이 급히 필요한 일원이 있으면 주기적으로 분배한다. 하지만 현대 모아이의 목적은 주로 친목이다.

"일원 중 누구라도 세상을 떠난다면 남은 모아이 일원들이 전부 장례식에 참석할 것"이라고 윌콕스 박사는 확신하며 말했다. "제 모아이 친구 중 1명이 잔디를 깎다가 발가락 몇 개가 잘렸어요. 우리는 그 친구를 찾아가 격려해줬죠. 모아이 친구들은 감정적 위기의 경중에 상관없이 서로 돕습니다."

현대화 속에서도 모아이는 여전히 오키나와에서 명맥을 유지하고 있으며 윌콕스 박사는 거주자 대부분이 그렇다고 할 수는 없어도 젊은이들을 포함한 많은 사람들이 이런 집단에 소속돼 있다고 본다. 나는 모아이가 다른 여러 문화에서는 소외감과 외로움을 느낄 지역사회의 신참에게도 강한 유대감을 형성한다는 사실에 매우 놀랐다. 윌콕스 박사는 그 이유가 서로 정기적으로 대화하며 솔직하게 마음을 나눈 결과 생겨난 강한 감정적 연결 때문이라고 본다. 테이트가 시장이었던 애너하임에서 친절이 결합조직 역할을 했던 것처럼 모아이 문화 내 결합조직은 이런 유의 나눔이다. 이 같은 포용적인 공동체의 가치는 제3의 문화를 창조하는 핵심이다.

뷰트너는 블루존을 모델로 우리만의 문화를 만들 수 있는지 알아보기 위해 미국 전역 20여 개 도시에서 '블루존 프로젝트'를 시작했다. 그가 구상한 미국식 모아이는 요리, 걷기, 정원 가꾸기 등 공통의 흥미나 활동을 중심으로 사람들을 모으는 것이었다.

"우리는 사람들을 10주 동안 함께 어울리게 했습니다. 이제는 몇 년이나 된 모아이도 있죠. 이 모아이들은 여전히 소속원들의 삶에 건강한 영향을 미치고 있습니다."

뷰트너의 팀은 열정뿐만 아니라 비슷한 가치를 공유하는 사람들을 연결한다. 처음에는 지리와 가족의 스케줄에 따라 물류적 편의를 도

모해 그룹이 조직된다. 그 후 모든 사람들에게 "장기적 관계를 위한 판을 짜는 데" 도움이 될 만한 질문 목록을 나눠주는데 여기에는 취미와 음악적 선호는 물론 신문 구독에 관한 문항까지 포함돼 있다. 그 결과 탄생한 공동체는 회원들이 서로 지지하는 법을 배우면서 아주 긴밀히 맺어진다. 의식하지 못한 채로 회원들은 자신의 건강, 행복, 연대를 높이는 동시에 외로움에서 스스로를 보호하는 것이다.

뷰트너의 프로젝트를 다시 떠올린 것은 2018년 여름 콜로라도주 스프링스에서 협회 모임에 참석하던 중이었다. 당시 나는 직업적 추구와 어린 두 자녀를 양육하는 일 사이에서 균형을 잡을 방법을 고민하고 있었다. 대부분의 경우 나는 양쪽 면에서 모두 부족하다고 느꼈고 워싱턴 D.C.에는 가까운 친구들이 없어 더 외로웠다. 마침 같은 모임에 참석하고 있던 친구 서니와 데이브를 만났을 때 우리 셋 다 비슷한 처지에 있다는 사실을 알았다.

그때 우리만의 가상 모아이를 만들 수 있겠다는 생각을 떠올렸다. 우리는 1달에 1번 화상회의를 열고 2시간(또는 필요하다면 그 이상) 동안 기쁜 일과 힘든 일은 물론 마음속에 있는 모든 이야기를 솔직하게 털어놓기로 했다. 또한 서로가 책임의 출처가 돼주는 데 동의했다. 중대한 문제를 논의할 때 상대의 결정이 우리가 추구하는 최고 가치에 반하는 것 같다면 소리 높여 말해야 한다는 뜻이었다. 식단, 운동, 명상처럼 건강을 위해 노력할 때는 서로 끝까지 성실하게 해낼 수 있도록 돕는다는 의미이기도 했다. 마지막으로 우리는 다른 친구들과의 일상적인 대화에서는 일반적으로 나오지 않는 어려운 이야기들, 즉 두려움, 건강, 재정적 문제에 관해서도 이야기하기로 약속했다.

이런 결정은 우리 우정을 의도적이지만 가치 있는 관계의 원천으로 만들었다. 운명이나 충동에 의존해 모이는 대신 우리는 서로를 위해 함께할 것을 명시적으로 약속했다. 그리고 모아이식 체계를 통해 약속에 따라 행동할 수 있었다. 모아이식 체계는 타성 때문에 사이가 멀어질 위험을 최소화했다. 우리의 선택은 단순히 친구가 있는 것과 우정을 경험하는 것 사이의 차이를 만들었다. 우정의 경험으로 우리는 추구하고자 하는 최고 가치를 성실히 좇을 수 있었다.

모아이는 멤버들에게 혼자가 아니라는 사실을 확실하고 꾸준하게 상기시켜준다. 이는 멀리 떨어져 살거나 부담해야 하는 일들이 많아진 현대사회에서 우리를 계속 연결해줄 수 있는 간단한 전략의 한 예다. 하지만 우리가 만든 모아이의 성공은 한편으로 이런 질문을 던지게 했다. 오늘날에는 왜 이런 집단 우정을 보기 힘들까? 그리고 특히 남성들의 문화에서는 왜 더욱 힘들까?

외로운 카우보이들

가정에서나 직장에서의 남녀 역할 차이가 좁혀지기 시작했고 많은 사람들에게 성 정체성은 복잡한 문제라는 사실이 받아들여지고 있음에도 전통적인 성 역할은 대부분의 사회에서 서로 다른 남성적 문화와 여성적 문화를 만들어냈다. 문화의 차이는 남성과 여성이 외로움과 사회적 관계를 경험하는 방식에 영향을 미칠 수 있다. 연구에 따르면 남성과 여성이 외로움을 느끼는 비율은 거의 같다.[18] 그렇다고 남성과 여성이 같은 방식으로 외로움을 표현하거나 경험한다는 뜻은 아니다.

뷰트너처럼 사회적 혁신가로 알려진 인물인 맥신 체이슬링(Maxine Chaseling)에게 남성의 외로움은 하나의 독특한 도전이었다.

체이슬링의 집은 호주 애들레이드에서 남쪽으로 1시간 거리인 굴와(Goolwa) 마을에 있다. 1987년 불황이 닥쳤을 때 체이슬링은 굴와 마을 노인들을 위한 지역사회 지원 업무를 하고 있었다. 지역 공장이 문을 닫으면서 많은 사람들이 조기 은퇴를 해야 했다. 같은 해 60세를 맞은 체이슬링의 아버지는 심장 우회 수술에는 성공했지만 그 결과 갑작스레 은퇴하게 됐다. 체이슬링은 아버지의 기분에 충격적인 변화가 있음을 느꼈다. 아버지는 하룻밤 사이에 매니저 빌에서 집에 있는 빌이 됐고 그의 마음속에는 무엇으로도 채울 수 없는 공허감이 생긴 것 같았다.

"우리 모두 아버지가 불행하고 우울하다는 사실을 알고 있었어요. 하지만 당시에는 제가 아버지에게 '아빠는 우울증이에요'라고 말할 수 없었어요."

1987년 호주에서는 심리적 문제에 여전히 심한 낙인이 찍혀 있었다. 아버지의 언짢음은 종종 어머니를 향했다. 어머니가 아무리 참을성과 이해심을 가지려고 노력해도 아버지의 눈에는 어머니가 제대로 하는 게 아무것도 없어 보였다. 체이슬링은 직접 중재에 나서기로 했다. 그는 지역 내 밀스 온 휠스(Meals on Wheels, 노인이나 환자 집으로 식사를 배달해주는 서비스-옮긴이)에 전화해 도움이 필요한 사람들에게 식사를 배달하는 운전사 자리에 아버지를 추천했다. 밀스 온 휠스는 운전사가 절실히 필요했기 때문에 열렬히 환호했다. 다만 문제가 하나 있었는데 아버지는 이런 대화가 오간 사실을 전혀 몰랐다는 것이다.

처음 전화 통화를 한 직후 밀스 온 휠스 대표가 체이슬링의 집 초인종을 눌렀다. 아버지가 문을 열자 대표는 열렬한 악수를 건네며 지역사회를 위해 나서주시고 지역사회가 필요로 하는 영웅이 돼주신 데 대해 넘칠 듯한 감사를 쏟아냈다. 아버지는 혼란스러웠지만 지역사회가 자신을 필요로 한다는 말은 내면의 뭔가를 자극했다. 그래서 아버지는 팀에 합류했다. 그리고 그 일을 아주 좋아하게 됐다.

체이슬링은 아버지의 변화에 용기를 얻었다. 아버지는 다시 자신을 찾고 있었다. 체이슬링은 다음 단계의 은밀한 개입을 진행하기로 하고 경찰서에 전화를 걸었다. 지역 경찰서에서는 '마을 방범대'를 감독했는데 종종 자원봉사자가 부족했다. 체이슬링이 전화로 아버지가 마을 방범대에 지원하게 한 후(이번에도 아버지는 몰랐다) 제복을 입은 경찰 2명이 나타나 집 문을 두드리고는 말했다. "우리에게는 정말 당신이 필요합니다."

아버지는 마을 방범대가 됐을까? 경찰서에서 공식적으로 도움을 요청한 것은 체이슬링의 아버지에게 강력한 영향을 끼쳤다. 그에게 목적의식과 연대감을 준 것이다. 그리고 아버지에게 그가 여전히 다른 이들에게 중요한 사람이라는 사실을 확신시켜줬다. 체이슬링의 아버지는 경찰관에게 요청을 승낙한다고 말하고 열정적으로 새로운 역할을 맡았다. 그는 죽는 날까지 마을 방범대원으로 남아 있었다.

체이슬링의 계획 덕분에 그의 아버지는 은퇴 후 바쁘고 충만한 삶을 살게 됐고 사회적 자아를 되찾았다. 그는 딸이 이런 변화에 미친 영향을 전혀 알지 못했지만 그의 어머니는 알고 있었고 딸에게 한없이 고마워했다.

한편 체이슬링은 굴와에 사는 다른 노인들을 자세히 살펴봤다. 그는 당시 그룹 운동, 마사지, 요리 수업 등 사회 서비스를 제공하는 커뮤니티 센터인 헤리티지 클럽에서 일했다. 헤리티지 클럽에는 사람들이 차를 마시며 이야기를 나눌 수 있는 라운지도 있었다. 전부는 아니더라도 헤리티지 클럽 프로그램에 참가한 사람 대부분은 여성이었다. 체이슬링은 여성이 남성보다 더 사교적일 거라고 예상했기 때문에 이 사실에는 별로 놀라지 않았지만 대체 남성들은 뭘 하고 있는지 궁금해졌다.

답을 알아내는 데는 오래 걸리지 않았다. 간단히 창밖만 내다보면 주차장에서 혼자 차 안에 앉아 신문을 읽으며 아내를 기다리는 남자들을 발견할 수 있었다. 많은 사람들이 죽을 때까지 여러 해 동안 일주일에 몇 번씩 이렇게 시간을 보냈다. 훨씬 더 건강한 부인들은 그 후 과부가 되어 더 오래 살았다.

체이슬링은 사회적 단절이 남성들의 건강을 저하시킨다고 의심하면서 남성들도 클럽에서 제공하는 서비스를 이용하면 아내들만큼 도움을 받을 수 있을 거라고 생각했다. 그러나 남편들을 초대하러 주차장으로 나가면 돌아오는 대답은 언제나 변함없이 '노'였다. 여자들은 사회 프로그램이 필요하겠지만 남자는? '절대 아니요'였다.

"남편들은 아주 방어적이고 자존심이 셌어요." 체이슬링이 말했다. "그들은 커뮤니티 센터의 문을 열고 들어가는 일을 '나는 약한 사람이다'라고 말하는 것처럼 느꼈습니다."

체이슬링이 만난 남자들의 사고방식은 아버지를 생각나게 했다. 마음은 착하지만 완고하며 고립돼 있고 도움에 저항했다. 그래서 체이슬링은 남자들이 자신에게 약하다거나 외롭다는 딱지가 붙었다고 느끼지 않으면서도 함께 어울릴 수 있는 다른 공간을 상상하기 시작했다. 그는 자신이 돕고자 하는 나이 많은 남자들은 여자의 충고를 듣지 않으리라는 점도 인지했다. 남자들 주변에는 그가 '거대한 바리케이드'라고 부르는 것이 있었다.

"우리는 나이 든 남자들에게 도움이 되는 환경을 만들 수는 있지만 그들을 그 안으로 들여보낼 수는 없습니다. 남자들만이 바리케이드를 통과할 수 있어요."

즉, 이 일에는 남자의 도움이 필요했다.

몇 주 후 알프 스토크스(Alf Stokes)가 찬장을 수리하기 위해 클럽에 나타났다. 은퇴한 목수인 스토크스는 커다란 소몰이 개와 함께 다니다가 클럽에 들어오기 전 문 앞에 개를 묶었다. 체이슬링은 스토크스를 '완전히 마초적인 남자'라고 표현했다. 그는 남자들을 위한 프로젝트를 이끌기에 완벽한 사람이었다. 스토크스는 처음 체이슬링에게 프로젝트 설명을 들었을 때 그냥 가버렸다. 하지만 며칠 후 그는 프로젝트를 돕기 위해 돌아왔다.

체이슬링과 스토크스는 그들이 도우려는 남자들은 이를테면 경기를 보거나 함께 일을 하는 것처럼 자기 자신에게 직접 초점을 맞추지 않는 활동을 하면서 서로 연결될 가능성이 더 높다는 사실을 알고 있었다. 그래서 1993년 클럽 옆에 '남자들의 오두막(men's shed)'을 지었다. 이곳에서 남자들은 목공 일을 할 수 있었는데 이는 스토크스의 기술 중 하나였다. 그들은 주차장에서 이어지는 분리된 통로를 만들어 남자들이 오두막에 가는 모습이 눈에 잘 띄지 않게 했다. 또 스토크스가 안에 있음을 표시하기 위해 그의 개를 입구에 묶어뒀다. 남자들은 개가 밖에 있는 것을 보면 통로를 따라 오두막으로 가기 시작했다.

그들은 종종 스토크스가 뭘 하고 있는지 보러 왔을 뿐이라고 하면서 몇 시간씩 있다가 갔다. 처음에는 대부분 스토크스가 일하는 모습을 지켜보기만 했지만 조금씩 편안해지자 나무를 들고 톱질하고 사포로 닦고 조각하기 시작했다. 오두막이 강 근처에 있었기 때문에 남자들은 이웃들이 나무 보트를 수리하는 일도 돕기 시작했다. 지역사회의 다른 주민들은 남자들이 수리할 수 있게 가정용품을 가져오기도 했다. 심지어 남자들은 근처에서 철도 노선을 고치는 철도 노동자들을 도와주기도 했다.

체이슬링은 오두막에 있는 남자들이 클럽에 있는 여자들과는 다르게 의사소통한다는 사실을 발견했다. 남자들은 일을 하면서 가끔 말을 했지만 여자들처럼 마음을 터놓는 긴 대화는 거의 나누지 않았다. 체이슬링에게 남자들이 나누는 대화는 표면적인 것처럼 보였지만 결국 이 대화가 편안하고 친근한 환경을 조성했다. 이에 관해 배리 골딩

(Barry Golding)은 자신의 저서《남성들의 오두막 활동(The Men's Shed Movement: The Company of Men)》에서 "여자들은 얼굴을 맞대고 대화하지만 남자들은 어깨를 맞대고 이야기한다"고 쓰기도 했다.[19]

시간이 지나자 남자 모임은 10명으로 늘어났다. 오두막은 종종 그들을 이해하지도 못하고 그들에게 소속감을 주지도 않는 세상으로부터의 피난처가 됐다. 남자들이 오두막에 있는 것을 너무 편하게 여겨서 부인들이 남편들을 집으로 데리고 가기가 어려울 정도였다.

체이슬링은 오두막을 이렇게 매력적인 장소로 만든 요인은 "은퇴한 남자들이 생산성을 갖게 했고 동시에 네트워크를 되찾게 했으며 그들 자신을 즐길 수 있도록" 한 것이라고 자평했다. 무엇보다 중요한 점은 체이슬링이 남자들이 오두막을 소유할 수 있도록 자신은 일부러 뒷자리를 자처했다는 것이다.

오두막이 문을 열고 몇 년 후 체이슬링은 유니세프 그리고 의학 연구소와 함께 다양한 건강 문제를 해결하기 위해 호주를 떠났지만 그가 발족을 도왔던 운동은 저절로 퍼져나갔다. 그 후 20년간 호주 전역에 약 1,000개의 남성 오두막이 생겨났으며 그 중 일부는 자발적인 것이었지만 다른 것들은 굴와의 사례를 따른 것이었다. 남자들의 오두막은 아일랜드, 네덜란드, 덴마크, 뉴질랜드, 캐나다, 미국, 영국에서도 등장하기 시작했다. '어깨와 어깨를 맞대고' 지금까지 전 세계 수만 명의 남자들이 오두막의 혜택을 받았다.

나는 남자들의 오두막을 직접 보고 싶었다. 따뜻한 가을 오후 런던의 캠든타운에 있는 별 특징 없는 건물 앞에 차를 세웠다. 그곳에서 만난 마이크 젠(Mike Jenn)은 호리호리하고 젠체하지 않는 분위기에 부드러운 수염을 기르고 흰머리가 벗겨지기 시작한 남자였다.

다세대 아파트 건물과 사무실이 밀집한 동네였지만 한낮에는 사람이 드문 것처럼 보였다. 젠은 콘크리트 계단을 올라가 사무실이나 창고 등 그 어떤 곳의 출입구도 될 수 있을 것 같은 문으로 나를 데려갔다. 문턱을 넘어서자마자 띠톱이 윙윙거리는 소리가 들렸고 갓 잘린 나무 냄새가 콧속을 가득 채웠다. 그곳은 런던의 전형적인 보통 아파트 크기였지만 각종 기계와 도구, 다양한 생산단계의 나뭇조각들로 가득 차 있었다. 이 공유 작업장에는 50대 중반부터 80대 초반까지의 남자들이 가득 차 있었는데 모두 열심히 일하고 있었다.

캠든타운 오두막에 처음 합류한 사람들은 입소문을 타고 왔다. 젠은 오두막 회원들에게 임대료와 경비를 대기 위해 가능한 돈을 내달라고 부탁했다. 또 오두막을 지원하기 위해 만든 제품을 팔기로 했다. (오두막의 몇 안 되는 규칙 중 하나는 이익을 목적으로 팔 물건을 만들기 위해 창고를 사용할 수 없다는 것이다.)

캠든타운 오두막의 초창기에 합류한 남자 중 나무 세공사 믹이 있었다. 믹은 어렸을 때 견습생이 되어 나무 세공 기술을 연마했다. 나는 믹에게 오두막에 합류하기 전에는 사회생활이 어땠는지 물었다.

"주변에 가족이 몇 명 있었고 남자들이 모여 있는 술집에서 술을 마셨죠."

믹이 대답했다. 그는 말년에 인후암에 걸렸는데 그의 흡연이나 과음 습관과 관련이 있을 것이었다. 치료가 너무 힘들어서 믹은 육체적으로나 정신적으로나 큰 타격을 입었다. 어느 시점에선가 주치의는 그를 앉히고 흡연과 음주를 계속한다면 더 이상의 치료가 소용없다고 말했다. 믹은 어떻게 했을까? 그는 캠든타운 오두막에 가입해 나무를 만지며 담배와 술을 대신하기로 결심했다. 대부분의 다른 사람들은 믹과 같은 기술이 없었기 때문에 믹은 그들에게 나무를 톱질하고 자르고 사포질하고 접합하는 방법을 가르쳐줬다. 그리고 그 대가로 인터넷을 배웠다.

캠든타운 오두막 회원들은 오두막 밖에서는 자주 만나지 않으며 작업장에 있을 때조차도 앉아서 마음을 터놓는 심오한 대화를 나누지 않는다. 그렇다면 이들 사이에는 어떤 관계가 있을까? 젠은 이렇게 말했다. "오두막은 남자들에게 농담할 기회를 줍니다. 농담은 남자들이 서로 관계를 맺는 데 정말 중요하죠."

마치 신호라도 받은 듯 믹은 그 중 1명의 흡연을 놀렸다.

"몇 시간마다 쉬러 간다면서 사라지지만 나는 담배 피우러 간다는 걸 알고 있지."

믹은 남자들의 오두막에 합류하기 전 감정을 설명할 때 '외롭다'는 말을 쓰지는 않았지만 오두막에서 얻은 가장 소중한 것이 무엇인지 알려달라고 하자 관계라고 대답했다. 믹이 정확히 꼬집어 말하지는 못했어도 오두막은 그가 느꼈던 인생의 구멍을 메웠다.

오두막에 들어온 지 몇 년 후 믹은 눈과 피부가 노랗게 변하고 있다는 사실을 알아차렸다. 황달이었다. 일반적인 경우 담석 때문에 나타나지만 간혹 흉터나 암 때문에 담관이 막혀 나타나기도 하는 증상이었다. 믹은 추가 검사와 치료를 위해 병원으로 옮겨졌고 실제로 새로운 암에 걸렸다는 사실이 밝혀졌다. 림프종이었다. 그는 화학요법을 받으며 병원에 장기간 입원해야 했다. 그가 입원해 있는 동안 누가 찾아왔을까? 오두막 친구들이었다. 인후암에 걸렸을 때와는 달리 지금은 그를 격려하러 오는 친구들이 있었다. 그리고 그들은 그에게 온 세상을 의미했다.

영국을 비롯한 세계 여러 나라의 오두막협회(National Shed Association)는 체이슬링이 최우선순위에 뒀던 건강 문제에 계속해서 초점을 맞추고 있다. 아일랜드의 오두막들은 당뇨병을 치료하는 데 집중하며 알츠하이머를 앓고 있는 남성들을 돕는 곳들도 있다. 영국의 오두막협회(Men's Shed Association)는 회원들이 외로움의 현저한 감소와 함께 불안감은 75%, 우울증은 89%의 감소를 보였다고 알렸다. 2013년 아일랜드에서 실시한 조사에 따르면 조사 대상 남성 중 86%는 남자들의 오두막 회원이 된 이후 지역사회에 더 소속감을 느낀다고 응답했고 97%는 스스로에게 더 만족한다고 답했으며 74%는 가정에서도 더 행복감을 느낀다고 대답했다.[20] 2010년 호주 정부는 남성들의 고립과 외로움은 독특한 양상을 보이며 또 증가하고 있다는 사실을 인정했고 남자들의 오두막을 국가 남성 건강 정책(National Male Health Policy)의 일환으로 공식 채택했다.

나는 남자들의 오두막 운동(Men's Shed movement)이 성공할 수 있었던 이유가 남자들에게 외롭다는 사실을 인정하라고 요구하지 않았기 때문이라는 생각이 들었다. 체이슬링과 다른 연구자들이 알아낸 것처럼 남자들은 여자들보다 외로움을 잘 인정하지 않는다.[21] 남자들은 마치 강요라도 받은 것처럼 침묵 속에서 고통을 겪을 것이고 시간이 지나면서 외로움 때문에 기운을 잃고 성격이 바뀌고 건강이 나빠질 것이다.

이런 패턴은 거의 모든 문화에서 반복된다. 세계 곳곳의 부모들이 종종 좋은 의도로 아들을 강인하고 평정심을 잃지 않으며 자기감정을 인정하거나 말하지 않는 사람으로 기른다. 그러나 연구는 남자아이들이 반드시 처음부터 이런 태도를 보이는 것은 아님을 보여준다. 한 연구에 따르면 6개월 된 남자 아기들은 여자 아기들보다 "화가 난 표정을 짓고 … 들어 올려달라는 제스처를 더 많이 보였"다. 또 남자 아기들은 많이 울고 엄마를 보면 기쁨을 표현했다.[22]

하지만 남자아이들이 '진짜 남자'처럼 행동해야 한다고 배우게 되면 애착에 대한 부끄러움 없는 기쁨은 시들어버린다. 서로에게 가장 사적인 생각과 감정을 털어놓으며 성장하는 여자아이들과 달리 젊은 남성들에게는 사회적 친밀감을 위해 승인된 통로가 일반적으로 더 적다.

뉴욕대학교 발달심리학 교수이자 청소년 발달 분야의 선두 주자인 니오베 웨이(Niobe Way) 교수는 이 같은 훈련의 결과를 학교 운동장에서 확인할 수 있다고 말한다. 나와 대화를 나누면서 웨이 교수는 저학년 남자아이들이 어떻게 서로에게 팔을 두르고 걷는지, 대화를 나눌 때는 어떤 식으로 가까이 모여 있는지 설명해줬다. 어린 시절 소년들은 소녀들과 비슷하게 우정에 관해 흥분하며 열정적으로 말하면서 감정적 솔직함과 친밀감으로 깊고 의미 있는 우정을 발전시킨다. 하지만 사춘기가 다가오면서 소년들은 사회적 친밀함이 괜찮지 않다는 것을 배우게 된다.

"12살짜리 소년들에게 친구들 중 누군가가 우정을 잃어서 슬프고 상처가 크다고 털어놨다는 이야기를 하면 보통 웃어요. 그러나 아이들에게 제가 대화를 나눈 아이들 중 85%가 아무도 없는 곳에서 그 아이와 똑같이 고백했다고 이야기하면 조용해지죠. 그러고는 자신의 우정과 어려움을 이야기하기 시작해요. 저는 감정을 정상화했을 뿐이에요."

아무도 감정 정상화를 위해 나서지 않는다면 성장기 소년들은 더는 친구들에게 감정을 털어놓을 필요가 없다고 스스로를 세뇌한다. 그들은 여성들에게 매력적이고 사회에서 받아들여진다고 믿는 남성다운 모습으로 스스로를 주조하기 시작한다. 가족들과 지역 문화, 미디어를 통해 전달되는 남성성의 모습은 독립성, 신체적 힘, 감정적 금욕을 강조한다.

이런 방식의 남성성이 표현을 허락한 유일한 감정은 분노다. 분노는 종종 힘과 강인함의 표시에 불을 지피기 때문이다. 분노는 남자가 표현을 해도 여전히 남성적이라고 느낄 수 있는 몇 안 되는 감정 중 하나다. 그러나 분노는 연민과 위안을 불러오는 슬픔, 기쁨, 사랑 등의 감정과 달리 다른 사람을 밀어내는 경향이 있다. 그래서 소년이 더 '남자다운' 모습을 보일수록 다른 사람들과 감정적으로는 더 단절될 가능성이 높다.

남성성을 전공으로 연구한 사회학자 마이클 키멀(Michael Kimmel) 박사는 감정 억압이 서구에서만 독특하게 나타나는 남성성의 양상이라고는 생각하지 않는다. 키멀 박사는 세계 거의 모든 문화가 야망, 자기주장 같은 특성은 남성적인 것으로, 취약성이나 사랑 같은 특성은 여성적인 것으로 프레임을 씌운다고 말한다. 또한 이런 문화 대부분은 여성적 고정관념을 약하고 열등하다고 여긴다. 감정적 돌연변이의 대가는 남성과 여성 모두에게 너무나 가혹하다.

우정 혹은 연애 관계에서의 배신은 남자아이들에게 특히 심한 충격을 줄 수 있다. 그들은 이 경험을 어떻게 말해야 할지 모르기 때문이다. 남자아이들은 부끄러움과 연약함을 느끼며 남겨지지만 연약함은 '여자들을 위한' 것이라는 생각에 고통과 혼란의 감정 위에 수치심을 더한다. 이렇게 슬픔, 혼란, 수치심이 압축돼버린다는 사실은 미국의 10대 소년들이 같은 또래 소녀들보다 자살할 가능성이 3배나 높은 현상을 설명할 수 있는 이유 중 하나일 것이다. 그리고 어둠은 사춘기에서 끝나지 않는다.

2016년 세계보건기구(WHO)는 전 세계에서 자살로 추정되는 79만 3,000명의 사망자 중 대부분이 남성이라고 발표했다.[23] BBC는 호주에서 남성들이 자살로 사망할 확률은 3배[24], 미국에서는 3.5배[25], 러시아와 아르헨티나에서는 4배 이상 더 높다고 보고했다.[26] 남성은 거의 모든 나라에서 여성보다 자살할 확률이 높다. 우울증 진단을 받을 확률은 남성보다 여성이 더 높은데도 말이다.[27]

캐나다 자살예방센터(Centre for Suicide Prevention)[28]의 마라 그루나

우(Mara Grunau) 대표는 여성들의 경우 어린 시절 감정 소통이 장려되기 때문에 자살의 위험에서 어느 정도 보호받는다고 말한다. 그는 2019년 BBC와의 인터뷰에서 이렇게 말했다. "엄마들은 아들보다 딸에게 훨씬 더 많은 말을 합니다. 그리고 감정을 나누고 공감하죠."

그러나 아들들은 어려움을 참고 견디며 연약함의 모든 표시를 숨기라고 배우므로 의사를 찾아가거나 도움을 구할 가능성도 낮다.[29] 우리는 소년들을 감정적 무방비 상태로 만드는 '강인함'의 틀 안으로 밀어 넣고 있는 것이다.

웨이 교수가 관찰한 바와 같이 남성들은 정서적으로 고립감을 느낄 때 여성들만큼 외로움을 느낀다. 하지만 감정을 인정하기가 어려울수록 그들의 외로움은 언어폭력, 분노 폭발, 조급함, 짜증으로 표출되기 쉽다.

자신을 비난하는 여성들

전통적으로 남성성은 힘과 경쟁을 중심으로 삼았던 반면 대부분의 문화에서 여성성은 관계에 뿌리를 두고 있다. 역사적으로 소녀들은 배려심 깊은 아내, 사랑스러운 어머니, 기꺼이 돕는 친구가 되도록 양육돼왔다. 심리학자 캐럴 길리건(Carol Gilligan), 애니 G. 로저스(Annie G. Rogers) 박사는 소통 전문가인 노미 노엘(Normi Noel)과 함께 2018년 출간한 에세이 《잃어버린 시간의 지도법(Cartography of a Lost Time: Mapping the Crisis of Connection)》에서 "여성들의 심리에는 더욱 혼란스러운 측면이 있었다. 여성들은 관계에서 이타적이거나 목소리를 내지 못하게 되고 스스로를 깎아내림으로써 다른 사람들을 배려하며 자신의 감정과 생각을 덮기 위해 공감과 관계에 대한 재능을 사용하고 원하고 아는 것은 말하지 않기 시작했다"고 설명했다.[30] 이렇게 양육받은 여성들은 관계를 쌓고 사회구조를 짜는 데 매우 능숙해진다. 하지만 관계가 흔들리거나 실패했을 때 여성들은 자기 자신을 비난하는 경향이 있다. 그로 인해 생겨난 수치심과 외로움은 여성들이 관계를 위해 자아감(sense of self)을 흐릿하게 만들었을 때 훨씬 극심해진다.

브레네 브라운 휴스턴대학교 교수는 여성들에게 어떻게 수치심과 외로움이 특히 가깝게 결부되는지 조사했다. 브라운 교수는 《수치심 권하는 사회》에서 수치심을 "내게 결점이 있어서 받아들여지거나 소속될 가치가 없다고 믿는 매우 고통스러운 감정이나 경험"이라고 표현했다.[31] 수치심은 "여러 층의 모순되고 상충되는 사회 공동체의 기대와 깊이 얽혀 있다. 수치심은 여성들에게 덫에 걸린 듯한 느낌, 무력감, 고립감을 안겨준"다.[32]

이런 영향에 면역이 있는 것처럼 보이는 여성들도 있다. 특히 자신감 넘치고 성공했으며 사회적으로 활발하게 활동하는 여성이라면 끄떡없어 보이기도 한다. 하지만 이들이 필요할 때 손을 내밀 수 없다고 느낀다면 이렇게 당당한 모습을 유지하는 것 자체가 외로움의 원인이 될 수 있다.

이들은 수치스러운 부분을 숨기는 것과 공동체를 잃는 것 사이에서 고민할 때 많은 경우 수치심과 함께 진짜 감정을 감추기로 선택한다. 《여왕벌인 소녀, 여왕벌이 되고 싶은 소녀》[33]의 저자 로잘린드 와이즈먼(Rosalind Wiseman)은 10년 이상 어린이들의 우정을 연구하면서 종종 이와 똑같은 투쟁을 목격했다.

"여자아이들은 끊임없이 비교해요." 그리고 이 비교는 그들을 사회적으로 실패했다는 수치심에 노출시키고 외로움을 느낄 위험을 높인다. "이들은 소외돼서 친구들을 따라가지 못할까 봐 두려워합니다."

물론 많은 10대들이 건강한 우정을 나누고 있다. 와이즈먼은 10대들의 건강한 우정이 매우 중요하다고 말했다. "많은 소녀들이 몇 명의 좋은 친구들에게 지지와 배려를 받으며 10대 시절을 잘 통과합니다. 이런 우정은 소녀들이 무조건적으로 받아들여지고 이해받으며 자신을 존중하지 않는 사람과 데이트하는 것처럼 좋지 않은 일을 할 때의 충고까지도 받아들일 수 있다고 느끼는 관계죠."

양질의 우정을 통해 소녀들은 이후에도 풍요로운 관계를 형성하고 유지하는 방법을 배운다. 동시에 와이즈먼은 "소녀들의 우정은 종종 강렬하고 혼란스러우며 좌절감을 주고 굴욕적"이라고 말했다. '최고의 우정'이 주는 기쁨과 안도감은 파괴적인 이별과 배신으로 산산조각 날 수 있다. 또 젊은 여성의 정체성에서 우정이 차지하는 중요성은 그들이 우정으로 오해할 수 있는 나쁜 관계들에도 취약해지게 한다. 소녀들이 무리를 따라갈 수 없을 때 그에 따른 수치심은 어린 시절을 훨씬 넘어서까지 연장될 수 있다.

"소녀들은 성인으로서 다른 사람들과 건강한 관계를 맺지 못하는 행동 패턴과 향후 관계에서 부정적인 기대를 발전시키기기도 합니다."

이런 이유로 외로움을 느낄 위험이 더 높아질 수도 있다. 그렇지만 와이즈먼은 결국 의미 있는 관계는 소년 소녀 모두에게 필요하다고 결론짓는다.

"우리는 간혹 여자아이들의 우정이 더 깊다고 판단하지만 이를 뒷받침하는 연구는 전혀 없습니다. 여자아이들이 늘 인스타그램에서 대화하고 있는 것을 보면 그들의 관계가 말을 많이 하지 않는 남자아이들의 관계보다 더 친밀하다는 생각이 들지도 모르지만 실제로는 그렇지 않아요. 남자아이들도 우정이 깨지면 여자아이들과 마찬가지로 엄청난 충격을 받습니다."

나이가 들면서 남녀가 받아들이게 되는 문화적 기대는 다르지만 사실 인간의 사회적 행동이나 태도는 어느 한 범주로 깔끔하게 분류할 수 없다. 젠더화된 규범은 일부 사람들에게 깊은 영향을 미치겠지만(게이와 트랜스젠더의 삶에 특히 복잡한 영향을 미치는 경우가 많을 것이다. 책 1권으로 다룰 만한 주제다) 그 밖의 사람들은 성격이나 가족의 특정한 사고방식 같은 요인에 더 많은 영향을 받는다. 하지만 우리는 좀 더 넓은 문화적 층위에 둘러싸여 있으며 다른 문화적 조건들과 긴밀히 연결돼 외로움에 대한 상대적 위험뿐만 아니라 사회적 관계의 용이성, 빈도, 질을 형성하고 있다는 사실을 알아야 한다.

문화의 다양한 측면들은 다른 사람에 대한 기대의 기초를 마련하고 사회적 행동 양식과 열망을 만든다. 문화적 가치는 무엇이 중요하고 삶을 어떻게 이끌어가야 하는지에 관한 지배적인 태도를 반영한다. 이런 영향은 너무 곳곳에 스며들어 개인적 욕망과 우선순위를 압도해버린다. 그러나 문화적 규범의 영향 때문에 외로워지고 고립돼도 나를 둘러싼 규범에 도전하는 사람은 많지 않다. 왜 그럴까?

부분적으로는 우리가 여전히 조상들의 본능을 갖고 있기 때문이다. 인간은 수 세대에 걸쳐 자신이 태어난 땅과 직계 부족에 결속돼 있었다. 문화는 의심 없이 계승되고 채택됐으며 소속감은 단지 함께한다는 문제를 넘어 포식자나 적을 방어하는 일과 직결됐다. 즉, 문화는 알려진 위협과 적대적일 수도 있는 타인에 대한 두려움으로 둘러싸여 있었다. 결과적으로 우리의 본능은 안전함을 느끼려면 같은 부족 사람에게 속해 있어야 하고 믿을 수 없는 타인에 대해서는 두려움 때문에 그들을 피해야 한다는 신호를 보낸다. 이 본능은 10대들의 사회적 행동에서 여전히 발휘되고 있으며 외국인 혐오증, 인종차별, 정치적 적대감의 원인이 된다. 진화는 급속한 사회 변화를 따라잡기엔 느리다.

사회적 변화는 모든 면에서 우리의 정서적 본능 속에서 번뜩이고 있는 신호만큼이나 확실한 현실이며 여기에는 긴장감이 존재한다. 우리는 더 이상 고립되고 배타적인 부족과 마을이 있는 세계에 살지 않는다. 평생을 같은 무리 사람과 한곳에서 살지도 않는다. 이제는 단순히 우리와 닮지 않았다는 이유만으로 타인을 공격하거나 배제하는 것이 어떤 합리적인 정당성도 갖지 못한다. 태어난 공동체에 적응하지 못한다고 해서 영원히 홀로 황야를 떠도는 형별도 받지 않을 것이다. 우리는 여전히 이런 조건들에 구속된 것처럼 태어나지만 현실의 조건은 그렇지 않다.

단순한 사실은 이제는 부족 생활을 할 때처럼 생각하고 행동하는 사치를 부릴 수 없다는 것이다. 우리 자신을 다른 문화의 구성원들에 게서 고립시키기가 점점 더 어려워지고 있을 뿐만 아니라 고립은 글 로벌 사회에서 그 어느 때보다 가치 있는 자원인 균형감과 경험을 잃 게 한다. 우리는 집단에서 지나치게 멀어져 온건한 방임 수준을 벗어 나 다른 무엇보다 개인을 추구해왔으며 그 과정에서 균형을 잃었다. 공동체의 기반을 보호하고 강화하는 일은 내팽개친 채 개인의 표현 의 자유만을 강조해왔다. 이제 관계, 공동체 조직, 이웃, 사회문화 제 도와 같은 집단적 요소에 다시 투자해야 하며 이는 개인의 표현의 자 유 또한 계속 보호돼야 한다. 공동체의 일원이 되려면 약간의 희생을 치러야 할지도 모르지만 그 정도는 괜찮다. 타인에게 베풀고 그들을 섬기는 것은 그저 공동체만을 강화하지 않는다. 우리 삶을 풍요롭게 하고 공동체에 대한 유대감, 가치의식과 목적의식을 높여준다. 외로 움으로부터 우리를 보호해주기도 한다. 다만 하나가 되기 위해 나를 나 자신으로 만드는 부분을 부정하거나 숨겨서는 안 된다.

테이트 시장이 애너하임에서 증명했듯이 친절은 제3의 문화 그릇 에 필수 요소인 균형 잡기에 중요한 역할을 할 수 있다. 친절은 우리 사이의 분열을 메우는 다리가 될 수 있고 개인적인 외로움을 덜어주 며 우리를 하나로 만드는 동시에 사회를 치유할 수 있다.

왜 지금인가

—— 당신과 함께 리무진을 타고 싶어 하는 사람들은 많겠지만 당신이 원하는 사람은 리무진이 고장 났을 때 함께 버스를 타줄 사람이죠.

오프라 윈프리(Oprah Winfrey)

—— 우리 세계는… 끔찍한 공포와 증오로 가득한 공동체가 되지 않아야 하며 상호 신뢰와 존중이 이뤄지는 자랑스러운 연합이 돼야 합니다.

드와이트 D. 아이젠하워(Dwight D. Eisenhower) 대통령, 〈국민에 대한 고별사(Farewell Address to the Nation)〉

외로움은 인류만큼이나 오래 존재했겠지만 지금은 중요한 변곡점에 이른 것 같다. 20년 전 출간된《나 홀로 볼링》에서 저자 로버트 퍼트넘(Robert Putnam)은 20세기 후반에 시작된 미국의 사회적 네트워크와 규범의 침식을 잘 설명했다. 그는 종교적 참여, 지역사회 단체 가입, 친구들을 집으로 초대하는 빈도 등 다양한 사회참여가 급격히 감소했음을 발견했다.[1] 퍼트넘은 책이 출판된 이후 몇 년 동안 이런 경향은 악화되기만 했다고 말한다.[2]

오늘날 사람들에게 인생에서 가장 소중한 것이 뭔지 묻는다면 대부분 가족과 친구를 언급할 것이다. 그러나 우리는 종종 그 가치와 상충되는 방향으로 인생을 산다. 21세기는 우리의 시간, 흥미, 에너지, 몰입을 투자해 경쟁 관계에 있는 가치들을 부단히 추구하라고 요구한다. 그 상당수는 그 자체로 경쟁이다. 우리는 일자리와 지위를 얻기 위해 경쟁한다. 재산, 돈, 명예를 놓고 경쟁한다. 재정적 건전성과 출세를 위해 노력한다. 한편 우리가 소중히 여긴다고 주장하는 관계들은 이 추격전에서 종종 무시된다.

현대로의 발전은 우리를 기술적으로 더 쉽게 연결시키는 전례 없는 진보를 가져다줬지만 이 진보는 때로 우리를 더 외롭게 만들고 단절시키며 예상치 못한 문제를 일으킨다. 교통이 발달하면서 친구와 가족을 방문하기가 그 어느 때보다 쉬워졌지만 한편으로 이동성이 향상됐다는 것은 더 많은 사람들이 사랑하는 사람들과 멀리 떨어져 살게 됐다는 뜻이기도 하다. 의학의 발전으로 많은 사람들이 이전에 상상하던 것보다 더 오래 살게 됐지만 살아가는 동안 불가피하게 많은 친구를 잃는다. 또 기술의 발전 덕분에 다른 사람과 직접 교류하지 않고도 공동체의 모든 편리함을 누릴 수 있게 됐다. 많은 사람들이 고객이나 동료와 화상으로 소통하면서 재택근무를 한다. 식당에 발을 들여놓지 않고도 식사를 배달시킬 수 있고 혼잡한 극장에 가지 않아도 집에서 혼자 온라인으로 영화를 스트리밍해 볼 수 있으며 상상할 수 있는 거의 모든 것을 온라인 쇼핑 사이트에서 주문할 수 있다. 심지어 문 앞에 물건을 두고 가는 배달원조차 보지 않을 수도 있다. 인간관계는 서서히 중심에서 밀려나 기껏해야 가장자리에 턱걸이를 하고 있다.

효율성의 대가

경영 컨설턴트인 에이미 갤로(Amy Gallo)는 전 세계를 여행하면서 이런 변화를 정면으로 맞닥뜨려야 했다. 현재는 〈하버드비즈니스리뷰〉의 객원 편집자이지만 경력 초기에는 뉴욕에 본사가 있는 컨설팅 회사에서 일했다. 이 회사는 실제 사람들이 함께 일하는 방식을 결정하는 조직 내 비공식 네트워크와 커뮤니티를 중점적으로 컨설팅했다. 그러나 갤로는 자신이 직장 내 관계 전문가이면서도 특히 업무 때문에 집에서 수천 킬로미터 떨어진 곳으로 출장가야 할 때면 개인적으로 느끼는 깊은 단절감을 묵묵히 견뎌야 하는 경우가 많았다.

한번은 프로젝트를 위해 4개월 동안 아는 사람도 없고 말도 통하지 않는 한국에서 호텔 생활을 한 적이 있었다. 그때 그를 구한 것은 같은 컨설팅 회사에서 한국으로 온 3명의 미국인 동료였다. 아이러니하게도 외로움이 그들의 유일한 공통점이 됐다.

"그 셋은 아마도 내가 미국에 있었다면 친구로 선택하지 않았을 사람들이었어요. 하지만 우리 모두가 극도의 단절감을 느끼는 상황에 놓이면서 상당한 감정적 유대감이 형성됐죠."

오늘날처럼 정신없이 바쁜 세상에서 특히 전 세계를 돌아다니며 대부분의 일을 집에서 멀리 떨어진 곳에서 처리하는 직업인이 상호 지지를 얻기란 쉽지 않다. 갤로는 출장 중 이뤄지는 업무적 성격의 상호작용이 출장자들이 느끼는 외로움의 주된 원인이라고 설명했다. 그는 고객과 의뢰인뿐만 아니라 출장에서 일어나는 일상적인 만남에 관해서도 이야기했다. "비행기 승무원은 내게 마음을 쓰는 것처럼 행동하지만 그건 그의 일이에요. 호텔에서 일하는 사환도 마찬가지죠. 옮겨 다닌다는 게 핵심이에요. 사람들에게 돈을 지불하고 나를 위해 일을 시킨 다음 다른 곳으로 이동하는 거죠. 가끔씩 동료들과 함께 출장을 떠나거나 좋아하는 고객을 만나기도 했지만 거기에는 감정적인 요소가 전혀 없었어요."

소외 문제는 직업인이나 전 세계를 돌아다니는 출장자에게만 국한되지 않는다. 일상생활에서 사람과의 진정한 접촉은 효율성을 얻는 대가로 점점 더 사라지고 있다.

너무 빠른 변화 속도는 관계를 유지하려고 할 때 마주하게 되는 가장 큰 문제일 것이다. 인간은 적응하고 진화하기 위해 태어났지만 새로운 사회규범과 기대에 적응하려면 새로운 정보와 행동 체제를 처리할 시간이 필요하다. 과거에 신기술은 테스트와 개발을 거친 후 인기를 얻기까지 오랜 시간이 걸렸다. 리타 건터 맥그래스(Rita Gunther McGrath)가 〈하버드비즈니스리뷰〉에 썼듯이[3] 1900년 이전에는 전화기가 미국 가정 절반에 보급되기까지 수십 년이 걸렸다. 1세기 후 휴대전화는 불과 5년 만에 그 도약을 이뤘다. 그리고 그 속도는 끊임없이 가속화되고 있다. 2008년에는 자동차 설계에 약 60개월이 걸렸지만 불과 5년 후에는 설계 주기가 절반이 됐다. 이 아찔한 속도는 전설적인 '마법사의 제자(Sorcerer's Apprentice)'처럼 우리가 어떤 혁신에 채 익숙해지기도 전에 새로운 애플리케이션, 장치, 플랫폼이 나와 이전의 혁신을 대체한다는 뜻이다. 기술은 따라잡아볼 테면 따라잡아보라고 우리를 도발한다.

이런 무언의 도전은 사회구조 안에서 근원적인 긴장을 조성한다. 발전 속도를 따라가지 못하는 사람들은 뒤처지는 반면 따라갈 수 있는 사람들은 끊임없이 그다음 새로운 것을 뒤쫓는다. 후자가 새로운 것을 추구하는 이유는 단순히 호기심 때문이 아니라 '따라가는 것'이 경쟁 우위를 갖는다는 말과 동의어가 됐기 때문이다. 인식했든 하지 못했든 변화 속도는 우리에게 단 2가지 선택, 즉 빨리 적응해서 시장성과 고용 적합성, 매력을 유지하느냐, 아니면 뒤처져서 실패하느냐의 선택만이 있다는 인상을 줬다. 이는 전통과 혁신, 노인과 청년, 온라인 커뮤니티와 물리적 커뮤니티, 업무적 상호작용과 개인적 상호작용이 경쟁하게 만든다. 그리고 이렇게 만연한 긴장감 때문에 현대인의 외로움은 이전 세대가 경험했던 그 어떤 감정과도 다른 것이 됐다.

변화하고 있는 소셜 네트워크는 이제 종종 가족 네트워크의 자리를 빼앗는다. 우리에게는 노인들의 동반자 역할을 해주는 로봇과 인간 친구를 대신하는 가상의 놀이 친구들이 있다. 사이버 공간의 게임은 아이들이 친구들과 얼굴을 맞대고 노는 대신 혼자 방에 있게 한다. 게다가 이 모든 일은 너무 빨리 일어나서 어떤 사람들은 이런 변화가 우리의 사회생활, 기술, 영혼에 어떤 영향을 미치는지조차 깨닫지 못한다. 사실 우리는 부지불식간에 무엇이 중요하고 누가 중요한지 더이상 신경 쓰지 않고 방향을 잡지 못한 채 거친 바람에 잔가지처럼 내던져지고 있다. 우리 안에는 여전히 관계를 향한 본능이 존재하지만 우리가 기술에 더 많은 시간과 관심을 쏟을수록 사회 시스템은 방치돼 흔들리고 우리를 망칠 위험은 더욱 커진다.

언제나 온라인

디지털 기술과 사회의 공생 관계가 긴밀해진 데 따른 총 심리적 비용과 이익이 얼마나 되는지는 아직 평가 중이다. 2019년 1월 옥스퍼드대학교 연구원 에이미 오벤(Amy Orben)과 앤드루 프르지빌스키(Andrew Przybylski) 박사[4]는 디지털 영상에 노출되는 시간은 청소년들의 사회적 행동 건강에 부정적이기는 해도 전체적으로 아주 미세한 영향만을 미친다는 연구 결과를 발표했다. 그들은 35만 명이 넘는 청소년들의 데이터를 검토한 후 마리화나 흡연과 따돌림이 디지털 기술을 사용하는 것보다 훨씬 더 많은 피해를 준다고 결론지었다. 프르지빌스키와 그의 동료 네타 와인스타인(Netta Weinstein) 박사는 이전 연구에서 스크린 앞에서 보내는 시간의 양에 따라 전체적인 영향이 달라진다는 사실을 증명했다.[5] 이들이 주장한 '골디락스 가설'은 스크린 앞에서 하루 1~2시간 정도를 보내는 것은 청소년들의 정신 건강에 해가 되지 않지만 그보다 훨씬 더 많은 시간을 보내면 해로운 영향을 줄 수 있다는 것이다. 흥미롭게도 영상 노출 시간이 전혀 없는 아이들의 정신 건강이 적당히 노출된 아이들보다 더 안 좋았는데 아마도 주변인들이 모두 온라인에 접속하는 세상에서 온라인에 전혀 노출되지 않으면 소외감과 고립감을 느낄 수 있기 때문일 것이다.

2017년 피츠버그대학교의 브라이언 프리맥(Brian Primack) 교수와 동료들은 과다한 소셜 미디어 사용이 외로움을 유발해 해로운 영향을 줄 수 있다는 추가 증거를 발견했다. 연구 팀은 19~32세 사이 성인 1,787명을 대상으로 연구를 진행했다. 한 그룹은 SNS를 하루 2시간 이상씩 하게 했고 다른 그룹은 30분 또는 그 이하로 하게 했다. 그리고 피실험자들에게 다음의 문구에 자신이 얼마나 해당되는지 점수로 표현해달라고 부탁했다.

- 소외감을 느낀다.
- 사람들이 나를 거의 알지 못하는 것 같다.
- 다른 사람들로부터 고립된 것 같다.
- 주위에 사람들이 있지만 나와 함께인 것 같지는 않다.[6]

연구 팀은 SNS에 더 많이 접속하는 사용자들이 덜 접속하는 사용자들보다 외롭다고 느낄 가능성이 2배나 높음을 발견했다.[7] 이 같은 결과는 SNS에 많이 접속한 사용자들이 우울증에 빠질 확률이 더 높다는 비슷한 연구 결과와도 맥락을 같이한다.[8]

이 모든 연구 결과들은 닭이 먼저냐 달걀이 먼저냐는 오래된 문제를 제기한다. 외롭고 우울한 사람들이 SNS로 탈출하는 것일까? SNS를 너무 많이 해서 외롭고 우울해지는 것일까? SNS 사용이 우려스러운 결과를 이끌어낼 수도 있지만 이를 입증하려면 더 많은 연구가 이뤄져야 할 것이다. 게다가 이들 플랫폼의 사용이 매우 널리 퍼져 있고 아주 어린 나이부터 시작되기 때문에 엄격하게 연구를 통제하기도 어렵다.

오벤은 기술이 사람에게 미치는 완전한 영향을 이해하는 일은 '정말 시작에 불과하다'고 강조한다. 그는 디지털 미디어 사용에 관한 많은 데이터가 종종 연구 단체가 접근할 수 없는 비공개 기업 데이터라는 점을 언급했다. 이는 기술이 미치는 영향에 관한 답을 더 알아내기 어렵게 한다. 또 오벤은 스크린 기반 기기는 사용 시간보다 사용 방법이 더 중요하다고 주장한다. 잘못된 환경에서 취약한 어린이가 유해한 콘텐츠를 몇 분간 접하는 것은 대단히 파괴적일 수 있지만 풍부한 가족 경험의 일부로 1시간 동안 스크린을 보는 것은 매우 긍정적인 경험이 될 수 있다.

"문제는 우리가 콘텐츠, 기술 유형, 디지털 미디어의 사용 동기에는 충분히 초점을 맞추지 않고 영상을 보는 시간에만 집중하고 있다는 것입니다."

기술의 다양한 차원을 더 많이 알게 될수록 기술은 양날의 검이라는 사실도 점점 더 명확해지고 있다. SNS는 사람들이 전통적으로 고립돼 있거나 소외된 공동체에서 왔을 때 특히 의미 있는 관계를 찾는 데 도움이 될 수 있다. 하지만 잘못된 상황에서는 비교를 증폭하고 왕따를 만들 수 있으며 양질의 관계를 더 저급한 관계로 대체함으로써 외로움을 악화할 수 있다.

이런 플랫폼을 균형 있게 사용하는 것은 간단한 문제가 아니다. SNS는 우리의 사회생활, 직업 생활에 침투해 있다. 기자라면 트위터를 완전히 끌 수 없을 것이다. 새 직장을 찾고 있다면 링크드인에 프로필을 올려놓는 것이 필수다. 가족과 친구들이 소셜 미디어를 이용해 중요한 행사나 모임을 알리는데 그 플랫폼을 이용하지 않는다면 깜깜이가 될 것이다.

게다가 오늘날의 SNS 플랫폼은 인간의 행동이나 뇌 과학에 관한 매우 정교한 이해를 바탕으로 개발됐다. 소프트웨어 엔지니어들은 사용자들이 플랫폼을 계속 다시 찾게 하고 가능한 오래 그들의 관심을 붙잡아두기 위해 유튜브의 자동 재생 기능부터 스냅챗의 스트릭(streaks) 기능, 인스타그램·트위터·페이스북의 알림 기능까지 온갖 종류의 기술을 적용한다. 대부분의 경우 앱의 성공 여부를 확인하는 경제적 척도는 온라인에서 이뤄지는 상호작용의 질이 아니라 순수한 사용량이다. 플랫폼은 대개 우리가 플랫폼에서 더 많은 시간을 보낼수록 광고 형태로 더 많은 수익을 창출한다. 다시 말해 우리의 시간이 SNS의 돈인 것이다. 이렇게 앱은 주목경제(attention economy)의 핵심 상품이 됐다.

의지력을 행사해 SNS 사용을 조절하는 것은 사용자의 책임이 아니냐고 반문하는 사람이 있을지도 모르겠다. 이론상으로는 그렇다. 하지만 실제로 그렇게 하기 위해서는 수천 년에 걸쳐 연마돼온 뿌리 박힌 행동 본능을 극복해야 한다.

우리는 누구나 다소간 새로움을 추구하며 인터넷은 새로움의 모든 것이다. 링크를 클릭하면 바로 새로운 사이트, 새로운 제품, 새로운 가상 경험으로 이동한다. 메시지를 보내거나 글을 올리면 팔로워들과 친구들이 거의 동시에 반응을 보낸다. 온라인 기술로 가능하게 된 이 속도는 마치 전 세계가 내 다음 게시물을 숨죽이고 기다리고 있는 듯한 개인적인 긴박감과 중요성을 만들어낸다. 또 기대감도 불러일으키는데 우리가 게시물을 올리고 거기에 대한 반응이 늦어질 때마다 거절의 통증을 느끼는 이유가 바로 이 때문이다. 인터넷의 피드백 루프는 새로운 구혼자처럼 유혹적이며 마치 연애 감정이나 우정처럼 뇌의 똑같은 보상 시스템을 자극한다. 어떤 사람들에게는 이 효과가 너무 강렬하고 편해서 가상의 관계가 점차 대면 접촉을 대신할 수도 있다. 친구들의 게시물을 딱 5분만 확인하려다가 결국 1시간씩 흘려보내는 경우가 얼마나 많은가? 페이스북으로 친구에게 메시지를 보낸 다음 이 프로필에서 저 프로필로 옮겨 다니며 알지도 못하는 사람들의 고양이, 식사, 여행 등을 확인한다. 우리는 스스로에게 이런 온라인 여행은 단지 오락거리일 뿐이라고 말할지도 모르지만 그 오락거리가 실제 삶에서 가족, 친구와 보낼 수 있는 시간을 앗아가고 있다.

유혹적이고 위험한 멀티태스킹의 신화는 시간 절도를 부추긴다. 기술, 특히 스마트폰은 이전과 달리 멀티태스킹의 신화를 키웠다. 우리는 갑자기 전화 통화를 하면서 이메일을 보내고 청구서를 지불하고 식료품을 주문하고 도시를 가로질러 여행할 수 있게 됐다. 모두 쉽고 효율적인 일처럼 보인다. 친구의 새로 태어난 아기 이야기를 들으며 이웃의 휴가 사진을 확인하고 부모님이 병원에 가셔야 한다는 문자를 읽고 제일 좋아하는 스포츠 팀에 관한 최신 기사를 검색하며 호기심을 한 번에 여러 방향에서 충족할 수 있다는 환상을 품는다. 사실 멀티태스킹을 할 때 우리는 주의를 더 작고 작은 조각들로 나누는데 이로 인해 효율성은 감소하고 업무 각각에 쏟는 참여의 질이 떨어진다.

연구에 따르면 인간은 한 번에 여러 가지 활동을 할 수 없다. 사실 '멀티태스킹'을 할 때는 여러 작업을 따로따로 잠깐씩 하면서 작업과 작업 사이를 매우 빠르게 왔다 갔다 할 뿐이다. MIT 신경과학자 얼 밀러(Earl Miller) 박사는 2008년 NPR과의 인터뷰에서 이렇게 설명했다.[9] "하나의 업무에서 다른 업무로 전환하면서 실제로 주변의 모든 것에 동시에 주의를 기울이고 있다고 생각할 것이다. 그러나 사실은 그렇지 않다."

예를 들어 대화 도중 휴대폰을 슬쩍 본다면 대화 내용을 듣고 기억할 수는 있겠지만 말과 비언어적 단서들을 빠르고 완벽하게 처리하지는 못할 것이다. 그 이유 중 하나는 의사소통과 관련된 일들이 뇌 안에서 같은 경로를 차지하기 위해 경쟁하기 때문이다. 밀러 박사는 "그런 일을 동시에 하는 것은 거의 불가능하다. 다른 일을 하면서 동시에 또 다른 일에 집중할 수 없다"고 말했다.

원래 집중해야 할 대상에 완전히 다시 전념하는 데는 평균 23분이 걸리기[10] 때문에 사실 여러 작업 사이를 왔다 갔다 하는 것은 결국 더 많은 시간과 에너지를 소비한다. 이것이 기술과 결합되면 친구와 실제로 접촉하는 일의 가치에 대한 우리의 인식을 왜곡한다. 수동적으로 피드를 스크롤해 친구들이 뭘 하고 있는지 확인하거나 친구들과 계속 연락하고 지내는 듯한 착각을 불러일으키는 빠른 업데이트를 위해 메시지를 보내는 일은 쉽다. 이들과 만나기 위해 실제로 만날 약속을 해서 준비를 하고 진짜 물리적으로 외출하려면 훨씬 더 많은 에너지와 시간이 필요하다. 진실하고 의미 있는 대화 없이 금세 며칠, 몇 주 혹은 몇 달이 지나가면 친구를 직접 보는 일이 훨씬 더 힘들게 느껴질 수 있다. 사람과 사람 사이의 만남은 온라인으로 만들어진 우정에 대한 환상이 가져다주지 않을 사회적 이익을 만들어낸다.

스탠퍼드대학교 사회학과의 파올로 패리지(Paolo Parigi) 교수[11]는 온라인 평판이 인간관계에 미치는 영향을 연구해 놀랄 만큼 복잡한 결과를 얻었다. 패리지 교수는 에어비앤비와 우버 같은 네트워킹 서비스 사용자들을 대상으로 연구를 진행했다. 연구 전제는 사용자들이 서비스 앱에서 구축한 온라인 평판이 사회적 소개의 한 형태로 기능한다는 것이었다. P2P 시장에서는 사용자와 우버 드라이버 또는 에어비앤비 호스트가 만나기 전 등급으로 표현되는 예비 정보를 풍부하게 갖는다. 사실상 서로에 대한 신뢰를 크라우드소싱하는 것이다.

패리지 교수는 2018년 한 인터뷰[12]에서 별점 시스템은 피상적인 편견을 무시하고 일상생활에서 상호작용의 다양성을 증가시키는 장점이 있다고 말했다. "우리는 사용자가 에어비앤비의 평판 조회 방식(별점과 리뷰)을 이용해 자신과 다르지만 평판이 좋은 사람과 소통할 경우 그 사람을 신뢰할 가능성이 더 높다는 사실을 알아냈습니다."

그러나 이 같은 상호작용의 결과로 형성되는 신뢰는 매우 제한적이다. 그 이유 중 하나는 우리가 온라인상에서 쌓아 올리는 평판은 조건부이기 때문이다. 우버 승객들은 가야 할 곳에 자신을 안전히 데려다주는 일과 관련해서는 운전사를 편안하게 신뢰하지만 집을 대신 봐주는 일에서는 그렇지 않다. 에어비앤비 호스트들은 손님들이 그들의 소지품에 책임감을 가지리라고 믿지만 그들의 나이 든 부모님을 돌보는 문제에서는 믿지 않는다. 앱의 별점은 패리지 교수가 말하는 '얇은' 평판을 만든다. 시간이 지남에 따라 직접적이고 인간적인 친근함을 통해 평판이 발전하는 것과는 반대다.

"공통점을 발견하는 과정이 존재했었습니다. 이것은 곧 우정을 만드는 과정이기도 하죠. 이제 이 과정은 가속화되거나 사라졌습니다. 정보를 바로 구할 수 있으니 발견 과정도 사라진 거죠."

패리지 교수는 무료로 집을 제공하는 호스트와 여행자를 연결해주는 네트워킹 앱, 카우치서핑(CouchSurfing)으로 이 아이디어를 시험해 봤다. 서비스의 원래 가정은 무료 숙박이 지속적인 우정의 기초가 되리라는 것이었다. 플랫폼의 인기는 의심할 여지 없이 높다. 2004년 출시된 이후 카우치서핑은 1,400만 명의 여행자와 40만 명의 호스트가 가입된 커뮤니티로 성장했다. 하지만 우정은 어떻게 됐을까? 패리지 교수는 카우치서핑으로 만들어진 우정을 오프라인 호스트와 여행자들 사이에 유기적으로 발전된 우정과 비교했다.

"우리는 카우치서퍼가 만날 상대방에 관해 더 많은 정보를 갖고 있을 경우 실제로 만나서 생기는 우정이 미지의 상대방과 그만큼의 정보를 갖고 있지 않을 때 맺어지는 우정보다 약하다는 사실을 발견했습니다."

사실상 관계를 맺을 때 사회적 정보를 먼저 제공하는 것은 진입을 쉽게 만들지만 결과적으로 관계의 '유대감을 약하게' 만드는 것처럼 보였다.[13] 이와는 대조적으로 초기 정보가 충분하지 않은 그룹이 처음부터 서로를 알아가기 위해 기울여야 했던 노력은 실제로 우정을 통해 보상을 받았다. 중요한 것은 우리가 서로에 관해 '무엇을 알고 있는가'가 아니라 그것을 '어떻게 알게 됐는가'였다. 그리고 약간의 어려움이 포함된 시간과 관심은 관계 강화에 진정한 차이를 만들 수 있다.

패리지 교수는 기술을 통해 고립감은 덜 수 있겠지만 옛날 방식대로의 얻기 힘든 우정을 쉬운 관계들로 대체할수록 외로움 현상은 심화될 거라고 말한다. 그는 "이것이 현대 생활의 불안입니다. … 인간관계는 많지만 이 관계들이 예전 같은 의미를 갖고 있습니까?"라고 되묻는다.[14]

MIT의 셰리 터클(Sherry Turkle) 교수는 우리가 디지털 밧줄(digital tether)에 묶여 있으면 가상 생활이나 실제 생활에 완전히 집중하지 못한다고 말한다. 우리는 아무도 속일 수 없다. 다른 사람들은 우리가 주의를 기울이지 않고 있다는 사실을 알 수 있고 이것을 안 사람들은 우리와 많이 또는 깊이 공유하려 하지 않을 것이다.

핸드폰이나 다른 통신 기술에 계속 신경을 쓰는 행동이 대화의 감정적 질을 떨어뜨린다고 보이는 것은 당연하다. 프르지빌스키와 와인스타인이 발견한 것처럼 대화 중에 핸드폰을 보는 것만으로도 '파트너에게 공감과 이해를 느끼는 정도'에 부정적인 영향을 미쳤다.[15]

많은 사람들이 저녁 식사 자리나 가족 모임에 핸드폰을 들고 간다는 점을 떠올리면 걱정스럽다. 그러면서도 우리는 핸드폰을 교묘하게 처리하려 노력한다. 휴대폰을 뒤집어서 옆에 놓고 심지어 냅킨으로 덮어놓는다. 또 대화 중에 문자메시지를 보내도 된다는 용인된 에티켓이 있다고 믿기 위해 노력한다. 어떤 이들은 대화하는 사람과 눈을 마주치고 있다면 대화를 하면서 문자메시지를 주고받아도 무례한 행동이 아니라고 했다. 대화 참여자 중 누구라도 말하고 있는 사람과 눈을 마주치고 있다면 메시지를 확인하거나 보내려고 핸드폰을 내려다보는 것 또한 괜찮았다. 하지만 이 전략들 중 어떤 것도 대화의 진실성과 질을 보호해주지는 않는다.

심지어 사람들이 핸드폰 때문에 서로를 신경 쓰지 않는 흔한 현상을 가리키는 용어로 '퍼빙(phubbing)'이라는 말이 있다. 2015년 미국 성인 453명을 대상으로 조사한 한 연구에 따르면 응답자의 46.3%가 연인에게 퍼빙을 당한 적이 있다고 답했다. 두 번째 조사에서는 연인에게 퍼빙을 당한 사람들은 그런 경우가 적은 사람들보다 더 많이 싸우고 관계 만족도가 더 낮다고 보고했다.[16]

우리가 기술을 사용하는 방법은 직접적인 상호작용을 방해할 뿐만 아니라 나와 다른 사람 사이에 거리를 만들 수도 있다. 반대로 우리에게 더 많은 사람들을 이해하고 그들과 긍정적인 방식으로 관계 맺을 기회를 제공해줄 수도 있다. 간단히 말해 온라인 포럼에서 누군가의 콧대를 꺾기 위해 가혹한 말을 내뱉는 것과 개인적인 어려움에 관한 글을 올린 친구에게 손을 내밀어 도움을 주는 것 사이에는 차이가 있다. 이 모든 것은 우리가 SNS와 디지털 기술을 어떻게 사용하느냐에 달려 있다.

기술이 공감에 미치는 영향은 다양할 수 있지만 전체 인구의 공감에 일어나고 있는 일은 훨씬 분명해 보인다. 2010년 미시간대학교 연구원들은 대학생들의 공감 점수가 1979년에서 2009년까지 약 40% 떨어졌으며 2000년 이후 가장 큰 하락을 보였음을 발견했다.[17]

좋은 소식은 우리에게 회복할 능력이 있다는 것이다. 얄다 울스(Yalda Uhls) 박사는 2012년 심리학 박사과정 중 설계한 획기적인 연구로 이 사실을 확인했다. 8~18세 사이의 청소년들이 학교 밖에서 스크린 기반 미디어를 사용하는 시간이 매일 7.5시간 이상이라는 2010년 데이터[18]를 보고 놀란 울스 박사는 스크린 타임을 페이스 타임으로 바꾸면 어떻게 될지 알고 싶었다. 그래서 일주일 동안 텔레비전, 핸드폰, 컴퓨터 사용이 금지된 야외 캠프에 참석하고 있던 약 50명의 공립학교 학생 그룹을 연구 대상으로 삼았다. 아직 학교에 남아 있던 50명의 또 다른 그룹에는 평상시와 같이 미디어 사용을 계속하라고 지시했다. 연구 기간 전후에 각 그룹을 테스트해 스틸 사진과 비디오에 보이는 감정 상태를 이해하는 능력을 평가했다. 그 결과 캠프 그룹이 모든 테스트에서 대조군보다 훨씬 높은 점수를 받았다.[19]

캠프의 영향이 기술과 멀어지는 것이든 자연에서 함께 시간을 보내는 것이든 터클 교수는 울스 박사의 연구 결과가 회복력의 증거라고 이야기한다. "야외 캠프에서 휴대폰 없이 지낸 지 불과 5일 만에 공감 수준이 다시 올라왔습니다. 어떻게 된 걸까요? 캠프에 참여한 학생들이 서로 이야기를 나눴기 때문입니다."[20]

그러나 기술을 슬픔, 갈등, 실망, 힘들고 심오한 관계 맺기를 피하기 위한 감정적 도피처로 이용한다면 기술과의 거리두기는 더욱 어려워진다. 우리는 직접 만나서 오해를 풀거나 함께 실제 문제의 해결책을 찾는 대신 사이버공간에 빠져 어려운 질문은 하지 않는 '친구들'과 몇 시간이고 함께 있을 수 있다. 더 쉬운 길이지만 결국 더 많은 외로움을 초래하는 길이기도 하다.

외로움을 느끼는 비율은 여러 연구마다 달랐지만 연구자들은 청소년기와 30대 초반의 젊은 성인기가 외로움이 높아질 수 있는 시기라는 점을 알아냈다(절정은 50대와 80대에서 나타났다).[21,22,23] 임상심리학자인 캐서린 스타이너어데어(Catherine Steiner-Adair) 박사는 2014년 《디지털 시대, 위기의 아이들》[24]을 쓰기 위해 1,250명의 어린이, 청소년, 젊은 성인을 인터뷰했다. 스타이너어데어 박사는 말솜씨가 특히 뛰어난 어느 젊은 여성의 말이 디지털 시대 젊은이들의 사회적 비극을 압축적으로 보여준다며 다음과 같이 소개했다.

"정말 아이러니해요. 우리는 역사상 가장 연결된 세대예요. 하지만 사랑에 빠지는 데는 젬병이죠. 꼬시는 방법도 몰라요. 코가 비뚤어지도록 마신 다음에 같이 자는 거예요. 그전에는 만나지도 않다가 새벽 2시 15분에 문자를 보내죠. 잘 지냈어? 모두 이 문자가 은밀한 만남을 제의한다는 걸 알아요. 이젠 술을 마시러 나가지도 않죠. 정말 슬픈 건 우리가 감정을 드러내는 법도 모른다는 거예요. 전화기를 들고 '네가 정말 좋아. 난 슬퍼. 데이트할래?'라고 말하는 방법을 모르죠."

스타이너어데어 박사는 이 아이들 중 많은 수가 부모에 의한 단절의 희생자로 자랐다고 말한다. "어린아이, 중학생, 고등학생, 성인, 젊은 어른은 디지털 기기 때문에 주의가 산만해진 부모를 집중시키고 감정적으로 자신에게 관심을 두게 하기 위해 노력해야 했습니다. 그러면서 슬픔, 외로움, 분노, 좌절감과 같은 단어를 사용했어요."

하지만 아이들은 결국 부모의 행동을 모델링한다.

기술이 양질의 관계를 방해하는 요인이 사람들의 주의를 분산시키는 데만 있는 것은 아니다. SNS는 다른 사용자들의 몸, 옷, 요리, 집, 휴가, 아이들, 반려동물, 취미, 세상에 관한 생각을 끊임없이 나와 비교하는 문화를 조성한다. 마치 모든 사람이 자신이 이룬 성취, 승리, 기쁨을 '공유'하며 스스로의 가치를 증명하기 위해 경쟁하는 고등학교 동창회가 계속해서 열리는 것과 같다. 순수하게 친구들과 기쁨을 나누고 싶어 하는 사람도 있겠지만 종종 겉보기에 완벽한 삶처럼 보이는 만들어진 사진이 최종 결과가 된다. 결국 우리는 그 사진을 보면서 비교하고 불안해하고 우울해지며 스스로를 나쁘게 생각하게 된다. 여기에 누구보다 취약한 사람들은 아직 정체성과 목표를 정의하는 중인 젊은이들이다.

온라인에서 비교할 때 우리는 자기 자신만 평가하지 않는다. 소유물, 직업, 활동, 잠재적 친구와 연인을 놓고 우리의 다양한 선택들을 비교한다. 이 디지털 파이프라인은 우리에게 이미지상의 무한한 공급을 제공한다. 맘에 안 들면 왼쪽으로 휙, 맘에 들면 오른쪽으로 휙. 넘어가고 넘어가고 넘어가고. 가상 공급망이 다음번에 로그인했을 때는 더 나은 대안을 제공하겠다고 약속한다면 선택에 대한 확신은 순식간에 흔들린다. 일단 룸메이트, 친구, 연인을 고르면 우리는 서로의 진정한 모습을 알아가는 골치 아픈 오프라인 작업을 해야 하는데 그렇게 기껏 알게 된 것이 마음에 들지 않을 수도 있다. '완벽한' 짝의 유혹은 전념을 강하게 억제한다. 그러나 완벽함은 기술과 현대 문화가 인간성을 희생해 구축한 환상이다. 이상적인 동반자를 향한 끝없는 좇음은 우리를 불안하고 외롭게 만들기 마련이다.

아이러니한 점은 기술이 고독을 수용하는 능력 또한 감소시킨다는 것이다. 쉼 없는 SNS의 존재는 우리는 절대 혼자가 될 필요가 없고 혼자인 것처럼 느낀다면 뭔가 문제가 있는 거라는 착각을 하게 만든다. 그러나 우리에게는 여전히 고독이 필요하며 고독의 유익함을 파고들 시간과 공간도 필요하다. 우리는 네트워크 알고리즘과 자동 재생 광고의 지시를 받지 않고 생각이 자유롭게 돌아다니고 탐험할 수 있도록 정기적으로 생각의 고삐를 풀어줘야 한다. 고독은 내 본모습을 편하게 받아들이게 해주며 이는 다른 사람들과 상호작용을 할 때도 더 쉽게 자기 자신이 되게 해준다. 이 같은 진정성은 강한 유대감 형성에 도움을 준다.

진짜가 된다는 것은 취약성을 보이는 일이다. 본모습을 숨기거나 왜곡했을 때 다른 사람들이 나를 더 좋아하게 될 거라고 믿는 경우에는 특히 용기가 필요하다. 기술은 온라인에서 우리가 실제로 느끼는 것보다 더 용감하고 행복하고 잘생기고 성공한 사람으로 쉽게 가장할 수 있게 함으로써 이런 믿음을 깊어지게 할 수 있다. 사실 이렇게 꾸민 태도는 사회적 위축의 한 형태다. 이런 태도로 우리는 더 인정받는 척할 수 있지만 가장은 외로움을 심화할 뿐이다.

오프라인과 연결하기

물론 SNS와 기술의 모든 효과가 부정적인 것은 아니다. 기술은 더 나은 연결을 가능하게 한다. 모두 어떻게 설계되고 사용되느냐에 달려 있을 뿐이다. 스카이프 같은 플랫폼을 이용해 학생들은 나라 곳곳의 수업을 들을 수 있고 직장인들은 다른 대륙의 고객이나 동료와 회의를 할 수도 있다. 장애나 질병이 있거나 소외된 집단에 속해 있어 고립된 사람들은 SNS를 통해 관계를 맺을 공동체를 찾기도 한다. 오랫동안 보지 못한 친구들과 다시 연락할 수도 있다. 아이의 탄생이나 사랑하는 사람의 상실과 같은 중요한 순간들을 친구들과 더 쉽게 나눌 길을 열어주고 우리를 지지해주는 사람들과 연결해준다. 중요한 것은 인간의 상호작용을 대가로 효율성을 극대화하는 생활 방식이 발전할수록 우리는 더 깊은 인간관계를 촉진하는 데 기술을 사용할 수 있도록 집중해야 한다는 점이다.

존 카치오포 박사는 이 모든 사례가 기술이 온라인 중간 역으로서 어떻게 오프라인에서 사람들을 연결해주는지 보여준다고 말한다. 그는 SNS 피드를 목적으로 삼으면 사람들이 자신의 삶을 더 소원하게 느끼고 불만족스럽게 여기지만 미디어 플랫폼을 오프라인 인간관계의 연결 고리로써 친사회적으로 사용하면 오히려 외로움이 감소하는 것으로 나타났다고 지적했다.

중간 역 모델에는 다양한 변형이 있다. 온라인으로 영화를 스트리밍하면 거동이 불편해 영화관에 가기 힘든 나이 드신 친척과 좋아하는 영화를 공유할 수 있고 집에서 재택근무를 하면 이웃과 산책할 시간을 가질 수 있다. 온라인 쇼핑은 아이의 학교에서 자원봉사할 시간을 벌어줄 수 있다.

이 같은 중간 역 모델 중 하나는 순전히 개인적인 정보 교환에서 시작해 온라인과 오프라인에서 사람들과 양질의 관계를 도모하는 운동으로 변하기도 했다. 할라 사브리 박사(Hala Sabry)의 경험이 바로 그랬다.

사브리 박사는 응급의학과 의사이자 2014년 11월 어느 늦은 밤 SNS 오디세이를 시작한 엄마다. 당시 아이가 1명 있었고 뱃속에 쌍둥이를 임신하고 있었는데 마음이 몹시 불안했다. 여기까지 오기가 고통스러웠고 우여곡절도 많았기 때문이다. 그는 8번의 체외수정을 포함해 여러 명의 의사와 클리닉을 거치며 불임 치료를 받는 데 5년을 보냈다. 오랫동안 아이가 없는 것을 두려워하다 이제 3명의 아이를 갖게 됐으니 축복이라고 생각했는데 임신 31주 차였던 그날 밤 갑자기 심장이 뛰고 호흡이 짧아지더니 가슴에 압박감이 느껴졌다. 제일 먼저 든 생각은 폐 색전증이었다. 의학적으로 혈전이 폐로 이동해 생명을 위협하는 상태로 임신 중 발병 가능성이 더 높았다. 하지만 박사는 곧 자신이 불안발작을 겪고 있음을 깨달았다.

늘 꿈꿔왔던 대가족을 갖기 위해 그토록 열심히 노력해왔던 그는 갑자기 자기회의에 사로잡혔다. 만약 쌍둥이를 갖는 것이 잘못이었다면? 일과 어린아이 3명의 양육을 잘 조율할 수 없다면 어떻게 될까? 업무는 치열했고 사브리 박사는 때로 주위의 누구도 자신이 겪고 있는 일을 이해하지 못한다고 느꼈다. 그는 종종 성공적인 커리어와 모성 사이에서 하나를 선택해야 한다는 말을 들었다. 첫 번째 출산휴가를 가 있는 동안에는 진급에서 누락됐고 대신 그보다 자격 없는 남자가 승진했다. 박사가 이유를 물었을 때 병원에서는 그가 막 아이를 가졌으니 엄마가 되고 싶어 할 거라 생각했다고 말했다.

지금 이 순간 불안감이 엄습하면서 '아이가 3명이면 얼마나 더 힘들까' 하는 생각이 들었다. 그의 남편은 항공우주공학자였다. 그들에게는 두 번째 보모가 필요했지만 그게 가능할까?

박사에게는 물어볼 사람이 없었다. 온라인에는 엄마들이 모인 포럼이 있었지만 사브리 박사는 보모 2명과 함께 잘해낼 수 있는 방법을 묻는 것조차 대단한 특권을 가진 것처럼 보일까 봐 걱정했다. 불안발작 중에도 그는 환자들이 이런 일을 겪는다면 뭐라고 말해줄지 스스로에게 묻기 시작했다. 임신 중 위험 때문에 아티반이나 바륨 등 일반적인 벤조디아제핀 항불안제는 먹고 싶지 않았다. 치료사와 이야기를 나눈다고 그가 필요로 하는 모든 것이 해결될 것 같지도 않았다. 박사에게 필요한 것은 개인적인 판단을 하지 않고 지지하는 맥락에서 그의 상황을 이해해줄 다른 여의사들과 연락하는 일이었다.

사브리 박사는 자신을 이해해줄 사람을 1명 떠올렸다. 디나였다. 디나는 내과의사였고 3주 된 쌍둥이들의 엄마였다. 박사와 디나는 어린 시절부터 서로 알고 지내긴 했지만 친한 친구 사이는 아니었고 이미 시간은 밤 11시였다. 하지만 박사는 어쨌든 문자를 보내 디나가 어떻게 육아를 하고 있는지 물어보기로 했다.

공교롭게도 모유 수유를 하러 일어났던 디나는 곧바로 사브리 박사에게 전화를 걸었다. 둘은 각자의 불확실성과 좌절감에 관해 긴 대화를 나눴다. 디나는 박사와 똑같은 문제들로 고심하고 있다고 말했고 박사는 두 사람 모두 다른 의사 엄마들과 관계를 맺으면 도움을 얻을 수 있을 거라는 생각했다. 그래서 디나와 대화를 나누면서 페이스북에 그룹을 만들었다. 디나도 질문을 올리기로 약속했다. 사브리 박사는 지나치게 엘리트주의적으로 느껴지지도 않지만 힘이 없다고 느껴지지도 않도록 20명의 다른 여성들을 그 그룹에 초대했다. 놀랍게도 20명 모두 깨어 있었고 보모에 관한 박사의 질문에 곧바로 답을 달아줬다. 그리고 다른 친구들도 이 그룹에 초대할 수 있는지 물었다. 박사가 잠자리에 들 때쯤에는 가슴 통증이 사라진 상태였다. 박사는 잠에 빠져들면서 생각했다.

'일어났을 때 이 그룹이 100명으로 늘어나 있으면 멋지지 않을까?'

다음 날 아침 의사 엄마들의 그룹(Physician Moms' Group, PMG)에 가입한 회원은 200명이 넘었다. 일주일 후 이 그룹은 1,000명이 됐고 월말에는 3,000명이 됐다. 5년 후에는 가입자가 7만 명을 넘어섰다.

하지만 PMG를 그토록 특별하게 만드는 점은 여성들이 오프라인에서도 서로의 삶에 진정한 영향력을 미친다는 사실이다. 그들은 친구로서 서로 돕기 위해 조직을 만들었으며 소규모 그룹을 짜서 1년 내내 오프라인에서 만나고 사브리 박사가 '3일간의 자매애'라고 부르는 연례 피정을 간다.

나와 전화 통화를 할 때 사브리 박사는 남부 캘리포니아의 집 밖에서 차 안에 앉아 있었다.

"내가 안으로 들어가면 대혼란이 일어나서 대화에 집중할 수 없을 거예요."

다섯 아이의 베테랑 엄마로서 숙련된 지혜를 가진 박사가 말했다(그는 PMG를 시작하고 몇 년 후 또 쌍둥이를 낳았다). 가족에 관한 박사의 이야기를 들어보면 가족이 그의 기반임을 알 수 있었지만 그는 봉사하고 있는 다른 많은 사람들에게도 깊은 책임감을 느꼈다. 여기에는 PMG 회원들도 포함돼 있었다.

사람들이 서로를 고양하는 공동체를 만들기는 쉽지 않았다. 박사는 서로가 존중과 존엄성을 갖고 교류할 수 있도록 규칙을 확립해야 했다. PMG에서는 27명의 운영진이 사브리 박사를 도와 회원들의 대화가 규칙에 어긋나지 않는지 모니터링하고 있다. 때로는 그룹에서 사람들을 탈퇴시키기도 해야 했는데 PMG처럼 열정적이고 개인적인 그룹에서는 이런 행동이 불쾌한 반응을 일으킬 수 있다. 한번은 불만을 품은 전 회원이 언론에 전화를 걸어 사브리 박사의 의견은 묻지도 않고 그와 PMG에 관한 안 좋은 이야기를 쏟아냈다. 그는 증오 메일과 협박을 받았다. 간혹 그만둘 생각도 했다. 그러나 PMG가 많은 여성들의 삶에 미친 긍정적인 영향은 늘 그를 다시 돌아오게 했다.

나는 사브리 박사에게 뭔가 특별한 사연이 있었는지 물었다. 잠시 말을 멈췄다가 그는 "너무 많죠"라고 입을 열었다.

몇 년 전, 남편은 얼마 전 자살을 했고 자신도 대화할 사람이 없어 자살 충동을 느끼고 있다는 게시물이 올라왔다. 박사는 막 잠자리에 들려던 참에 이 게시물을 발견했다. PMG에 자살 충동을 가진 사람들에게 대응하는 프로토콜을 만들어뒀기 때문에 박사는 곧바로 게시물을 올린 여자에게 메시지를 보내 전화 통화를 했다. PMG의 자원봉사자 5명이 즉시 그녀의 대인 지원 팀이 되기 위해 나섰다. 지원 팀은 당번을 정해 그와 식사를 했고 교대로 그를 방문해 주말에는 절대 혼자 두지 않았으며 친구가 돼줬다. 커뮤니티의 힘이 그로 하여금 힘든 시기를 견디게 했고 그는 현재 잘 살고 있다.

박사는 호스피스에 아기를 입원시킨 한 의사 엄마가 올린 게시물에서 시작된 슬픈 이야기도 들려줬다. 그는 6주 된 아기에게 바치는 시와 이야기를 올려 모든 회원들의 마음을 울렸다. 아기가 죽자 회원들은 장례비를 부담하겠다고 했지만 엄마는 거절했다. 이후 회원들은 그에게 2명의 다른 자녀가 있다는 사실을 알게 됐다. 마침 그가 사는 지역에서 어린이 서고를 개조 중인 도서관이 있었고 회원들은 돈을 각출해 집단 기부를 했다. 현재 이 도서관의 어린이 서고 밖에는 PMG에 그 엄마가 사랑하는 아이에게 썼던 글들 중 하나에서 가져온 인용문을 새긴 명판이 있다.

박사는 PMG를 만들기 전에는 아이 1명에 직업이 하나였는데도 스트레스가 매우 높았다고 기억했다. 그는 지금 아이 5명에 그 어느 때보다도 바쁘지만 PMG에서 큰 지지를 받고 있기 때문에 가족과 환자들에게 감정적으로 더 여유롭다.

"저는 지금 훨씬 더 좋은 의사예요." 사브리 박사가 말했다. "이 그룹 안에서 친구로서, 자매로서, 어머니와 아내로서 목적을 강화하는 거죠. 취약성을 이용해 제 자신에게 힘을 부여하는 겁니다."

나는 박사와 대화를 나누고 나서 며칠 동안 계속 그의 이야기를 생각했다. 그가 사람들에게 미치고 있는 엄청난 영향력의 크기에 놀랐을 뿐만 아니라 다른 사람들을 위해 일한 결과 그 자신의 삶이 받고 있는 긍정적인 영향이 무척 인상적이었다. 그는 이런 경험을 하기 전에 외로웠다고 말하지 않았지만 기술에 의해 가능해진 사회적 관계가 그의 일과 가정생활을 향상시켰음은 분명했다. 사람들과의 관계가 가장 큰 만족의 근원일 뿐만 아니라 성과를 높이는 궁극적인 요인이라는 사실을 고려한다면 기술 기업과 새로운 세대의 인본주의 기업가에게는 관계를 약화하기보다는 의도적으로 강화하고 상호작용의 양보다 질을 우선시하며 건강하고 참여적인 사회를 지원하는 기술을 상상하고 설계할 의무가 있다.

이주자 문제: 가까운 이웃의 부재

영화 〈브루클린(Brooklyn)〉에서는 1950년대 한 젊은 여성이 모두가 서로를 아는 아일랜드의 작은 마을을 떠나 대서양을 건너 브루클린으로 가는 배를 예약한다. 그는 향수병에 걸려 있었고 외로웠지만 다른 이민자 여성들과 하숙집에 모여 살며 함께 식사를 한다. 그리고 댄스파티에서, 직장에서, 지역 목사님이 제안하는 수업에서 사람들을 만나면서 점차 서로를 돌봐주는 새로운 공동체를 건설해나간다. 그의 여정에서 쉽거나 편한 걸음은 단 한 걸음도 없었다. 정착하기까지는 몇 년의 시간이 걸렸지만 한편으론 그렇게 오래 걸렸기 때문에 그와 동료 이민자들은 그 과정에서 사람들과 친구가 될 수 있었다.

오늘날 한 대륙에서 다른 대륙으로 이동하는 데는 몇 시간밖에 걸리지 않는다. 수단만 있다면 하룻밤 사이에 이민을 갈 수도 있고 남겨진 이들과 기술적으로 계속 연락을 유지할 수도 있다. 하지만 그들의 새로운 삶에서 공동체에 대한 욕구는 어떨까?

중국 속담에 '먼 곳의 물이 근처에 난 불을 끌 수 없듯이 먼 곳에 친척이 있어도 가까운 곳에 이웃이 필요하다'는 말이 있다. 애너하임의 톰 테이트 시장은 이 속담과 비슷하게 사회적 관계는 재난 대비의 필수 요소라는 견해를 이야기한 바 있었다. 우리는 어디에 살고 있든 서로가 필요하다. 나는 라제시 삼촌을 통해 이 가르침을 고통스럽게 배웠다.

라제시 삼촌이 우리 집에 머무르기 위해 마이애미에 왔을 때 나는 중학생이었다. 인도에서 자주 손님이 왔기 때문에 특별한 일은 아니었다. 부모님과 손님들은 몇 시간이고 이야기를 나눴고 나는 멀리서만 알고 있던 나라의 이야기를 듣는 것이 좋았다. 그런데 라제시 삼촌은 달랐다. 조용한 목소리와 친절한 표정을 가진 신사였던 라제시 삼촌은 거의 말을 하지 않았고 말을 해도 대부분 공학에 관한 것이었다. 나이가 많았음에도 라제시 삼촌은 가족을 위해 아메리칸 드림을 이뤄 더 번영된 삶을 살겠다는 기대에 이끌렸다. 수년간 노력한 끝에 비자를 발급받게 되자 기회가 생겼을 때 떠나야만 한다고 생각했다. 그의 계획은 안전한 기반을 구축한 다음 아내와 다 큰 아이들을 인도에서 데려오는 것이었다.

라제시 삼촌이 보이는 어색함은 새로운 우정을 쌓기 어렵게 만들었다. 우리는 삼촌을 하우스 파티에 데려갔지만 사회적 상호작용은 그에게 쉽지 않았다. 새로운 환경의 교통도 마찬가지였다. 삼촌은 자동차가 없었고 마이애미의 낯선 교외는 길을 찾기가 그리 간단하지 않았다. 우리 집 근처에서 버스 정류장을 발견한 다음 날 아침 삼촌은 버스를 타고 시내를 둘러보기로 결심했지만 그날 오후 학교에서 집으로 돌아와보니 삼촌은 아직도 버스 정류장에 앉아 있었다. 당시 마이애미의 대중교통은 신뢰도가 떨어졌다. 그곳에서 하루 종일 기다렸지만 버스가 오지 않았던 것이다. 돌이켜보면 버스 정류장에서 버스를 기다리고 있는 삼촌의 모습은 이민의 외로움을 보여주는 가슴 아픈 은유였다.

라제시 삼촌은 똑똑하고 경험이 풍부했으며 영어도 할 줄 알았지만 미국식 억양과 관용구에 약했기 때문에 의사소통이 힘들었다. 결국 우리 가족은 한 친구의 건축 사무소를 통해 삼촌이 일자리를 얻을 수 있게 도왔고 삼촌은 남과 잘 어울리지 않는 30대 젊은 남자와 중

년의 러시아 여성, 그의 어린 아들이 함께 살고 있는 집으로 이사를 갔다. 이전에는 하우스메이트에 적응할 필요가 전혀 없었던(게다가 이 3명은 문화적 배경이 완전히 다른 사람들이었다) 라제시 삼촌은 일하지 않을 때는 대부분 방에서 지냈다.

어린아이였던 내게는 이 사실이 슬프게 여겨졌지만 며칠은 몇 주 그리고 몇 달이 됐고 삼촌은 결코 불평하지 않았다. 운전을 배운 후에는 아버지가 우리의 낡은 파란색 쉐보레 카프리스 클래식을 줘서 혼자 출퇴근할 수 있게 됐다. 삼촌은 좋아하는 공학 분야에 몰두할 수 있는 자신의 직업을 즐기고 있는 것처럼 보였다.

어느 날 우리는 삼촌이 인도에 있는 딸의 결혼 비용을 지불하기 위해 상사에게 돈을 빌렸다는 사실을 알게 됐다. 많은 인도의 전통적인 아버지들처럼 삼촌도 자식에게 화려한 결혼식을 올려주는 것을 의무로 여겼다. 그러나 딸이 결혼한 직후 삼촌은 직장을 잃었다. 삼촌이 가진 기술이 회사가 필요로 하는 기술이 아니라는 것이었다. 그는 새로운 일자리를 찾기 시작했지만 면접 기회 자체가 많지 않았고 몇 번 본 면접도 취업으로 연결되지 않았다. 그럼에도 그는 차마 실패자로 인도 집에 돌아가 그곳에 있는 사람들을 마주 볼 수가 없었다.

삼촌이 일자리를 구하기 시작한 지 6주쯤 지난 어느 일요일 오후 전화벨이 울렸다. 동생과 집에 있던 내가 전화를 받았다.

"소피아예요. 노크를 했는데도 오늘 라제시가 방에서 나오지 않고 있어서 어떻게 해야 할지 모르겠네요."

삼촌과 한집에 사는 러시아인이 진지한 목소리로 말했다.

틀림없이 삼촌이 소리를 듣지 못했을 거라고 생각했던 기억이 난다. 라제시 삼촌은 귀가 무척 어두웠다. 1992년 여름 허리케인 앤드루가 남부 플로리다를 강타했을 때도 삼촌은 바로 잠이 들었다. 바람이 윙윙거리고 금속이 비틀리며 끽끽 소리를 낼 때 나머지 식구들은 어둠 속에서 함께 모여 기도했다. 삼촌은 다음 날 아침 일어나 폭풍이 왔었느냐고 물었다.

나는 소피아에게 "삼촌이 보청기를 끼고 있지 않을지도 모르니 문을 정말 세게 두드려보시는 게 어떨까요?"라고 제안했다. 소피아는 그렇게 해보겠다고 말했지만 이 방법도 효과가 없었다. 나는 걱정이 되기 시작했다. 삼촌이 아픈 건지도 몰랐다. 아니면 넘어져서 의식을 잃었을 수도 있었다. 그래서 소피아에게 911에 전화해 문을 부수고 긴급 구조를 해달라고 부탁했다. 그는 잠시 말을 멈췄다가 알겠다고 말하고 전화를 끊었다. 기다림은 몇 시간처럼 느껴졌지만 전화벨이 울린 것은 불과 10분쯤 지나서였다. 소피아의 목소리에는 아무런 감정도 없었다.

"문을 부수고 들어가보니 천장용 선풍기에 매달려 있었어요. 죽었어요."

나는 아무 말도 할 수 없었다. 몇몇 가까운 친척들이 병으로 돌아가신 적은 있지만 자살은 어떻게 생각해야 할지, 어떻게 처리해야 할지 몰랐다.

알고 보니 나만 그런 것이 아니었다. 우리 가족 중 아무도 라제시 삼촌의 죽음이 다가오는 것을 알지 못했다. 그의 죽음은 우리 모두에게 큰 충격을 줬다. 가장 나빴던 것은 아버지가 인도에 있는 라제시 삼촌의 부인에게 전화를 걸어 생각지도 못한 끔찍한 일이 일어났다고 알려야만 했던 것이었다. 우리는 이곳에 있는 라제시 삼촌의 유일한 가족이라는 점에서 책임감을 느꼈다. 삼촌을 더 잘 지지해주기 위해 무엇을 했어야 했는지 계속 생각했다. 우리가 놓친 징후가 있었을까? 이 일로 나는 사람들이 속으로 얼마나 많은 고통을 겪고 있는지 겉으로는 알 수 없다는 첫 번째 교훈을 얻었다(외롭지만 티 내지 않는 사람들에게 늘 맞는 교훈이다).

라제시 삼촌의 죽음 이후 몇 년 동안 우리 가족과 나는 사랑과 지지의 원천에서 삼촌을 멀어지게 한 일을 종합해보려고 노력했다. 삼촌이 느꼈던 압박감의 일부분은 분명 가장으로서의 역할에서 비롯됐다. 특히 딸의 결혼식에 쓸 돈을 빌린 탓에 새 직장을 구하느라 평소보다 많은 스트레스를 받았다. 좋은 직장에서 일하며 가족과 함께 살 수 있는, 상대적으로 편안한 인도의 삶으로 돌아갈 수도 있었지만 삼촌은 그 선택이 실패를 인정하는 것이라고 여겼을지도 모른다.

라제시 삼촌은 힘든 시기가 낯선 사람이 아니었다. 아버지와 같은 마을에서 가난과 병을 견뎌내며 자라왔지만 끝내 학교를 졸업하고 온갖 어려움 속에서 명문 공대 교수직을 꿰찼다. 하지만 삼촌이 과거에 겪은 고난과 마이애미에서 겪은 어려움 사이에는 확연한 차이점이 하나 있었다. 이 낯선 곳에는 중심이 되는 사회적 네트워크가 없었다는 것이다.

인도에서 삼촌은 그를 잘 알고 지지하는 가족과 친구들에게 둘러싸여 있었다. 수십 년 동안 알고 지내며 매일 같이 그들을 만났다. 가족과 함께 살았고 사람들이 항상 집을 방문했기 때문에 삼촌이 찾지 않아도 그들을 보고 이야기를 나눌 수 있었다.

마이애미에서 라제시 삼촌에게 친구라고 할 만한 가장 가까운 사람은 우리 큰아버지였지만 라제시 삼촌이 직장을 잃기 몇 달 전 큰아버지는 뉴저지로 이사를 가셨다. 누군가는 라제시 삼촌이 인도에 있는 지인들에게 기댔으면 좋았을 거라 생각할지 모르지만 1990년대에는 아내에게 거는 전화 한 통이 1분에 몇 달러가 될 수 있었다. 그야말로 간신히 먹고살 만큼 버는 사람에게는 무리였다. 게다가 그는 너무 부끄러워서 가족들에게 일자리를 찾느라 고생하고 있다고 말하지 못했을 수도 있다.

돌이켜보면 라제시 삼촌은 절망적으로 외로웠던 게 분명했다. 그는 우리에게 자신의 상태에 대해 한마디도 하지 않았고 또 한편으로 우리는 삼촌이 비밀을 털어놓을 수 있는 친한 친구도 아니었다. 마이애미에서 그의 곁에는 아무도 없었다.

안타깝게도 라제시 삼촌의 이야기는 특별한 일이 아니다. 2018년 미국 질병통제예방센터(Center for Disease Control and Prevention)는 자살로 사망한 사람 중 54%는 정신 질환 진단을 받은 적이 없다고 보고했다. 게다가 2016년 자살로 인한 사망자는 전 세계적으로 79만 3,000명에 이르는 것으로 추산되고 있다.[25] 전 세계의 자살률은 감소하고 있지만 사실 일부 국가에서는 최근 수십 년간 자살률이 증가하고 있다. 이 일부 국가 중 하나인 미국은 1999~2017년 사이 자살 사망률이 3분의 1 증가했으며 특히 시골 지역, 남성[26], 특정 난민 지역의 비율이 높았다.[27]

이민자와 난민을 위한 런던의 자선단체 포럼(Forum)이 2014년 실시한 소규모 조사에 따르면 회원의 약 60%가 고국을 떠나 살 때 마주하는 가장 큰 어려움이 외로움과 고립이라고 응답했다.[28] 이들이 외로움을 느끼게 되는 이유들을 읽으면서 나는 마치 라제시 삼촌의 미국 생활에 관한 자세한 설명을 읽는 기분이었다.

- 가족과 친구들의 부재
- 소셜 네트워크 부족
- 언어 장벽
- 서비스와 정보에 접근하기 어려움
- 지위 상실
- 정체성 상실
- 직업 또는 경력 상실
- 문화적 차이
- 외국인과 관련된 차별과 낙인
- 정부 정책에서 소외

포럼이 발표한 보고서는 이민자들의 삶이 라제시 삼촌이 그랬던 것처럼 여러 상황들이 중첩될 때 특히 어려워진다고 지적했다. 언어장벽과 문화적 차이가 업적, 지위부터 정체성까지 수많은 상실들로 이어지고 고립과 수치심을 증가시키며 질병과 사망의 위험성을 높이는 것이다. 나이가 많거나 빈곤하거나 정신 건강에 문제가 있는 사람들이 누구보다 취약하지만 어린이들도 종종 반 친구들과 생김새와 말하는 게 다르다는 이유로 괴롭힘과 놀림을 당하기 때문에 마찬가지 위험에 처해 있다.

이민자에 대한 적개심은 유럽과 미국의 인종차별주의자, 반이민자적 수사(rhetoric), 이민자 사회를 향한 폭력적인 공격에서 분명히 드러난다. 난민이나 망명 신청자가 되는 것, 주변의 대다수 사람과 뚜렷이 다른 외국인이 된다는 것은 사람들과 어울리지 못하며 자기 자리에 있지 않다는 낙인이 찍히고 위협받을 수 있다는 의미다. 한 여성은 포럼에서 이렇게 말했다. "나는 영국에서 매우 반갑지 않은 존재라는 느낌을 받았어요. 외국인으로서 환영받지 못한다는 느낌이었죠."

포럼은 이민자들의 활동을 멘토링이나 자원봉사 같은 활동과 연계하면 외로움을 크게 줄일 수 있다는 사실을 발견했다.[29] 다만 이민자들이 아주 빠른 속도로 늘어나고 있어 지원 단체들이 그 필요를 따라잡지 못하는 실정이다.

UN 국제이주기구(International Organization for Migration)에 따르면 2019년 고국을 벗어나 다른 나라에서 살고 있는 사람은 전 세계 인구의 3.5%인 2억 7,200만 명이었다. 2,800만 명 이상의 난민이 포함된 수치다.[30] 2015년에는 성인 6,600만 명이 종교 및 민족적 박해와 전쟁, 폭력, 인권침해 등의 이유로 다음 해 안에 다른 나라로 영구 이주할 계획을 갖고 있었다. 기후 변화 역시 이민의 원인이다. 2017년 135개국 1,800만 명이 날씨와 관련된 재난으로 실향민이 됐다. 심지어 이 자료들에는 자국 내에서 고향과 멀리 떨어진 곳으로 이주하는 전 세계 수백만 명의 '국내 이주자들'은 포함돼 있지 않다.[31]

중국만 해도 2억 4,100만 명 정도로 추산되는 국내 이주자들이 있다. 이들은 대부분 16~40세 사이며 공장과 건설업에 종사하기 위해 시골에서 도시로 이주한 사람들이다.[32] 해외 이민자들과 마찬가지로 시골에서 이주해온 사람들은 성공해야 한다는 강한 압박을 느끼고 도시의 비공식적·공식적 차별을 받으며 도시민에게 부여된 여러 서비스를 이용하지 못한다.[33, 34] 중국의 이주민들을 *리우동렌코우(liudong renkou)*, 즉 '유동 인구'라고 한다. 이들은 덜 유동적이지만 감정적으로 고립된 젊은 독신자를 말하는 '빈둥지족(empty nest youth)'과 함께 아시아 전역에 확산되고 있는 소위 '고독경제(loneliness economy)'를 상징한다.

고독경제로 인해 아시아에서 대중적으로 여러 사람들이 함께 즐기던 노래방은 이제 1인용 부스로 대체됐다. 샤브샤브는 가족이나 여러 사람이 함께 끓는 국물이 담긴 큰 냄비 하나에 식사를 요리해 먹는 음식이지만 〈사우스차이나모닝포스트(South China Morning Post)〉에 따르면 홍콩의 한 레스토랑 체인은 '1인당 냄비 하나'를 도입해 1년 만에 주가가 3배로 뛰었다. 외로운 사람들은 로봇 친구와 반려동물을 사거나 일본의 인기 스마트폰 게임인 타비카에루(Tabikaeru), 즉 여행 개구리와 같은 가상의 앱 친구들과 놀기도 한다. 여행 개구리는 휴가 중인 친구처럼 플레이어에게 여러 여행지에서 찍은 사진과 기념품을 보낸다. 개구리가 혼자 여행한다는 사실이 독신인 인간 친구들이 이 게임을 사랑하는 이유 중 하나라고 말하는 사람도 있다. 2018년 초 여행 개구리의 다운로드 1,000만 건 중 중국인 플레이어가 차지하는 비중은 95%에 달했다.

고독경제는 인구 고령화가 진행되고 있으며 젊은이들이 결혼과 출산을 미루고 있는 일본에서도 쉽게 찾아볼 수 있다. 오늘날 일본의 출산율은 근대사에서 가장 낮은 수준이다. 2040년에는 일본에서 5가구 중 2가구가 독신일 것으로 예상된다.[35] 다만 친구의 필요성은 매우 높아서 도쿄에서는 고객들이 식사나 다른 활동을 함께할 친구들을 고용하는 서비스가 인기다.[36]

고독경제의 여러 산출물이 극단적으로 보일지도 모르지만 이런 사업이 번창하고 있다는 사실은 어디에 살든 우리에게는 반드시 관심받고 싶은 욕구가 있음을 알게 해준다. 훨씬 분산된 세계에서 관계를 맺고 싶다면 우리는 본능적 습관과 과묵함을 밀어내야 한다. 편한 곳에서 나와 멀리 떨어진 곳으로 이주해 사는 것은 겉으로는 괜찮아 보일 수 있지만 일련의 스트레스를 유발해 시간이 흐를수록 스트레스가 쌓이고 외로움과 고립감을 느끼게 할 수 있다. 우리 모두는 눈에 보이는 것보다 더 많은 공통점을 갖고 있다는 인식 그리고 도움의 손길과 친절한 말은 이런 외로운 인생을 바꿀 수 있다.

세계적 문제: 노인의 증가

전 세계적으로 외로움을 부추기는 현대사회의 경향 중 하나는 한편으로는 좋은 소식처럼 보일지도 모르겠다. 바로 그 어느 때보다 노인 인구가 많아졌고 그들의 수명이 더 길어졌다는 점이다. 더 오래 살고 싶지 않은 사람이 어디 있겠는가? 그러나 기술 발전과 향상된 기동성처럼 이 트렌드 역시 은총이자 저주다. 나이가 들면 건강 문제를 비롯해 다른 손실들이 생긴다. 오늘날에는 배우자나 친구, 사랑하는 사람, 심지어는 성인이 된 자녀보다도 오래 살고 있는 나이가 아주 많은 노인들이 있다. 다수가 신체적 장애가 있으며 상대적 고립 속에 살고 있다.

이 문제는 젊은 '유동 인구'들이 노인들을 고향에 남겨놓고 떠나는 경우가 많은 중국이나 한국처럼 현대화가 급속하게 진행된 국가에서 특히 심각할 수 있다. 이들 사회에서 노인들은 전통적으로 존경과 명예의 대상이었다. 그들은 여러 세대가 모여 사는 가정의 중심이 되어 지혜와 삶의 경험을 공유하고 젊은 세대의 일상에 통합됐다. 남겨진 노인들도 공경과 보살핌을 기대하도록 자랐지만 이제는 버림받고 배신당했다고 느낀다. 이들은 절망에 빠질 수도 있다. 한국의 노인 자살률은 1990년부터 2009년까지 5배 이상 증가했으며 2017년 기준 선진국 중 가장 높은 수준을 유지하고 있다.[37] 대만에서는 노인 자살률이 다른 연령대보다 2배 더 높다. 중국에서는 1990년대 이후 도시 거주 노인 자살률이 2배 이상 증가했다.[38]

한편 서양의 노인들은 혼자 사는 것에 비교적 익숙하지만 그렇기 때문에 오히려 도움이 필요할 때 난처함과 어려움을 느낄 수 있다. 가족들은 노인을 부양하는 일에 익숙하지 않거나 도움이 되지 않을 수도 있다. 사회복지 서비스도 지난 세기 베이비 붐 세대가 늘어감에 따라 심화되는 필요를 이제 막 해소하기 시작했다. 미국에서 베이비 붐 세대는 인구의 약 4분의 1을 차지하고 있고[39] 2011년 처음으로 정년을 맞이하기 시작했다.[40]

사회 서비스가 과거 노인들을 위해 대가족이 해왔던 역할과 반대로 가족들을 위해 노인들이 했던 역할을 대신할 수 있을지 의문이다. 노인들은 가족에게 없어서는 안 될 정신적 지주가 될 수 있으며 가족이 소속감과 정체성을 얻을 수 있도록 그들에게 공통의 역사, 전통, 의식을 상기시킬 수 있다. 그러나 대다수의 미국인들은 다세대 가정에서 살지 않는다. 결국 나이가 더 들어 또래 집단이 점점 줄어든 노인들은 외로움의 위험에 그대로 노출될 수밖에 없다.

이 연령대의 많은 사람들처럼 앤은 2년 전 남편이 죽은 후 줄곧 외로움과 싸워왔다. 이제 그는 세 아들을 키웠던 소박한 교외의 집에서 혼자 산다. 날씬하고 몸집이 작으며 유행하는 단발머리를 하고 있는 앤은 88세라는 나이에도 굳건하게 자립하고 있는 것처럼 보인다. 그는 캘리포니아만 지역에 있는 집 근처 산책로를 규칙적으로 걷고 여전히 운전을 한다. 마음을 잘 털어놓는 편은 아니지만 남편 제임스와 그들이 함께 키운 아이들에 대해 이야기하는 것을 좋아한다.

앤은 그 시절 자신의 집이 사교의 중심이었다고 말할 것이다. 주말에는 이웃들이 모여 아이들과 함께 게임하고 제임스와 같은 신문사에서 일하는 동료들과 어울리느라 바빴다. 제임스는 사교적이고 너그러운 사람이었으며 앤은 지역사회 일에 참여하고 있었다. 그러다 어느덧 할머니, 할아버지가 됐다. 그들의 아들들은 배려심이 많았고 모두 근처에 정착했기 때문에 앤은 둥지가 빈 후에도 그렇게 외로움을 느끼지 않았다. 앤과 제임스가 신체적으로 활동적이고 건강하며 서로에게 깊이 헌신하는 부부였던 것도 도움이 됐다. 1956년 결혼한 이후 그들은 여전히 많이 사랑했다. 앤은 서로에게 주는 상호 지지를 소중히 여겼다.

"뒤를 봐주는 사람이 있는 것 같았어요. 무슨 일이 있어도 나를 위해 거기에 있을 사람이었죠."

제임스의 은퇴로 부부는 더 많은 시간을 함께 보낼 수 있게 됐다. 제임스는 그림을 그리기 시작했고 두 사람 모두 손주들이 오는 것을 좋아했다. 친구들도 많았다.

그러나 점점 나이가 들면서 친구들 중 많은 수가 암이나 심장 질환 등으로 스러져갔고 부부의 사회적 네트워크는 점차적으로 줄어들었다. 2012년에는 제임스의 건강이 나빠지기 시작했다. 숨이 차고 몸이 약해지더니 넘어지고 난 이후로는 끊임없는 보살핌이 필요해졌다. 앤도 스트레스 때문에 건강에 영향을 받기 시작했다.

마침내 가족들은 24시간 돌봄이 제공되는 시설로 제임스를 옮기기로 결정했다. 앤은 거의 60년 동안 누군가와 함께 살았기 때문에 적응하는 데 시간이 좀 걸렸지만 제임스를 돌보면서 계속 바쁘게 지냈다. 앤은 제임스를 약속에 데리고 가기도 했으며 대부분의 날들을 그의 곁에서 보냈다. 몇 달이 지나자 더 많은 옛 친구들과 요양 시설에서 살던 많은 사람들이 세상을 떠났다. 요양 시설에서 약 2년을 보낸 후 제임스도 세상을 떠났다. 89세였다.

앤은 마음의 준비를 해왔지만 남편의 죽음 앞에 망연자실해졌다. 시간이 지난다고 상실감에 익숙해지진 않았다. 아들들이 차례로 들러 집과 마당을 돌봐줬다. 대부분 10대가 된 손주들은 가능할 때면 앤을 찾아왔지만 스포츠와 친구, 그들에게는 숨 쉬는 것만큼 다루기 쉬운 그 모든 문화적·기술적 변화들로 바빴다.

앤에게 변화는 갈수록 어렵다. 나이는 모든 것을 변화시키기 때문에 진정한 문제다. 배제됐다고 느끼기는 쉽고 따라잡기는 어렵다. 앤의 마음은 예리하고 젊지만 그의 낮은 목소리는 나이가 들면서 점점 거칠어지고 있다. 비록 진행이 느리고 아직 공격적인 치료를 할 필요는 없지만 최근에는 유방암 진단도 받았다. 에너지가 부족해서 예전만큼 활동할 수도 없다. 그리고 얼마나 더 독립적인 생활을 유지할 수 있을지도 확신할 수 없다.

"조금 길을 잃은 듯한 느낌이에요." 앤이 말했다. "죽음은 늘 거기에 있었지만 언제나 멀리 떨어져 있을 것 같았단 말이죠."

이 사실을 혼자 마주하는 것이 그를 외롭게 만든다.

영국의 노인 콜센터 '실버라인(Silver Line)' 대표인 소피 앤드루스(Sophie Andrews)는 앤과 같은 노인들을 잘 알고 있다. '세상에 지나친 질문, 사소한 문제는 없으며 혼자 있을 필요도 없다'가 실버라인의 모토다. 실버라인은 2013년 시작한 이래 입소문을 타고 매달 통화 건수가 10%씩 증가해 현재까지 총 200만 건의 통화를 했다. 앤드루스는 말한다. "외로움에는 낙인이 찍혀 있어요. 우리는 많은 사람들에게 유일한 대화 창구입니다."

실버라인이 받는 전화에는 패턴이 있다. 낮 시간에는 정보 제공을 요구하는 전화가 많다. 낮에 전화를 거는 사람들은 서비스를 찾는 방법이나 다른 노인들과 연락하는 방법을 알고 싶어 한다.

"저녁에는 소파에 앉아 있는 친구가 돼요… 사람들은 잘 자라고 인사하기 위해 전화를 걸죠." 앤드루스가 말했다. "늦은 밤에는 사람들이 감정적으로 더 어려움을 겪습니다. 외로워하죠. 그러다 아침에는 대화할 사람을 찾아 좋은 아침이라고 인사하기 위해 전화를 걸어요."

그러나 실버라인은 전화를 거는 사람들에게만 도움을 줄 수 있다. 많은 노인, 특히 제2차세계대전에서 살아남아 항상 자립심을 자랑해 온 노인들은 도움을 요청하는 일을 실패를 인정하는 것이라고 여긴다. 이들은 종종 가족들이 그들을 짐으로 여겨 자신의 정체성과 밀접하게 얽혀 있는 집과 익숙한 환경을 떠나 새로운 생활환경으로 옮기라고 할까 봐 점점 더 도움 요청하기를 꺼린다. 소중한 독립성을 잃을 위험에 직면한 많은 노인들은 차라리 외로움을 느끼며 침묵 속에서 고통 받는 것을 '선택'한다.

하지만 노인 인구가 증가한다는 사실에 사회적 힘이 있음을 발견한 사람들도 있다. 1999년 보스턴에서 한 무리의 나이 든 친구들이 떠올린 생각이었다. 그들은 서로에게 이렇게 물어봤다. 만약 우리가 함께 모여 서로의 지원 체제가 돼준다면 어떨까? 이것이 현재 전국적으로 350개가 넘는 노인 주도 지역 비영리 단체들을 아우르고 있는 '빌리지 무브먼트(Village Movement)'의 시작이었다.

비컨 힐(Beacon Hill)의 설립자들은 노인들이 자기 집을 떠나 양로원에 가고 싶어 하지 않는다는 사실을 알고 있었다. 그래서 그들은 '스스로 삶의 방향을 정하고 자신의 미래를 창조해 번영'하기 위해 서로 돕는다는 사명을 갖고 '비컨 힐 빌리지(Beacon Hill Village)'라는 멤버십 커뮤니티를 만들었다. 마을 주민으로서 이들은 병원에 진료 예약을 가는 것부터 식료품 쇼핑과 집안일을 돌보는 것까지 일상에서 발생하는 어려움에 도움을 얻는다. 배관공부터 금융전문가까지 신뢰할 수 있는 전문가 정보도 공유한다. 무엇보다 워크숍, 콘서트, 자원봉사 활동 등 관심 있는 프로그램을 함께하기 위해 정기적으로 모임을 갖는다.

비컨 힐은 우편번호에 따라 조직된 작은 근린 서클들이 모여 네트워크를 만든 샌프란시스코 빌리지를 비롯해 전국 수백 개의 다른 빌리지들에 영감을 줬다. 이런 식의 조직 원칙은 특히 젠트리피케이션과 이동이 증가해 노인들이 고립될 위험이 더 높은 샌프란시스코에서는 특히 강력하고 가치 있는 지역 내 이웃 관계를 조성한다.

샌프란시스코 빌리지의 케이트 호프케(Kate Hoepke) 대표는 샌프란시스코 빌리지의 프로그램들은 회원들이 서로뿐만 아니라 주변 도시와 계속 관계를 맺고 관여할 수 있도록 "오늘날 문화적·경제적으로 변화하고 있는 샌프란시스코에서 살아갈 수 있게" 돕는 것이 목표라고 말했다. 프로그램에는 고등학생들과의 멘토십 교환이나 긱 이코

노미 수업도 포함돼 있다. 회원들 스스로 많은 프로그램들을 조직하고 주최하며 빌리지 정신의 핵심인 상호주의 문화를 활용한다. 호프케는 이렇게 말했다. "회원들은 도움을 요청하고 받을 수 있어요. 상호주의는 당신이 원래 자리에서 나이 들기 위해 다른 사람들에게 의지한다는 의미입니다. 이런 공동의 필요 의식이 샌프란시스코 빌리지의 사회적 관계를 강화하는 한 요소입니다."

분열의 정치화 문제: 혐오사회

세계 각국을 뒤덮은 불신과 분열의 정치화 경향은 외로움이라는 현재 트렌드를 부추기는 또 다른 변화다. 대립에 영향을 미치는 요소는 많지만 사회적 단절은 중요한 근본 원인이다.

건강한 관계는 다른 관계에서 생긴 어려움을 극복하게 하는 것처럼 사회문제들도 헤쳐나갈 수 있게 한다. 전 세계 공동체들은 기후 변화, 테러, 빈곤, 인종차별이나 경제적 불평등 같은 절박한 문제에 부딪히고 있다. 이 문제들을 해결하려면 대화와 협력이 필요하다. 그러나 다양성이 증대된 사회에서 살고 있으면서도 온라인과 오프라인에서 우리와 외모, 시각, 관심사가 비슷한 사람들로만 관계를 제한하기는 그 어느 때보다 쉽다. 이는 누군가를 한 인간으로서 알지 못할 때 그들이 가진 믿음이나 소속을 이유로 그들을 쉽게 묵살하게 만든다. 그 결과 단절의 소용돌이가 생기고 오늘날 시민사회 파탄의 원인이 되고 있다.

그렇게 악순환이 생기기 시작한다. 단절된 사람들은 서로의 말을 듣는 데 어려움을 겪는다. 우리는 의견이 다른 사람을 속단해버리고 최악을 상정하는 경향이 있다. 그러면 문제를 극복하기 위해 함께 일하기가 점점 더 어려워진다. 직면하는 문제가 많아질수록 우리는 더 화가 나게 되고 분노는 사회 전체로부터의 소외와 괴리감을 부추기는 공포와 불신의 악순환을 부채질한다. 왜 이렇게 됐을까?

　　1가지 요인은 사회적 지리다. 오늘날 대다수 미국인들은 교외에 살고 있으며 그 수는 증가하고 있다.[41] 그러나 퓨 리서치 센터(Pew Research Center)에 따르면 현재 도시 거주자는 44%가 백인인 데 반해 교외 거주자는 68%가 백인이다. 이것이 도시와 교외 주민 사이의 인종적 단절을 유발한다.[42] 도심에서도 사람들은 인종이나 사회경제적 지위에 의해 분리된 동네에 사는 경우가 많다.

　　한편 많은 사람들이 소득 불평등이 심각해지는 가운데 실질임금의 정체를 경험하고 있으며 도시, 교외, 농촌 지역에 사는 수백만 미국인들이 빈곤과 보수 좋은 일자리의 부족으로 분투하고 있다. 이로 인해 마땅히 누려야 할 지위를 잃었다고 느끼는 사람들뿐만 아니라 오랫동안 공정한 몫을 받지 못했다고 느끼는 사람들이 두려움과 분노에 휩싸인다. 우리는 온라인, 거리 시위, 라디오의 전화 토론 프로그램, 정부에서 이런 분노가 끓어넘치는 소리를 듣는다. 2018년 한 주요 여론조사에 따르면 미국 성인의 79%가 "워싱턴의 부정적인 어조와 예의의 결여가 폭력이나 테러 행위로 이어질 것"을 우려한다고 나타났다.[43] 이 여론조사는 정치적 스펙트럼, 연령, 소득 수준, 교육 수준, 지역을 막론하고 강한 다수파에 의해 정서가 공유된다는 사실을 발견했다. 박동하고 있는 불안의 암류는 우리 모두를 정해진 자리로 밀어넣고 서로 덜 소통하고 더 비난하며 덜 이해하고 그 어느 때보다 더 고립감을 느끼게 한다.

그러나 반드시 이럴 필요는 없다. 오늘날 우리는 기술 덕분에 나와 다른 사람들과 관계를 맺고 공통점을 발견할 수 있는 수단을 그 어느 때보다 많이 갖고 있다. 시민 담론을 회복하고 우리를 분열하는 편견과 엇갈린 관점, 경험을 극복하기 위한 건전한 토론에 사람들을 참여시키려는 움직임도 일고 있다. 목표는 이 문제들을 하룻밤 사이에 해결하는 것이 아니라 모두 함께 문제를 직시할 수 있게 하는 것이다.

존 폴 레데라크(John Paul Lederach) 박사는 국제 평화를 구축하는 실천가이자 갈등 해결 전문가로 사람들을 모으고 분열하는 메커니즘에 관해 많은 생각을 해왔다. 그는 "우리 세기의 남은 문제는 세계 가족으로서 우리가 어떻게 소속될 권리(right of belonging)를 만들어내는 기본적 지표를 지킬 수 있을까 하는 것입니다. 이 문제에 직면하고 있지 않은 공동체는 없습니다"라고 직설적으로 말했다.

그럼 문제를 해결하기 위해 무엇을 해야 할까?

레데라크가 생각하는 첫 번째 단계는 상호 소속감을 증진하는 것이다. 즉, 실제로 사람들이 사는 집이나 동네로 찾아가 그들을 만나고 섬겨야 한다는 뜻이다.

"사람들이 사는 곳에 가서 그들과 함께 앉아 있으면 실제로 집단 공감이 일어나기 시작할 것입니다. 그들이 세상을 인식하고 살아가는 방법으로 세상을 볼 수 있죠."

레데라크는 나와 다른 사람들을 만날 때, 두려움이나 불신이 있어도 관계를 쌓고 싶은 사람들과 만날 때 이런 관점을 갖는 것이 특히 중요하다고 말했다. 그래야만 진정으로 서로의 삶이 지닌 맥락을 이해할 수 있다.

"우리가 느끼는 고립감은 많은 경우 사람들이 얼마나 보이지 않는 사람이 된 것처럼 느끼느냐 하는 문제입니다. 눈에 보이지 않는다는 것은 위치의 모호함을 가져오죠. 따라서 누군가의 장소에 직접 찾아가 그들이 사는 곳에서 걱정을 해주고 대화를 나누면 관계를 잃어버린 환경을 아주 깊은 차원에서 다시 인간답게 만듭니다."

이런 인간화에서 소속감이 시작되며 공간을 함께 공유할 때 상호 소속감을 높일 수 있다. 따라서 지역사회는 역사적으로 마을과 도시에 의도적으로 공유 공간을 만들었다. 전 세계적으로 주택들은 시장과 바자회, 콘서트에 이르기까지 다양한 행사가 열리는 공공 광장을 중심으로 모여 있다.

레데라크는 사람들이 같은 공간에서 시간을 보내며 그에 대한 책임과 보상을 함께 나누면 모두가 안정감을 갖게 된다고 말한다. 그는 완벽한 사례로 지역사회의 정원 가꾸기 운동(gardening movement)을 꼽았다. 전 세계적으로 사람들은 과일과 채소를 함께 재배하면서 공유지와 사유지에서 공동의 이해관계를 형성하고 있다.

"이런 상상은 현대사회의 한 특징처럼 보이는 무소속감을 해결하는 데 도움이 됩니다."

레데라크 박사의 설명은 우리 시대의 중요한 문제를 시사하고 있다. 공동체 건설을 우선시하기 어렵게 만드는 이주나 가상 업무, 상업 등의 트렌드를 고려했을 때 우리는 함께 모여 살고 일하고 놀고 속할 수 있는 공간 형태의 물리적인 공통 기반이 그 어느 때보다 필요하다.

그러나 공간 공유를 거부하며 서로에 대한 불신으로 공포와 분노에 불을 지핀 집단들은 어떨까? 공포와 분노는 공감과 배려를 무디게 만든다. 서로 간의 거리를 멀어지게 해 단절감을 부추긴다. 역사적으로 전쟁은 이렇게 선동됐다. 전쟁터 외에는 개인적으로 결코 마주치지 않을 적을 악마로 만들기가 쉬웠기 때문이다. 그러나 이런 갈등의 공식은 24시간 방송과 SNS의 출현으로 달라졌다.

오늘날의 기술은 우리가 적을 알고 있다는 착각을 불러일으킨다. 우리는 매일 집에서 보고자 하면 언제나 그들을 보고 듣는다. 우리가 적을 '아는' 버전들은 종종 기만적일 때가 많지만 비디오가 완전히 조작됐을 때조차 우리는 보고 들은 것을 믿는다. 결과적으로 우리가 두려워해야 한다고 배운 사람들은 예전보다 더 가깝고 무서워 보인다. 공화당과 민주당의 적대감을 이야기하든, 중동 지역의 갈등을 이야기하든 위협이 임박했다는 의식은 우리 세계를 덜 안전하고 친절한 곳으로 느끼게 하며 우리가 모두 같은 세계에 속해 있다는 의식을 약화한다.

처음에는 이런 불안이 우리가 흔히 고립과 연관 짓는 외로움처럼 느껴지지 않을지도 모른다. 오히려 부정적이더라도 열정적인 결합처럼 느껴질 수도 있다. 그러나 위협 앞에서 우리 자신을 보호하기 위한 자연스러운 반응은 마음을 열고 속는 셈 치고 믿어주는 것이 아니라 마음을 닫고 속단하는 것이다. 개인적인 갈등 상황에서 누구나 경험해봤을 테지만 우리는 화가 나고 겁을 먹으면 다른 관점은 거의 듣지 못한다. 이것이 우리를 갈라놓는다. 우리는 지나치게 자주 경멸로 가득 차 있고 다른 사람과 함께하려고 할 때 이 감정은 큰 장애를 일으킨다.

2014년 미국국립과학아카데미(National Academy of Sciences) 회보[44]에 발표된 일련의 연구에 따르면 경멸의 상당 부분은 '동기 귀인 불균형(motive attribution asymmetry)'이라고 알려진 인지 편향에 의해 촉발된다. 내 신념은 사랑에 바탕을 두고 있는 반면 상대방의 신념은 증오에 바탕을 두고 있다고 생각하는 것이다. 연구들은 이런 인지 편향이 이스라엘인들에게서 나타난다는 사실을 발견했다. 이스라엘인들은 자신들은 국민을 사랑하는 마음으로 싸우지만 팔레스타인들은 증오에 의해 움직인다고 믿었다. 팔레스타인인들도 마찬가지였다. 똑같은 편향이 미국의 민주당원이나 공화당원 모두에게서 나타나는데 양쪽 다 자신들의 열정은 '이 나라를 사랑'하는 데서 비롯됐다고 생각하며 왜 상대 당이 '우리를 미워'하는지 의아해한다.

편향에서 비롯된 경멸은 본능적이고 당연한 것으로 편협함과 외로움을 치명적으로 만드는 것과 마찬가지의 감정적 혼란을 먹이로 한다. 상대가 당신이 증오에 사로잡혀 있다고 믿는다면 당신은 그를 대할 때 거부감과 좌절감을 느낄 것이다. 반면에 증오에 사로잡혀 있다고 생각하는 상대를 당신이 마주하게 된다면 두려움과 불신으로 스트레스를 받을 것이다.

직업상 스트레스가 많거나 재정적 어려움을 처리해야 할 때 개인적 관계를 발전시키는 데 필요한 에너지가 고갈되는 것처럼 내가 감정적 세금이라고 생각하는 일반화된 두려움과 분노에 의한 스트레스도 관계에 피해를 준다. 이 음흉하고 위험한 세금은 심야 뉴스에 대한 피로와 절망으로 나타날지도 모른다. 이는 건설적인 참여를 위해 쓸 에너지를 약화할 것이다. 심지어 가족이나 친구와 맺는 상호작용에서 우리의 관용과 인내심을 위태롭게 할 수도 있다.

감정적 세금이 있을 때 우리는 긍정적인 관계가 있어도 보지 못하고 모든 사람들에게서 단절된 것처럼 느끼거나 모든 만남이 부정적인 것처럼 느낄 수 있다. 아파트 건물에서 일어나는 불화 상황에서든, 시의회 논쟁에서든, 의회 등 국가 입법기관에서 열리는 심의에서든 감정적 세금으로 인해 느끼는 소외는 갈등의 현실적인 해결책을 찾는 일을 매우 어렵게 만든다. 거의 모든 문제 해결에는 타협이 필요하며 우리가 논쟁의 반대편에 있는 사람들과 우리를 동일시할 수 있다면 타협을 청하고 받아들이기가 훨씬 더 쉬울 것이다. 그렇지 않으면 우리는 자신의 의견을 양보하지 않고 양자택일의 결과만을 요구할 것이고 이런 행동은 갈등과 소외를 더욱 심화할 것이다.

레데라크 박사는 콜롬비아, 필리핀, 네팔, 동서아프리카의 여러 나라에서 평화를 구축하는 작업을 하면서 이 같은 교착상태를 많이 겪어봤다. 나는 그가 전쟁 지역에서 분쟁을 중재하기 위해 사용하는 몇 가지 방법들을 가정에서도 적용할 수 있을지 궁금했다. 나는 박사에게 분노를 폭발시키지 않고 공간을 공유할 수 있도록 의미 있는 대화를 나누려면 어떻게 차이를 뛰어넘어야 하는지 물었다.

"친구가 돼야 합니다. 우정을 동사로 생각해야 하죠."

그렇다면 박사는 우정을 어떻게 정의하고 있을까?

"진정성이요. 진정성은 상대에게 다가가서 나를 드러내고 서로 진짜가 되는 것입니다. 차이와 다양성이 있음에도 관계를 유지할 수 있게 하는 솔직함, 관계에 대한 헌신을 말합니다."

레데라크 박사는 분쟁 지역에서 사람들은 극도로 양분돼 있을 뿐만 아니라 다른 가족 구성원들에 의해 오랫동안 충격적인 위협과 학대를 받아왔다고도 말했다. 네팔이나 콜롬비아 같은 곳에서는 원한과 비난이 여러 세대를 거슬러 올라가기도 한다. 아이들은 자라서 서로를 위협으로 간주한다. 적대감은 시간이 흐르면서 석회화되기 때문에 부드러워지기가 매우 어렵다. 박사는 말한다. "우리가 애쓰고 있는 일 중 하나는 신뢰와 화합을 쌓는 것입니다. 사람들이 다가가서 자기를 드러낼 수 있을 만큼의 충분한 신뢰죠. 사람들은 걱정과 두려움을 내려놓을 수 있는 곳에서 더 큰 정직성이나 진정성을 가질 수 있습니다. 다가감은 다른 사람에 대한 두려움이나 내집단이 상대에게 찍은 낙인을 넘어설 것입니다. 특히 다가감과 드러냄은 시민 참여와 민주주의의 역량을 형성하는 양쪽 기둥으로 활기찬 공동체를 만들기 위해 꼭 필요합니다. 우정의 진짜 속성은 다름에도 불구하고 계속 관계를 맺는 것이니까요."

하지만 이것을 가정에서 일어나는 갈등에 어떻게 적용할 수 있을까? 레데라크는 노트르담대학교의 교수로서 학교에서 얻은 경험을 토대로 쉬운 처방을 내렸다.

"저는 학생들에게 교실과 캠퍼스를 둘러보고 조금 다른 사람을 찾아보라고 제안합니다. 그런 다음 다가가서 같이 커피나 차를 마시러 가자고 할 수 있는 방법이 있는지 생각해보라고 하죠."

레데라크는 다가감의 목적이 다른 사람들의 생각을 바꾸려는 것이 아니며 "자기 견해를 내세우거나 더 나은 논쟁을 벌일 수 있도록 그들의 이야기를 들으려 하는 것도 아니"라고 강조했다. 다가감의 목적은 단순히 '우정의 틀을 다시 짜기 위해' 필요한 신뢰를 쌓을 수 있도록 만나서 공통점을 찾는 것이다. 이를 위해서는 '소규모로 시작하되 관계에서 좀 더 높은 수준의 존재감을 약속하는 것'이 중요하다. 이런 약속을 보여주기 위해 레데라크는 학생들에게 3가지 기본 과제를 제시했다.

1. 듣고 이해하기
2. 진심으로 이야기하기
3. 유지하기, 즉 남은 평생 동안 지속하기

"저는 이것을 '함께 움직이기'라고 해요. 전체를 움직이는 문제는 생각하지 말고 중력에 대항해 그냥 몇 사람만 함께 움직이려고 하면 됩니다."

중력에 대항해 함께 움직이기. 부모가 KKK단이었던 데렉 블랙을 백인 민족주의에서 돌아서게 하고 문화를 초월해 사람들을 포용하게 한 뜻밖의 관계를 설명하는 이보다 더 좋은 이론은 떠오르지 않았다.

백인 민족주의자가 아니었던 블랙의 첫 번째 친구 중 한 명인 매튜 스티븐슨(Matthew Stevenson)은 블랙과 함께 뉴칼리지에 다니던 시절 학교에서 샤바트 만찬을 주최했던 정통 유대인이다. 지금은 둘 다 대학원에 진학해 블랙은 역사학을, 스티븐슨은 경영학을 전공하고 있다. 그들의 우정은 두 사람의 삶에서 중요한 경험으로 남아 있다.

"두 사람 사이에 어떻게 다리를 놓기 시작했나요?"

2019년 이들과 대화를 나누면서 내가 물었다. 스티븐슨은 기숙사에서 블랙과 복도 건너편에 살았다고 회상했다.

"블랙은 기타를 치고 컨트리음악을 연주했어요. 나는 가끔 가서 그의 연주를 듣거나 노래를 따라 불렀죠. 블랙의 배경을 아는 사람이 있기 전의 일이었는데, 저는 야물커(유대인 남자들이 쓰는 작고 둥근 모자 - 옮긴이)를 쓰고 있었기 때문에 내가 누구인지 꽤 솔직하게 드러나고 있었어요."

블랙은 기숙사 방에서 스티븐슨을 비롯해 그 밖에 같이 수업을 듣던 다른 학생들과 함께 영화를 봤던 것을 기억해냈다. 그들은 서로에게 친절했지만 아직 친하지는 않았다. 블랙은 여전히 자신을 백인 민족주의자라고 생각했다. 단지 그 말을 하지 않았을 뿐이었다.

마침내 블랙의 비밀이 밝혀졌을 때 그는 교환학생으로 독일에 가 있었다. 캠퍼스에 있는 한 상급생이 학교 전자 게시판에 "데렉 블랙. 백인 우월주의자, 라디오 진행자… 뉴칼리지 학생???"이라고 태그를 달아 그의 사진을 게시했다. 스티븐슨은 말했다. "블랙의 아버지가 스톰프론트의 설립자라는 이야기가 나왔을 때는 분명 충격이 컸죠."

캠퍼스는 난리가 났다. 블랙의 반 친구들 대부분은 완전히 속았다며 격분했다. 하지만 블랙이 독일에서 돌아왔을 때 스티븐슨은 손을 뻗어 그를 샤바트 저녁 식사에 초대했다. 그리고 다른 친구들에게도 싸우지 말고 함께하자고 설득했다.

"용기가 필요했겠는데요. 어떤 예상을 했나요?"

내 질문에 대한 스티븐슨의 대답은 간단하지만 심오했다.

"저는 근본적으로 모든 사람들의 뿌리에는 창조주의 불꽃이 있다고 믿어요. 모두를 묶는 뭔가가 있죠. 비난받을 만한 방식으로 행동한다고 해도 우리는 여전히 공통의 인간성을 공유하고 있습니다. 그리고 그건 없어지지 않아요. 누군가가 정말 내게 불리한 행동을 하거나 나나 사회에 해를 끼치는 일을 하고 있다고 해도 저는 그 사람에게 어느 정도 책임감을 느낍니다."

어떻게 그런 특별한 세계관을 갖게 됐는지 묻자 스티븐슨은 알코올의존증이었던 어머니가 어린 그를 데리고 금주 모임에 다녔다고 했다.

"저는 인생의 아주 어두운 곳에 있었던 사람들을 많이 봤어요. 술에 취해 뜻하지 않게 자기 아들을 자동차로 친 사람도 있었죠. 제가 본 절망적인 사람들 중 많은 이들이 자신의 삶을 취약성의 토네이도에서 희망의 봉화로 바꿨답니다." 그는 잠시 말을 멈췄다. "그래서 블랙 같은 사람들도 바뀔 수 있다는 사실을 의심하지 않았어요."

레데라크가 추천했던 것처럼 스티븐슨은 설득하기 위해서가 아니라 친구가 되기 위해 손을 내밀었다.

"아귀다툼이 되는 걸 원치 않았기 때문에 저녁 식사에 참석한 모든 사람에게 그의 정치적 견해에 관한 이야기를 꺼내지 말아달라고 했어요. 블랙을 알게 될 특별한 기회가 되리라고 생각했습니다. 제 추측으로 블랙은 성장하면서 백인 민족주의를 비난하는 사람들에게 노출될 기회가 많지 않았던 것 같았거든요."

나는 블랙에게 그 첫 번째 저녁 식사가 어땠는지 물어봤다.

"집단 대립을 예상했어요. 하지만 대립은 일어나지 않았어요."

"저는 우리에게 음악과 역사 같은 공통 관심사가 있다는 것을 알고 있었어요. 사건 이전에 블랙과 교제하지 않았다면 그를 초대하지 않았을 것 같고 블랙도 초대에 응하지 않았을 것 같아요."

스티븐슨의 말이다. 놀랍게도 블랙은 샤바트 저녁 식사였기 때문에 어느 정도 초대를 받아들일 마음이 생겼다고 말했다.

"샤바트는 대화의 맥락과 우리가 상호작용하는 방법을 바꿔놨어요. 샤바트는 그런 식으로 망쳐서는 안 되는 신성한 순간이잖아요."

이후 샤바트 식사는 몇 차례 더 열렸다. 블랙은 유색인, 이민자, 유대인, 성 소수자 커뮤니티 회원들과 함께 고정 참석자 중 1명이 됐다. 그 후 스티븐슨과 블랙은 함께 어울렸다. 스티븐슨은 안식일을 지키기 위해 금요일에는 파티에 가지 않았다.

"블랙이 파티에서 별로 환영받지 못했기 때문에 우리는 거실에서 대화를 하면서 1대 1로 많은 시간을 함께 보냈어요. 하지만 2년 동안 백인 민족주의는 모두 알지만 말하지 않고 있는 불편한 문제였죠."

"이 문제를 논하고 싶은 충동이 든 적은 없었나요?"

"아주 궁금했죠." 스티븐슨이 인정했다. "여행 중이었는데 누군가 반유대주의적인 이유로 제게 침을 뱉은 적이 있었어요. 혐오는 제게 추상적인 개념이 아니었어요. 하지만 제가 말을 꺼낸다면 방어적인 태도로 이어졌겠죠. 제 호기심을 만족시키는 것보다 블랙이 식사 자리에 오는 것이 더 중요하다고 생각했습니다."

블랙이 말했다. "처음에는 서로의 마음을 바꾸지 않을 게 뻔하니 논쟁하지 않는 게 중요했어요. 그 문제에 마음을 열기까지 왜 그렇게 오래 걸렸는지 알겠더라고요."

"어떤 이야기를 나눴나요?"

"블랙의 아버지가 편찮으셨었어요. 저희 어머니가 암 진단을 받으셨을 때의 경험을 이야기했죠. 종교와 영성에 관해서도 대화했지만 구체적으로 백인 민족주의라는 불편한 주제를 꺼낸 적은 없었어요. 나는 그 주제가 우리의 우정을 규정하는 것이 싫어서 블랙이 말을 꺼낼 때까지 기다려야겠다고 생각했어요."

스티븐슨과 같은 기숙사에서 지내는 친구 앨리슨도 걱정하지 않고 블랙과 직접 어울리는 사람 중 한 명이었다. 앨리슨은 스티븐슨이 블랙을 초대하기로 결정했을 때 샤바트 참석을 그만뒀지만 결국 다시 돌아왔다. 그는 유대인이 아닌 백인이라 백인 민족주의의 표적이 아니었기 때문에 블랙에게 그의 신념에 관해 솔직하게 말할 역할을 맡을 필요가 있다고 느꼈다.

"앨리슨은 어떻게 내 신념을 지키면서 샤바트 만찬에도 올 수 있는지 물었어요. 충돌되지 않느냐고요."

블랙이 떠올렸다. 개인적인 대화를 수도 없이 많이 나누면서 그는 블랙에게 그의 신념을 검토해보고 설명해달라고 부탁했다. 이윽고 블랙의 신념이 바뀌기 시작했다. 대학을 졸업할 무렵 그의 가장 친한 친구 여러 명은 정확히 어린 시절 그가 증오해야 한다고 배웠던 부류의 사람이었다.

"점점 더 양립할 수 없게 됐어요. 가족의 신념을 비난하고 떠나야 할 지경에 이르렀죠."

그때쯤에는 블랙의 여자 친구가 된 앨리슨이 그의 신념을 조용히 포기하는 것으로는 충분하지 않다고 말했다. 그는 분명하게 신념을 버리겠다고 발표해야만 했다.

블랙은 공개적으로 글을 써서 백인 우월주의를 버렸다. 그제야 블랙과 스티븐슨은 백인 민족주의에 관한 이야기를 나눴다. 블랙은 그 대화가 어떻게 시작됐는지 이야기했다. "스티븐슨에게 '분명히 우리 가족을 알고 있는 것 같은데 그 이야기를 한 적이 없네. 너 알고 있니?'라고 물은 기억이 나요. 스티븐슨은 '응, 잘 알고 있지'라고 대답했죠."

술집에서 술을 마시면서 그들은 지난 2년 동안 일어났던 모든 일들을 풀어냈다. 블랙의 과거, 그의 여정, 샤바트 만찬이 그의 변화에 미친 엄청난 영향 등을 이야기했다.

그래도 블랙이 변화된 자신을 완전히 받아들이는 데는 시간이 걸렸다. 놀랍게도 그는 자신이 경험한 변화에 관해 책을 쓰기 위해 저널리스트인 일라이 사슬로(Eli Saslow)에게 이야기를 들려주는 것이 달라진 자신을 받아들이는 데 도움이 된다는 사실을 알았다. 자신의 이야기를 다각도에서 바라보자 그는 자신의 어린 시절을 형성해왔던 힘과 그에게 변화를 이끌어낸 힘 모두를 더 깊이 이해하게 됐다.

"좋은 점과 나쁜 점에 마음을 열 수 있었어요. 그렇게 하는 과정에서 더 편해졌죠."

하지만 블랙의 변화에는 개인적인 비용이 따랐다. 블랙이 공개적으로 백인 민족주의를 떠난 뒤 가족들이 겪었던 분노와 상처는 아직도 생생하다. 우리가 대화를 나눌 때도 블랙은 플로리다에 내려가 부모님을 방문해 깊이 상처 입은 관계를 회복하기 위한 먼 길을 걷고 있었다. 이것이 인간이다. 우리는 완전히 반대편에 있는 사람들일지라도 사랑할 수 있는 능력이 있다.

나는 사회학자이자 작가인 파커 J. 파머(Parker J. Palmer) 박사와 대화를 나누다가 스티븐슨과 블랙이 정치적 견해를 나누기 전 확립했던 신뢰, 수용, 공통점이 1800년대 프랑스의 역사학자 알렉시스 드 토크빌(Alexis De Tocqueville)이 말한 '정치 이전의 유대'의 한 예라는 사실을 깨달았다.

용기와 회복 센터(Center for Courage and Renewal)[45]를 설립해 분야와 차이에 상관없이 유대감을 촉진하려 했던 파머 박사는《미국의 민주주의》에서 우리 사회와 정치 체제에 대한 드 토크빌의 관찰 결과를 설명했다. "드 토크빌은 가족, 친구 모임, 학교, 직장, 종교 공동체, 시민 공간 등 사람들이 다양한 형태의 공동체로 모여 자발적 유대를 갖는 정치 이전 층 없이는 미국의 민주주의가 번영할 수 없다고 말했습니다." 파머 박사는 이런 모임에서 "사람들이 서로에게 연대감을 떠올리고 거시민주주의(macro-democracy)에 영향을 미치는 수백만 개의 미시민주주의를 만드는 일"이 일어난다고 말했다.

파머 박사가 의미한 거시민주주의는 단순한 투표 이상의 것이었다. 시민의 참여와 관여를 뜻했다. 내가 우리 동네 아이들과 관계를 맺고 있다면 자녀가 없더라도 학교 이사회에 참여하고 싶은 의욕이 생길지 모른다. 내게 운전을 못하는 친구들이 있다면 대중교통 향상을 위한 캠페인에 참여할지도 모른다. 만약 내가 정원 공동체에 참여하고 있다면 녹지 공간을 개방하거나 없앨 수 있는 구역 변경 문제에 더 많은 관심을 기울일 것이다. 타인과 연결돼 있다는 것은 우리 자신의 이익보다 더 많은 이해관계를 갖게 한다. 타인과의 연결은 이해관계를 확장해 전체 공동체를 포함하고 협력하려는 동기를 높인다.

같은 이유로 외로움이 동반되는 관계의 부재는 시민 참여의 가능성을 줄인다. 우리는 우리가 아는 사람에게 영향을 미치지 않는 문제는 무시하거나 대수롭지 않게 취급하는 경향이 있다. 왜 낯선 동네의 공원 청소를 돕겠는가? 아는 사람 중에 임대하는 사람이 아무도 없는데 임대료 관리 문제에 왜 관심을 기울이겠는가? 무기명 투표로 영향을 받을 만한 사람을 아무도 모른다면 왜 귀찮게 투표를 하겠는가? 이것이 바로 드 토크빌이 말했던 미시민주주의가 중요한 이유다. 미시민주주의는 모든 사람들에게 향후 공통의 이해관계를 제공하기 때문이다.

스티븐슨과 블랙, 그들의 대학 친구들이 확립한 것은 진정한 미시 민주주의였다. 이것이 없었다면 그들은 결코 정치적 차이를 극복할 수 없었을지도 모른다. 그리고 블랙은 백인 민족주의 사고방식을 부정하는 사람들의 견해를 계속 무시하고 폄하했을 것이다. 블랙도 대학 친구들과의 우정이 공동체와 신념의 연관성에 대한 자신의 관점을 변화시켰다고 말하면서 이 점을 언급했다. 백인 민족주의자로서 블랙의 신념은 근거, 자료, 논쟁의 문제이며 사람들은 신념을 가진 이후에 공동체에 가입한다고 생각했다. 하지만 스티븐슨 덕분에 사실 그 반대가 맞다는 것을 이해하게 됐다.

"우리는 공동체를 먼저 찾은 후 신념을 갖게 돼요."

이 단순한 통찰은 오늘날 우리 사회를 분열시키고 있는 여러 고착화된 갈등에 엄청난 잠재적 영향을 미칠 것이다. 사람들이 생식권, 기후 변화, 사법제도에 공통된 의견을 갖게 하는 방법이 반드시 먼저 말하고 모든 사람들의 주장을 듣는 것일 필요는 없다. 대신 동의하지 않는 사람들과 정치적 입장을 가진 사람으로서가 아닌 동료 인간으로서 먼저 만나 관계를 확립하는 것이 방법이 될 수 있다. 블랙의 말이 맞다. 우리는 일단 공통의 가치와 관심사를 찾으면 서로에게 마음을 연다. 그리고 그때 우리는 '중력에 대항해 함께 움직일 수 있다'.

파머 박사는 개인적인 이야기의 힘을 과소평가해서는 안 된다고 강조했다. 개인적인 이야기는 크고 복잡한 문제들을 인간화하고 언뜻 압도적으로 보이는 문제와 해결책을 축소한다. 공통의 문제라고 깨닫지도 못했을 문제들을 해결하기 위해 사람들을 파트너로 불러 모은다.

"사회적 문제라는 거대 담론은 사람들이 느끼기에 너무 냉랭합니다. 개인의 소소한 이야기와 연결하면 이런 무거운 이야기가 따뜻해지고 큰 문제에 해결의 실마리를 던져주게 돼서 사람들은 자기 경험의 중요성을 이해하게 되죠."

즉, 개인적인 이야기를 나눠야만 서로 연결될 수 있고 분열된 사회를 치유하기 시작할 수 있다는 것이다. 그러나 오늘날 사람들은 익숙하지 않은 이야기를 존중과 열린 마음으로 듣기 위해 스스로를 자제하면서 방해하고 싶고 이의를 제기하고 싶은 충동을 쉽게 억누르지 못한다. 그래서 파머 박사의 센디에서는 함께하는 데 명확한 규칙을 정하고 있다.

"규칙 중 하나는 서로를 고칠 수 없다는 것입니다. 일단 익숙해지면 사람들은 이 규칙을 좋아합니다. 전혀 다른 종류의 대화를 나누기 위해 백지 상태를 만들죠."

'따로 또 같이' 하는 것의 의미를 재정의함으로써 편견을 극복하고 사랑과 두려움의 차이를 메울 수 있다는 것이다.

"사람들은 자기 이야기를 할 수 있는 안전한 공간을 만들면 사회적 고립에서 벗어나게 됩니다."

이곳의 표어는 안전이다. 이런 유의 공동체에는 조력자가 필요하며 이 조력자는 위험을 이해하고 '대참사가 일어나기 전에 어떤 나쁜 일 앞에 몸을 던질 수 있는 용기'가 있어야 한다. 대참사가 일어나면 대부분의 사람들은 안전한 공간을 다시는 신뢰하지 않을 것이고 영영 돌아오지 않을 것이기 때문이다. 그래서 파머 박사는 용기와 회복 센터에서는 리더들이 친밀한 소속을 가정하는 '가족'이나 '친구들'과 같은 말로 모임을 표현하지 못하게 한다고 말했다. 가족이나 친구 같은 말은 그들과 다르게 느끼는 사람들을 위협하거나 좌절시킬 수 있기 때문이다. 파머 박사는 말했다. "가족의 이미지 속으로 자신을 무너뜨려서는 안 됩니다. 당신은 사적인 삶과 공공의 삶을 연결할 다리가 될 수 있습니다."

파머 박사는 이 같은 접근법이 극한 대립 상태의 사회 구성원들에게는 효과가 없을 것 같다고 인정했다. 블랙과 같은 드문 예외가 있긴 하지만 극단주의자들은 자기 입장에 지나치게 몰입해 있어 유일한 관심은 대화가 아니라 전향에 있을 때가 많다. 그러나 파커의 판단에 따르면 극단주의자들은 인구의 40% 이하다.

"이 숫자를 최대로 잡는다 해도 중요하고 긍정적인 변화를 일으키기에 충분한 중도가 60%나 남아 있습니다."

결론은 우리 모두가 연결되기를 갈망한다는 것이다. 파머 박사는 "인간에게는 2가지 기본적인 갈망이 있다"고 말했다. "이 멋진 세상에서 있는 그대로 편안함을 느끼는 것입니다. 오직 내 자아와만 연결되는 것은 아주 외로운 곳에 있는 것과 같아요. 우리의 자아감은 공동의 구성물입니다. 신학적으로 말하든 생물학적으로 말하든 우리는 공동체를 위해 만들어졌습니다. 공동체가 없으면 우리는 어려움을 겪죠. 마치 숨 쉴 산소가 없는 것처럼요."

외로움의 가면 벗기기

—— 종래의 평범한 말이 아니라 적나라한 공포로서, 누가 진정한 외로움
이 무엇인지 아는가? 외로운 사람들에게 외로움은 가면을 쓰고 다가
간다.

조지프 콘래드(Joseph Conrad), 《서구인의 눈으로》

외로움은 가면무도회의 훌륭한 참석자다. 분노, 소외, 슬픔, 고통스러
운 감정 상태 등 다양한 가면을 쓰고 나타날 수 있다. 또 이 감정들을
일으키는 여러 원인에 달라붙어 트라우마의 영향을 심화하고 고통을
강화하는 동시에 치유를 막는다. 상처, 두려움, 절망의 결과, 괴로움
의 진정한 근원을 찾기가 거의 불가능해질 수도 있지만 앤서니 도런
(Anthony Doran)의 이야기처럼 고통을 자세히 들여다보면 종종 표면
바로 밑에 숨어 있는 외로움을 발견하게 된다.

　도런에게 알파 컴퍼니의 남자들은 가족이었다. 그들은 오아후의
스코필드 배럭스 육군기지(Schofield Barracks Army Base)에서 첫 임무

를 수행하며 만났고 9·11 사태 이후 공통의 목적의식 아래 유대감을 쌓았다. 그들 중 다수가 도런처럼 쌍둥이 빌딩이 무너지는 것을 보고 입대했다. 그들은 한 조로 일하고 훈련하고 식사하고 잠을 자며 12개월을 보냈다. 함께 체력을 길렀을 뿐만 아니라 망설임 없이 서로 의지할 수 있는 상호 의존성을 구축했다. 훈련이 끝날 무렵 알파 컴퍼니는 아프가니스탄에서 1년간 복무하기 위해 군용수송기에 탑승했고 이후 도런은 이 시기가 생애 최고의 해였다고 말하고 다녔다. 23세때 그는 전쟁이 그런 소속감을 줄 것이라고는 전혀 예상하지 못했다.

"좌우에 있는 전우들을 위해서라면 기꺼이 죽을 거예요. 유대감이 그렇게나 강합니다."

그들은 자신들이 하고 있는 일에 자부심도 느꼈다. 사명을 믿었고 서로를 믿었다.

도런은 아프가니스탄에서 민주적으로 치러진 최초의 대통령 선거에 참여해 목숨을 걸고 투표하는 아프간인들을 조직하고 보호하기 위해 파견됐다. 불에 탄 건물에 숨어 있는 반군들을 잡기 위해 FBI와 함께 움직이기도 했다. 어떤 날에는 식량과 물자를 배급하는 인도주의적 임무를 수행하기도 했다. 체감온도는 52도까지 올라갔지만 군인들은 완전무장을 하고 이를 견뎌야만 했다. 매일 누군가 또는 모두가 돌아오지 않을 가능성에 직면했다. 그러나 이런 사실 때문에 그들은 단결했다. 도런은 그가 매일을 버텨낼 수 있었던 것은 의심할 여지 없이 전우들에게 느꼈던 동지애 덕분이었다고 회상했다. 그리고 이 동지애는 그가 2006년 미국 땅에 돌아온 순간부터 간절히 바라던 것이었다. 그 후 10년도 더 지났지만 도런은 지금도 그렇게 느낀다.

"그 친구들이 곁에 있던 때가 그립습니다. 우리 대부분은 그때 그 동지애를 느끼기 위해서라면 생각해볼 필요도 없이 당장 돌아갈 것입니다."

다른 군인들도 비슷한 감정을 이야기한 적이 있었지만 도런의 강한 어조는 충격적이었다. 도런이 동료 군인들에게 느꼈었고 지금은 잃어버린 유대감은 그에게 너무 큰 의미였기 때문에 그 유대감을 되살리기 위해서라면 목숨까지도 다시 걸 수 있었다. 왜 그와 그의 전우들은 전쟁에서 느꼈던 유대감을 평화로울 때는 느낄 수 없을까?

여러 재향군인들과 마찬가지로 도런은 군대의 체계와 임무 안에서는 잘 지냈지만 그에 비해 민간인 생활은 혼란스럽고 아무 목적도 없었다. 전쟁은 그의 하루하루에 의미와 형체를 줬지만 그것이 사라지자 그는 길을 잃었다. 뉴저지에 있는 집으로 돌아와서는 아무도 그의 경험을 이해하지 못했고 친구들과 낯선 사람들은 모두 자기중심적이고 시시하다는 느낌을 줬다. 그는 우울증과 심한 불안감에 시달렸다.

도런은 전우들에게 의지하려 했지만 그들에게 전화할 때마다 그들을 방해하는 듯한 기분이 들었다. 알파 컴퍼니의 다른 사람들은 쉽게 예전 삶으로 되돌아간 것 같았다. 그들은 가족과 함께 즐거운 시간을 보내고 있었다. 일자리도 찾았다. 외로움이라는 깊은 구덩이에 갇힌 수많은 사람들처럼 도런은 다른 사람의 감정적 고립을 자신의 감정적 고립에 비해 과소평가했다.

"그들은 다 괜찮은 것처럼 보였어요. 나중에 그 중 몇몇이 내가 그렇다고 생각했다는 걸 알기 전까지는요."

현실은 강인함을 강조하는 군대 코드에 따라 그들 모두 진짜 감정 상태를 감추도록 훈련받았다는 것이었다. 그 정신은 강인하고 참을성이 강했다. 전쟁의 위험과 불확실성에 직면했을 때는 극기심이 그들에게 도움이 됐다. 그들은 감정을 표현하거나 개인적인 문제를 이야기하지 않도록 배웠고 도움을 요청하면 특히 부정적인 낙인이 찍혔다.

"그냥, 하면 안 돼요." 도런이 내게 말했다. "우리는 전투 훈련은 많이 받았지만 돌아왔을 때 대처하는 법은 훈련받지 못했습니다."

도런의 군대 경험은 그가 어린 시절 경험한 조건형성을 강화했다. 그의 아버지는 아일랜드계 미국인으로 경찰이었는데 하루에 12시간씩 일을 한 다음 먹고살기 위해 추가로 교대 근무를 했다. 도런가의 형제 4명은 모두 '남자가 되어' 아주 어린 나이부터 감정을 억누르고 있어야 했다. 다시 말해 도런이 자신이 겪고 있는 외상 후 스트레스의 고통을 다루기는커녕 표현할 수도 없었다는 뜻이다.

아프가니스탄과 전역 이후의 경험을 이야기할 사람 하나 없이 점점 고립돼가는 것을 느끼며 도런은 고통을 마비시키기 위해 술과 약물에 빠져들었다. 요통 때문에 의사가 처방해준 오피오이드 진통제가 시작이었지만 결국에는 헤로인까지 손을 댔다. 2번이나 과다 복용할 뻔했고 유서까지 남긴 적도 있었다. 불법 처방약을 구입한 혐의로 거듭 체포된 그는 기억도 나지 않을 만큼 여러 번 치료 시설을 들락날락했다. 그 후 이라크에서 복무했던 형 조지프가 헤로인 과다 복용으로 사망했다. 부모님은 이 죽음을 견딜 수 없을 정도로 고통스러워했지만 도런은 슬퍼하지 않았다. 그는 너무 무감각했다.

곧 도런은 차에서 사는 노숙자가 됐다. 지친 가족들이 할 수 있는 일이라고는 그를 어린 시절 자기 방으로 돌아오게 하는 것뿐이었다.

2013년 추운 1월의 어느 날 밤, 부모님은 거실에서 TV를 보고 계셨고 도런은 헤로인 봉지를 들고 침대에 누워 있었다. 끊임없이 마약에 취할 생각만 하는 자신에게 진절머리가 나고 자기혐오에서 오는 고통에 지쳤다. 무엇보다 소식이 끊긴 친구들과의 단절된 관계 때문에 외로웠던 도런은 사라져야겠다는 생각을 하며 위안을 얻었다.

도런은 문에 올가미를 던져놓고 목에 걸었다. 하지만 그의 영혼이 이 세상을 반쯤 떠나 영원의 세계에 발을 디디며 밧줄이 숨통을 죄는 것을 느끼자 솟구치는 두려움에 사로잡혔다. 살고 싶지는 않았지만 죽고 싶지도 않았다. 간신히 몸을 푼 그는 멍들고 숨을 헐떡이며 바닥에 쓰러져 있었지만 살아 있었다. 깨달음도, 변하겠다는 거창한 약속도, 걱정하는 가족과 친구들의 개입도 없었다. 그냥 그를 괴롭히는 유령들과 함께 계속 살기로 결정했을 뿐이었다.

안타깝게도 중독은 끊을 수 없었다. 단기 회복 프로그램들을 시도해봤지만 매번 도움이 되지 않았다. 도런의 부모님은 여전히 큰아들의 죽음을 슬퍼하며 도런에게 더 많은 치료를 해보라고 애원했지만 익명의 기증자가 치료 시설에 15만 달러를 기부해 도런이 거의 1년간 필요했던 입원 치료를 받을 수 있게 되기 전까지는 그럴 만한 돈이 없었다.

도런은 2013년 2월 재활 시설에 도착했다. 처음에는 자기 이야기를 하는 것을 거부하며 그룹 세션에 말없이 앉아만 있었다. 그래도 다른 사람들이 하는 말은 듣고 있었다. 조금씩 도런은 다른 사람의 이야기 속에 자기 자신의 이야기가 있음을 깨닫기 시작했다. 이따금씩 질문을 던지기도 하고 때로는 자기 의견을 공유하기도 하면서 그는 천천히 마음을 열었다. 이 공동체에서 안전함을 느끼기 시작하자 그는 자신의 약함을 보이고 오랫동안 짊어져왔던 고통을 드러냈다.

긴 과정이었지만 도런은 외로움이 자신에게 얼마나 은밀하고 강력하게 영향을 미쳤는지 알게 됐다. 절망감을 줄이기 위해 약물을 사용하려 했지만 그에게 정말로 필요한 것은 인간관계였다. 새로운 공동체 안에서 우정을 쌓기 시작하자 도런은 군대를 떠날 때 잃었던 동지애를 새롭게 느꼈다. 그는 알파 컴퍼니에서 전우들에게 그랬던 것처럼 치료 시설에서 자신의 새로운 팀을 신뢰하는 법을 배웠다. 가족의 변함없는 성원, 새로운 팀의 믿음과 격려가 있었기에 도런은 자신 안의 악마를 제압할 수 있는 힘을 찾았다. 도런은 그해 내내 멀쩡한 정신이었고 그 이후로 계속 그렇게 남아 있다.

자신을 위기에서 구해낸 인간관계의 힘을 인식한 도런은 자신이 도움을 받았던 것처럼 다른 이들을 돕는 일에 전념했다. 오늘날 그는 자신의 이야기를 나누고 재향군인들, 중독에 빠진 사람들, 괴로워하는 재향군인 가족들의 이야기를 듣는다. 그는 이들의 이야기에서 거의 항상 외로움의 강한 저류를 발견한다. 도런은 그들이 혼자가 아니라는 사실을 알길 원한다. 그리고 그들을 돕는 과정에서 의식 밑바닥에 깔려 있는 외로움의 소용돌이를 반전시키고 새로운 의미와 방향을 찾아내며 자신의 목적의식을 강화한다.

고통의 가장무도회

1889년 태어난 유대계 독일인 정신분석 전문의 프리다 프롬라이히만(Frieda Fromm-Reichmann)은 아마도 다른 교란 조건 뒤에 숨어 있는 외로움의 경향을 처음으로 알아차린 사람일 것이다.

외로움에 대한 그의 관심은 첫 치료에서 완전히 긴장증을 보였던 한 젊은 환자를 만나면서 시작됐다. 프롬라이히만이 동정 어린 어조로 환자에게 그의 고통을 이야기해달라고 부탁하고 나서야 환자는 신호로 손가락을 하나 들어 올렸다. 프롬라이히만은 "외로운가요?"라고 물었다. 이 단순한 반응이 젊은 여성의 태도를 바꿨다. 그는 몇 주 동안 손가락 제스처만으로 의사소통을 하다가 고립의 불안과 고통에서 완전히 벗어났다.

이 환자에게서 거둔 성공은 프롬라이히만에게 전환점이 됐고 그는 극심한 외로움은 단순히 '홀로 있음(aloneness)'이나 애도의 독특한 경험과는 크게 다르다고 보기 시작했다. 결정적으로 그는 외로움에 시달리는 환자들이 종종 외롭다는 사실을 인정하려 하지 않는다는 점을 깨달았다. 프롬라이히만은 "나는 그 이유 중 한 부분으로 집단을 의식하는 문화에서 외로움이 가장 인기 없는 현상이기 때문이라고 생각한다"고 썼다.[1]

프롬라이히만은 일부 외로운 사람들이 반사회적 행동을 보여 결국 그들과 가장 가까운 사람들까지와도 소원해지는 모습을 관찰했다. 그들은 화를 내거나 떠나거나 모욕을 퍼붓거나 무관심한 척했다. 사귐을 갈망하면서도 사람들을 밀어냈다.

진화 연구가 우리에게 가르쳐줬듯이 이런 행동의 주된 이유는 외로움이라는 트라우마에 내재돼 간혹 극심한 공포로까지 치닫게 하는 두려움이다. 즉, 사람들이 우리를 거부하면 상처 받을지 모른다는 두려움 그리고 버림받는 데 대한 두려움이다. 이 두려움은 우리를 떠나거나 무시하리라고 여겨지는 사람들에 대한 분노, 심지어는 폭력으로까지 변할 수 있다.

수년 동안 연구자들은 외로움과 폭력 사이의 연관성을 관찰해왔다. 한 연구에서 연구자들이 피실험자들의 마음에 만년에 혼자가 되리라는 생각이나 동료 피실험자들이 그들을 거부했다는 생각을 심으면 거부당한 사람들은 자신을 거부했다고 믿는 사람들에게 맹렬히 화를 내거나 조롱하는 반응을 보이는 경향이 있었다.[2] 집단 총기 난사범부터 연쇄살인범까지 강력범죄자의 배경을 조사한 결과 외로움의 증거가 드러나기도 했다.

극단적 폭력은 인간이 일반적으로 경험하는 외로움에 대한 드문 반응이며 폭력은 외로움 외에도 훨씬 더 많은 요소에 근원을 두고 있다. 그러나 만약 외로움이 어떤 사람들을 폭력으로 이끄는 요소라면 관계가 이들을 폭력에서 멀어지게 할 수 있을까? 답을 찾기 위해 나는 로스앤젤레스에 있는 재범방지연합(Anti-Recidivism Coalition, ARC)

을 방문했다.

2013년 설립된 ARC는 수감 경력이 있는 수백 명의 개인에게 다양한 주택, 고용, 교육 지원 서비스를 비롯해 도움이 되는 안전한 공동체를 제공한다. '범죄, 갱단, 마약 없이' 생활할 수 있게 재건을 돕는 것이 이 단체의 목표다. 2018년 현재 캘리포니아주 재범률은 50%인데 ARC 회원의 재수감률은 약 11%로 ARC는 그 가치를 입증했다.[3]

그날 나는 기꺼이 자신의 인생 경험을 이야기해줄 ARC 회원을 몇명 만났다. 첫 번째 회원은 30대 후반의 리처드 로페즈(Richard Lopez)로 두피를 포함해 온몸이 문신으로 덮여 있었다. 그러나 카키색 바지와 단추가 달린 셔츠를 입은 그는 문신만 빼면 금요일에 캐주얼 복장을 입은 기업 컨설턴트처럼 보였다. 그의 폭력적인 과거는 전과 기록에 뚜렷이 남아 있지만 9살 난 아들 이야기를 할 때는 부드러운 미소와 아이에 대한 의심할 여지없는 애정이 드러났다. 그런 그에게서는 교도소에서 나온 이후 이뤄낸 성취에 대한 자부심이 느껴졌지만 얼굴에는 깊고 오랜 슬픔이 자리 잡고 있다.

로페즈는 캘리포니아주 윌밍턴의 저소득층 주택단지에서 자랐다. 아래위로 형제자매 사이에 끼어 있던 로페즈는 관심과 애정을 얻기 위해 경쟁해야 한다고 느꼈다. 그의 아버지에게는 술과 관련된 오랜문제가 있었는데 이 문제는 좋게 말해 그의 주의를 양육에서 멀어지게 했다. 아버지는 자식들이 뭘 하고 있는지, 어디에 있는지 거의 몰랐다. 한편 어머니는 로페즈가 10대였던 어느 날 갑자기 가족을 떠나기 전까지 내내 일만 했다. 로페즈는 자기 집에 속하지 못하는 기분이었다.

"뭔가 빠진 것 같아서 집에 들어오면 가끔 눈물이 차올랐어요." 그의 목소리에는 아직도 아픔이 역력했다. "외로웠지만 그걸 몰랐죠."

소속감과 인정을 얻기 위해 그는 집에서 공허함을 느끼고 있는 다른 젊은이들에게 의지했다. 슬픔이나 취약성을 표현하면 안 된다고 느끼는 많은 소년들과 마찬가지로 외로움은 종종 분노로 나타나 아이들이 범죄에 빠져들게 한다. 로페즈는 13살 때 차를 훔친 혐의로 체포됐다. 그 후 5년 동안 그는 로스 파드리노스 소년원(Los Padrinos Juvenile Hall)을 들락날락했다. 소년원에서 나오자마자 그는 이제는 대부분 갱단에 속한 거리 친구들과 다시 연락했다. 처음에는 갱단에 합류하라는 그들의 압력을 거절했다. 로페즈는 자라오면서 본 갱들을 싫어했다. 그런데 어느 날 그가 친구들과 함께 걸어가고 있을 때 차 1대가 옆에 서더니 안에 타고 있던 지역 갱단 일원들이 로페즈와 그의 친구들에게 어디 출신이냐고 물었다. 이 암호화된 말이 어느 갱단에 소속될지를 결정할 것이었다.

그 순간 로페즈의 마음속에서 뭔가가 움직였다. 그는 질문자들의 눈을 똑바로 바라보며 또 다른 지역 갱단의 이름을 큰 소리로 자랑스럽게 말했다. 친구들은 아연실색했다. 차에 타고 있던 갱들은 로페즈가 말한 갱단과는 충돌이 없었기 때문에 그들을 얌전히 놔두고 떠났다. 로페즈는 그가 마침내 갱단에 합류하게 됐을 때 친구들이 얼마나 흥분했었는지 생생히 기억한다.

이후 로페즈는 왜 자신이 그때 그 순간 갱단에 가입해야 한다고 느겼는지 알아내려고 노력해왔다. 그가 할 수 있는 최선의 대답은 소속감에 대한 억눌린 욕망이 더 커졌다는 것이었다. 로페즈의 말은 데렉 블랙이 백인 민족주의자들 속에서 자신의 어린 시절에 관해 했던 말을 생각나게 했다. 로페즈는 갱단은 부정적인 면이 많지만 공동체를 제공해주고 자신이 중요한 사람이라는 느낌을 갖게 해줬다고 말했다. "갱단에 막 뛰어들었을 때 그 순간 받게 되는 사랑은 압도적이에요. 모든 사람들이 당신을 껴안아주거든요. 모두 '조직에 들어온 것을 환영한다. 잘했어. 넌 이제 가족이야'라고 말해요. 나는 순진한 애처럼 '좋아, 사랑받는 느낌이야'라고 말했죠. 사랑을 너무 많이 받아서 그 사랑을 돌려줘야 한다고 느꼈어요. 갱단 생활에서 사랑을 돌려주는 방법은 폭력을 만들어내고 밖에 나가 문제를 일으키는 것이었고요."

로페즈는 여전히 집에서 가족에게 소속감을 느끼고 싶어했다. 하지만 갱단 가입은 그와 형제자매들 사이를 더 멀어지게 했다. 그는 가족들이 걱정하리란 사실을 알고 있었기 때문에 갱단에 들어갔다고 말할 수 없었다. 그래서 갱단 생활을 마음속 상자에 담아 집에 돌아오면 치워뒀다. 갱단 안에서 그에게 일어난 일이 많을수록 상자에 채워 넣을 것들도 많아졌다. 상자는 곧 고통과 후회로 가득 찼다. 가장 가까운 사이여야 할 사람들과 생활을 공유할 수 없다는 사실이 소원함과 외로움을 심화했다.

로페즈가 말한 대로 그의 외로움은 분노로 바뀌었고 분노는 다시 폭력으로 바뀌었다. 2005년 그는 살인미수로 체포됐다. 경찰은 그가 총기와 탄약을 소지한 것을 발견했다. 그는 총기 소지 혐의로 단 180

일을 선고받았지만 2007년 라이벌 갱단 조직원들과의 싸움 끝에 폭행죄로 체포됐다. 전과가 있어 형량은 엄청나게 증가했다. 로페즈는 경비가 삼엄한 주 교도소에서 14년 4개월 형을 선고받았다.

그러나 로페즈는 감방의 고립 속에서 변하기 시작했다. 그가 교도소에 수감된 직후 여자 친구는 그가 아버지가 될 것이라는 소식을 전했다. 그는 몹시 기뻤지만 아들이 자신이 그랬던 것처럼 사랑하는 아버지의 존재 없이 자랄지도 모른다는 사실에 가슴이 아팠다.

"그것이 변화의 시작이었습니다. 저는 더 많이 읽기 시작했어요. 기도도 더 많이 하게 됐죠. 학교에 가기 시작했고 검정고시에 합격해 대학에 진학했어요. 육아를 비롯해 여러 과목에서 자격증을 땄죠. 이제 막 시작한 모든 일이 아주 마음에 들었어요."

나와 이야기를 나눴을 때 로페즈는 14년 중 10년을 복역하고 출소한 지 고작 6개월밖에 되지 않은 상태였다. 그는 이미 가족과 함께 새로운 삶을 이루고 있었고 집세를 낼 수 있는 직업이 있었으며 차량을 소유했고 은행 계좌도 있었다. 그는 ARC의 일자리, 주택, 기타 복귀 프로그램과 사회적 지원 그룹에 많은 빚을 졌다. 그러나 로페즈의 정신적 회복은 더 더디게 진행되고 있다.

"과거에서 벗어날 수 없다고 말하는 마음속 괴물을 물리치기 위해 매일 정신적으로 싸우고 있어요. 여전히 외로움의 영향을 받고 있죠."

그와 아내는 서로 사랑하지만 로페즈는 자신의 경험을 아내에게 말하기가 어려웠다. 로페즈는 전쟁터에서 돌아온 도련처럼 갱단이나 교도소에 가보지 않은 사람들은 이해하지 못할 거라고 생각했다. 그의 과거를 보여주는 문신은 사람들을 겁먹게 하고 쫓아내 도움이 되지 않았다. 그가 완전히 편안하게 대화를 나눌 수 있는 유일한 사람은 9살짜리 아들이었다. 아들과의 대화는 판단에서 자유로웠다. 아들과 대화하면 로페즈는 자신이 정상이라고 느껴졌다. 아들은 그에게 뜻밖의 선물이었다.

"아들과의 대화는 나를 다시 인간적 뿌리와 연결해줍니다. 오랜 세월 동안 저는 인간성이 말살돼왔어요. 매일 아침 일어나 아들에게 사랑한다고 말하면 아들도 나를 사랑한다고 말해줘요. 믿을 수 없을 만큼 좋은 느낌이죠."

나는 로페즈가 나와 대화를 나누면서 사랑이라는 단어를 언급한 횟수에 놀랐다. 그는 사랑을 외로움의 반대라고 생각했다. 사랑은 관계 결핍의 해결책이었다. 로페즈는 자신을 사랑하는 것과 다른 사람을 사랑하는 것이 불가분의 관계에 있음을 깨달았다. 그는 마지막으로 어린 자신에게 해주고 싶은 충고를 전했다.

"주변에 올바른 방향으로 가고 있는 사람을 둬. 그러면 거기에서 필요한 사랑을 찾을 거야. 부정적인 행동을 하는 사람들을 곁에 두면 사랑은 얻을 수 있겠지만 그 사랑은 지어낸 가짜 사랑이고 일시적인 것일 뿐이야."

나는 로페즈의 마지막 말이 무척 흥미로웠지만 한편으로는 약간 어리둥절했다. 그는 인생의 감정적 구멍을 메우기 위해 갱단에 가입했고 실제로 효과가 있었다. 갱단은 그의 집이 됐고 그는 갱단에 충성했다. 도런이 알파 컴퍼니의 군인들에게 그랬던 것처럼 로페즈는 동료 갱 단원들을 위해 목숨을 걸었다. 그렇다면 로페즈는 왜 갱단에서 받은 사랑을 '가짜'라고 표현했을까?

필립 레스터(Phillip Lester)가 이 말을 이해하는 데 도움을 줬다.

많은 면에서 레스터와 로페즈는 아주 유사한 삶을 살았다. 현재 40세인 레스터는 키가 크고 호리호리한 체격에 여러 가닥으로 머리를 길게 딴 부드러운 말투의 남성이었지만 16세 때 4번의 살인미수로 재판을 받았고 결국 2번이나 교도소에 수감돼 도합 21년을 교도소에서 보냈다. 레스터는 〈보이즈 앤 더 후드(Boyz n the Hood)〉와 〈컬러스(Colors)〉 같은 센세이션을 일으킨 영화의 영감이 된 로스앤젤레스의 사우스 센트럴에서 자랐다.

어린 시절 레스터는 할머니 손에서 크며 필요한 사랑과 안정을 누렸다. 그러다 어느 날 갱단들이 레스터의 동네로 이사를 왔다. 사람들은 다른 색깔의 옷을 입고 손으로 신호를 보냈다. 이어 폭력이 뒤따랐다. 그가 처음 총격전을 경험한 것은 8살 때였다.

"삼촌이랑 같이 길모퉁이에 서 있었어요." 레스터가 말했다. "어떤 놈들이 차를 세우고 우리에게 어디서 왔느냐고 물었죠. 삼촌은 즉시 집을 향해 뒷걸음질 치면서 총을 쐈고 그들 역시 총을 쐈어요. 하지만 내가 겁먹은 것은 아니었어요. 난 그냥 '이런 제장, 정말 이런 일이 일어나네?'라고 생각했어요. 심각성을 몰랐죠. 할머니 댁은 여러 번 차를 타고 가면서 총을 쏘는 녀석들의 표적이 돼서 망가졌어요. 나는 할머니 집 마당에서 두 번이나 총에 맞았죠. 할머니의 아들, 그러니까

내 삼촌도 할머니 집 마당에서 살해당했고요."

갱들이 동네를 장악하면서 그들은 새로운 표준(new normal)이 됐고 레스터도 결국 이들에게 합류했다. 그러나 그는 갱들 사이의 관계가 바깥세상의 우정과는 다르다는 사실을 알게 됐다. 갱들의 사랑은 조건부로 느껴졌다.

"나는 사람들이 내게 충직한 것이 아니라 코드에 충직하다는 사실을 깨달았어요. 우리가 초등학생 때부터 아는 사이였다고 해도 당신이 고자질처럼 금기시되는 일을 하기로 했다면 당장 끝나는 거죠."

레스터와 로페즈에게 외로움과 폭력성 사이에 연관성이 있는지 되짚어보라고 하자 로페즈는 망설임 없이 대답했다.

"외로움과 폭력은 기묘한 방식의 남매 같아요. 내가 자란 곳에서는 외로움을 발산할 방법을 찾아서 돌아다니는 사람들이 많았어요. 외로울 때는 주위 사람들에게 매우 적대적이 되죠. 나는 나를 폭발시킬 사소한 일들을 찾아서 폭력적인 행동의 구실로 삼았어요." 로페즈는 망설임 없이 대답했다. 그는 도런에게 미친 오피오이드의 효과와 매우 비슷한 폭력의 효과를 설명했다. "폭력으로 잠시 동안은 외로움을 덮을 수 있지만 일단 그 효과가 사라지면 외로움이 훨씬 더 강해지고 더 굶주린 채 되돌아왔어요. 피할 수 있는 방법은 없어요. 외로움은 당신 삶을 지배하는 힘이 되죠. 외로움을 해결하기 위해 쳇바퀴 돌듯 살 수도 있고 술이나 마약, 태양 아래 상상할 수 모든 것을 이용해 진정시킬 수도 있어요. 하지만 끝내 외로움은 여전히 거기에 있죠. 거울 속 남자를 마주해야만 해요."

로페즈의 분석은 외로움에 시달렸지만 그 감정을 좌절, 분노, 조바심, 짜증으로 표현했던 호주의 노인 남자들을 둘러싼 맥신 체이슬링의 경험을 떠오르게 했다. 이런 감정들이 가장 일반적으로 향하는 대상은 남자들의 배우자였다. 많은 아내들이 결국 좌절감을 느끼고 한계에 다다르는 것은 당연한 일이다.

분노의 반복적인 표현은 감정적 폭력을 통해서든 육체적 폭력을 통해서든 시간이 흐르면서 관련된 모든 사람들에게 어떤 경화를 일으킨다. 레스터는 이것이 관계를 더욱 어렵게 만든다고 지적했다.

"인간성의 어떤 부분이 무감각해지는 것과 같아요. 어떤 사람들은 평생 그렇게 분리된 채 살아가면서 사람들이 나를 이해하지 못한다고 느껴요. 그러면서 외로워지고 고립됩니다."

외로움은 폭력을 낳고 폭력은 외로움을 영속시킨다. 그렇다면 무엇이 악순환을 멈추게 할 수 있을까? 로페즈에게는 가족들의 사랑이 있었다면 레스터에게는 ARC 공동체가 있었다. 교도소에서 출소한 후 몇 년 동안 레스터는 다른 사람들을 돕기도 하고 모임을 통해 도움을 받기도 하면서 ARC의 사명에 깊이 관여하게 됐다. 그는 이제 폭력을 요구하는 조직에서 나와 소속감과 연대감을 형성하고 확보할 수 있는 다른 방법을 경험하기 시작했다. ARC에서는 솔직하고 개인적 판단을 하지 않는 방식으로 자신을 드러낼 수 있고 다른 사람들도 그를 그렇게 본다는 것을 느낄 수 있었다.

"이곳 사람들은 진솔해요. 그래서 집 같죠. 있는 그대로의 나를 인정해줍니다."

ARC에서 다른 사람들을 돕는다는 레스터의 이야기는 외로움과 절망으로 힘들어하고 있는 동료 군인들과 재향군인들을 돕겠다는 도련의 맹세와 맥을 같이한다. 또 아들이 안전하게 사랑받으며 자랄 수 있게 하겠다는 로페즈의 의지는 남자들의 오두막 회원들이 서로와 지역사회에 도움이 되겠다는 조용하지만 분명한 욕구를 갖고 있던 것과도 일맥상통한다.

사람을 살리는 관계에서 봉사라는 공통점은 존과 스테파니 카치오포 박사가 현역 미군들과 함께 사회적 회복력 향상 연구를 진행하며 얻은 관찰 결과를 떠오르게 했다. 그들은 친절하고 너그러운 행동이 외로움을 줄이고 심리적 안녕을 높이는 가장 효과적인 활동 중 하나임을 발견했다.

카치오포 박사들은 〈하버드비즈니스리뷰〉에서 "작은 호의는 은연중에 그 호의를 갚아야 할 의무감을 만들어낸다"고 썼다.[4] "최초의 행동이 친절한 마음에서 나온 것이라고 인식되면 호혜주의라는 사회적 규범은 감사와 상호 존중 의식을 자극하고 협력을 촉진하며 사람 간의 신뢰와 유대를 강화한다."

바로 이것이 프롬라이히만이 긴장증을 보이는 환자의 진실한 감정에 친절과 관심을 보였을 때 일어난 일이었다. 마치 단순한 은혜로운 행동이 외로움의 가면을 벗기고 관계의 기초를 다지기 시작한 것 같았다.

신앙은 전통적으로 늘 이런 관계를 이해해왔다. 모든 주요 종교에서 봉사가 기본적인 활동이 되는 이유다. 신자들은 우리 선조들이 한 때 그랬던 것처럼 서로를 지탱하고 도와야 하며 그렇게 함으로써 신에게 더 가까워진다고 느낀다. 중요한 점은 신성이 한 축을 담당하는 이 삼각관계를 통해 주는 사람과 받는 사람이 모두 봉사의 보상을 받는다고 생각한다는 것이다.

벵골 시인 라빈드라나드 타고르(Rabindranath Tagore)가 썼듯이 석가모니는 제자들에게 "일을 피하는 것이 아니라 올바른 행동을 통해 자기희생을 실천하는 데서 오는 해방"을 추구하도록 가르쳤다.[5] 힌두교 우파니샤드에서는 "누군가의 행복이 다른 사람의 자발적인 희생 덕분일 때 신성은 크게 기뻐하신다"고 언명한다.[6]

기독교에서는 가난하고 궁핍한 자에게 관대함과 헌신을 보여준 예수를 숭배하며 자선을 핵심 덕목으로 여긴다. 대부분의 기독교인들은 남을 돕는 것이 신앙의 표현이라고 믿는다.

유대교에서 체다카(tzedakah, 자선, 베풂 – 옮긴이) 또는 정의에 대한 계명은 베풂을 의미하는 이슬람교의 사다카(Sadaqah)와 뿌리를 공유한다. 랍비들은 가난한 사람에게 시간과 돈을 기부하는 것 외에도 자애를 의미하는 '게밀룻 하사딤(gemilut hasadim)'을 베풂의 정신으로 강조한다. 또 버락 오바마와 빌 클린턴 전 미국 대통령이 봉사의 비전으로 언급했던 세계를 치유한다는 뜻의 고대 유대어 '티쿤 올람(tikkun olam)'을 중시한다.

이슬람에서도 봉사는 경전에 쓰여 있다. 부자들은 당연히 가난한 사람들을 위해 봉사해야 하지만 코란은 가난한 사람들도 도움이 될 수 있도록 현명한 지침을 제공한다. 예언자 마호메트는 신앙의 토대로서 인간관계의 중요성을 밝히면서 미소 짓는 단순한 행동을 자선의 귀중한 선물로 권했다.

12세기 랍비 마이모니데스(Maimonides)도 자선의 주된 목적은 주는 사람과 받는 사람의 관계를 향상시키는 것이라고 이해했다. 그래서 마이모니데스는 자선, 봉사의 내용만큼이나 상호작용의 질이 중요하다고 가르쳤다. 굴욕감, 우월감, 의존성은 연민 어린 베풂에는 들어설 자리가 없다. 사회학자인 크리스천 스미스(Christian Smith)와 힐러리 데이비슨(Hilary Davidson)은 베풂으로써 얻고 움켜쥠으로써 잃는다고 말한다.[7]

이 말의 요점은 매우 중요하다. 봉사를 실천하는 것은 부담스럽거나 산만하거나 소모적일 필요는 없지만 친절해야 한다. 이상적이긴 하지만 친절은 봉사를 통해 우리 성격에 녹아들어 더 깊은 자아의 일부가 된다. 이것이 인도의 위대한 정신적 지도자 마하트마 간디가 말한 "자기 자신을 찾는 가장 좋은 방법은 다른 이들을 섬기며 자기를 버리는 것"의 의미다.[8]

최근 연구자들은 신경과학적 관점에서 실마리를 찾아냈다. 그 중 1명이 스티브 콜 박사다.[9] 콜 박사에 따르면 봉사는 목적, 의미와 강하게 결부돼 있으며 이 3가지는 모두 사회적 유대감에 중요한 역할을 한다. 특히 봉사는 외로움의 트라우마를 치유하는 중요한 열쇠를 제공한다.

콜 박사는 무엇보다 외로움과 관련된 과잉각성(hypervigilance)이 자기중심적이라고 지적했다. 극도로 외로운 사람들은 지나치게 위협을 느껴 자신의 정서적 안위에 집착하며 타인에 대한 공감이나 배려에 쏟을 에너지가 거의 없다. 박사는 그럼에도 "우리는 개인의 건강과 안전 외에 소중히 생각하는 것들이 많다"고 말했다. 자연, 예술, 정치, 가난이 그 관심사에 포함될 수 있다. 이런 관심사가 외로울 때도 지역 박물관이나 푸드 뱅크(식품 지원 복지 서비스 - 옮긴이)에서 자원봉사를 하도록 우리에게 동기를 부여할 수 있다. 따라서 "위협을 느끼는 사람들을 그들이 관심 있어하는 상황에 집중하게 하는 것이 신경생물학적 관점에서 아주 좋은 속임수가 될 수 있다".

2016년 나오미 아이젠버거 박사와 동료 연구원들은 다른 사람을 돕는 경험이 편도체(amygdala), 배측전방대상피질, 전측뇌섬엽 등 뇌에서 스트레스와 위협을 다루는 부분의 활동을 감소시킨다고 보고했다. 동시에 보살핌, 보상과 관련된 뇌 부분 ― 복측 선조체(ventral striatum)와 중격 영역(septal area)―은 활동이 증가했다.[10] 이는 다른 사람을 돕는 행동이 행복감을 높여주면서 스트레스를 줄여 외로움과 단절의 고통을 없애주는 중요한 해독제가 된다는 사실을 보여준다.

2017년 〈노인학저널(Journal of Gerontology)〉에 발표된 또 다른 연구에서도 약 6,000여 명의 미국인을 대상으로 남편을 잃고 혼자 사는 여성들과 최근 결혼한 여성들이 외로움을 느끼는 비율을 비교해 이 효과를 확인했다.[11] 놀랄 것도 없이 남편을 잃은 여성들이 그렇지 않은 여성들보다 일반적으로 훨씬 더 외로워하는 경향을 보였다. 그러나 주목할 만한 예외가 하나 있었다. 남편을 잃은 여성 중 평균 일주일에 2시간 이상 봉사 활동을 하는 사람들은 배우자와 함께 사는 자원봉사자들과 비교해 더 외롭지 않았다. 다른 사람을 돕는 활동이 상실로 인한 외로움을 효과적으로 사라지게 한 것이다.

이 결과를 보고 나는 별로 놀라지 않았다. 남을 도움으로써 우리는 유능함과 목적의식을 느낄 수 있고 다른 사람의 가치를 확장해줌으로써 우리 행동에 의미를 더한다. 요컨대 남을 도우면 내가 더 중요한 사람처럼 느껴지며 이런 느낌은 우리의 기분을 좋아지게 한다.

콜 박사는 봉사 유형은 그렇게 중요하지 않다고 말한다. 다른 이들을 돕는 '최상'의 방법이나 '두루 맞는' 방법은 없다. 사람만을 대상으로 할 필요도 없다. 외로울 때 너무 겁을 먹어 소외된 어린이나 노인에게 직접 봉사하는 그룹에는 들어가지 못할 수도 있지만 동물을 사랑한다면 구조 보호소에서 일할 수도 있다. 환경에 관심이 있다면 환경 단체들이 해변이나 숲을 청소할 때 도울 수도 있을 것이다. 문학을 사랑한다면 공공 도서관에서 책을 정리하는 자원봉사를 할 수도 있다. 어떤 형태의 서비스든 진실하고 개인적으로 의미 있게 느껴진다면 좋다.

콜 박사는 우리가 강한 목적의식과 의미를 갖고 있을 때 "위험이나 위협을 피하고 이들에 어떻게든 반응하기 위한 시스템과 추구, 발견, 갈구와 관련된 시스템, 이 2가지 강력한 뇌 시스템 사이의 균형이 바뀐다"고 말했다. 추구, 발견, 갈구와 관련된 시스템은 일단 활성화되면 위협 회피 시스템을 억누른다. 이런 반응은 일종의 '치료 상태'를 만들어 초점이 자기 자신에게서 벗어나게 하며 안도감을 준다.

다만 어떤 문제에 관심을 갖는 것만으로는 충분하지 않다. 단체에 가입하는 단순한 행동만으로도 충분하지 않은 것은 마찬가지다. 진정한 치료 시너지는 우리가 공동의 목표를 달성하기 위해 다른 사람들과 함께 행동을 취할 때 일어난다. 콜 박사는 "적어도 처음에는 다른 사람들을 만나는 것보다 목적을 찾고 자기 자신보다 더 큰일에 참여하는 것이 중요하다"고 말했다.

결국 우리는 사회적 생물이고 우리 몸은 오로지 나 자신에게만 몰두해 있는 상태는 정상이 아니라는 사실을 알고 있다. 그래서 우리 뇌는 긍정적인 뭔가를 성취하기 위해 힘을 합칠 때 신경생물학적으로 보상을 해준다. 즉, 선행을 하면 기분이 좋아지는 것이다. 콜 박사는 외로움에 대한 영향은 간접적이라고 강조했다.

"외로운 사람들은 목표나 임무에 집중함으로써 다른 사람들이 항상 위협적이지는 않다는 사실을 실제로 배울 수 있는 일에 참여할 수 있습니다. 그 결과 마음을 안심시키는 데 필요한 자원을 제공하는 사회적 관계와 자산을 구축할 수 있어요."

봉사가 외로움에서 벗어나 사회적 회복으로 들어갈 수 있는 뒷문으로 기능한다는 것이 콜 박사의 말이었다. 이 말을 내 경험에 비춰 생각해보다가 한 유명한 단체가 콜 박사가 말한 치료적 '뒷문'을 거의 1세기 동안 사용해왔음을 깨달았다.

익명의 일중독자들

'익명의 알코올의존자들(Alcoholics Anonymous, AA)'의 공동 설립자인

빌 윌슨(Bill Wilson)은 외로움과 중독의 관계를 분명히 아는 것만큼 AA 회원들에게 봉사가 미치는 치료적 기능도 분명히 알고 있었다. 외로움, 중독, 봉사 셋의 관계는 알코올의존뿐만 아니라 오피오이드, 도박, 게임, 음식 등 다른 중독에도 마찬가지로 해당된다. 윌슨은 이 세 점을 연결한 선구자였고 그의 목표는 알코올의존자들을 돕는 것이었다. 윌슨은 이렇게 썼다.

> 알코올의존자들은 거의 예외 없이 외로움에 시달린다.[12] 심지어 음주 습관이 더 나빠지기 전 사람들이 아직 관계를 끊지 않고 있을 때조차도 대부분 소속감을 느끼지 못하며 고통받았다. 부끄러워서 남에게 차마 다가가지 못하거나 관심과 우정을 갈망하면서도 적어도 자기 생각으로는 결코 그걸 얻지 못하는 소란스러운 술친구가 되기 쉬웠다. 언제나 극복하지도, 이해할 수도 없는 불가사의한 장벽이 있었다.

윌슨은 개인적으로 중독을 경험했기 때문에 이들을 이해했다. 술을 끊은 지 몇 달이 지나자 계속 술을 마시지 않으려면 알코올 문제로 노력하고 있는 다른 사람, 특히 술을 마시고 싶은 충동이 복수라도 하듯 다시 떠오를 때 똑같은 입장에서 그에게 조언해줄 수 있는 사람과 관계를 맺어야겠다는 생각이 들었다. 역시 술 때문에 고군분투하고 있던 밥 박사가 그 자리를 채워줬다. 두 사람이 구축한 관계는 AA의 영감이 됐을 뿐만 아니라 알코올의존자들이 신뢰할 수 있는 비밀 멘토가 되어 서로 술을 끊을 수 있도록 돕는 '후원(sponsorship)'이라는 봉사 형태의 기초가 됐다. AA 팸플릿에는 후원에 관해 이렇게 적혀 있다.

도움을 주면 도움을 주는 사람도 더 잘 금주할 수 있다는 것을 경험으로 알고 있습니다![13]

즉, 봉사가 양방향으로 이익을 준다는 뜻이다. 후원자들은 동료 회원들을 지도하고 격려하며 돕기 위해 자신이 경험했던 투쟁, 승리, 전략, 인내의 이야기를 모두 꺼내 본인의 금주 경험을 '나눠'주지만 이 봉사는 희생이 아니다. 금주 경험을 나누면 실제로 도움을 받는 사람뿐만 아니라 후원자도 더 잘 회복된다. 콜 박사가 "목적을 찾고 자기 자신보다 더 큰일에 참여하는 것"을 이야기했을 때 의미한 바가 바로 이것이다.

외로움이 삶에 아픈 구멍을 남길 때 고통을 마취시키기 위해 사람들이 이용하는 유해한 행동에는 폭력, 마약, 술만 있는 것이 아니다. 음식, 섹스, 심지어 일도 공허함을 가리기 위해 사용될 수 있다. 이런 임시방편들은 종종 우리가 인지하지 못한 방식으로 외로움과 연결돼 있으며 때로는 서로 연결돼 있기도 하다. 그리고 이 모두가 우리에게 해를 끼칠 수 있다.

브라이언 로빈슨(Bryan Robinson) 박사는 이를 직접 경험하고 연구해온 심리치료사다. 로빈슨은 《#냉각: 일을 끄고 삶을 켜라(Chill: Turn Off Your Job and Turn On Your Life)》[14]에서 수백 건의 인터뷰와 자신의 삶을 통해 어린 시절부터 일중독에 이르기까지의 궤적을 쫓는다. 로빈슨과 그가 인터뷰한 사람들에게 이야기의 주인공은 외로움이었다.

로빈슨의 아버지는 음주 문제에 1번도 도움 받은 적이 없는 알코올의존자였다. 그는 어린 시절 아버지가 집에 오면 형제들과 불시에 공격을 당했고 싸움이 일어났다고 말했다. "어렸을 때는 몸이 그렇게 쏟아지는 스트레스를 받아들일 준비가 안 돼 있어요. 곧 벌어질 일만을 기다리는 과민각성이 생기죠. 불안을 누그러뜨리기 위한 방법으로 술을 마시러 가는 사람이 있고 음식을 먹는 사람이 있고 일하러 가는 사람도 있습니다."

일과 의무는 로빈슨의 피난처가 됐다. 사실상 그는 자기가 집안의 어른이 되기로 결정했다. 그는 이를 "심리학적으로 '부모화(parentification)'라고 부른다"고 말했다. 로빈슨은 여동생을 보호하는 것을 자신의 의무로 만들었다. 집안일을 했고 숙제는 A를 받았다.

"일을 하는 것이 내게 가짜 통제감과 안정감을 줬습니다."

젊은 로빈슨은 겉보기에는 모든 것을 다 가진 것처럼 보였다. 그는 능력 있고 의욕이 넘쳤다.

"알고 보면 모두 일종의 통제력을 유지하기 위한 것이었습니다. 역설적인 건 당신이 어떤 대처 메커니즘을 사용하든 통제 불능이 된다는 거예요."

그는 마치 봉사를 하는 것처럼 보였다. 고등학교 때는 교회에서 공연할 크리스마스 연극 대본을 쓰고 연출도 했다. 세트를 디자인하고 만들었다. 주연을 맡아 연기도 했다.

"물론 주변 모든 사람들이 저를 훌륭하다고 생각했습니다. 사람들이 내 등을 두드리며 찬사를 보냈지만 내면은 상처를 입었어요."

그는 진정한 봉사를 통해 다른 사람들과 관계를 맺는 대신 이 모든 일을 부모의 사랑과 애정을 그리워한 결과 자신이 느끼는 사적인 외로움을 멀리하고 감추기 위해 사용하고 있었다. 하지만 일과 인정은 공허함을 채우지 못했고 그가 사람들과 더 잘 관계 맺도록 하지도 못했다. 이 패턴은 로빈슨이 대학과 대학원을 거쳐 교수가 되고 인생의 동반자를 찾은 이후로도 계속됐다.

"나는 밤낮으로 일했습니다. 휴일과 주말에도 일했어요. 친구도 없었죠. 중요한 관계가 무너지고 있었습니다. 위장병을 앓고 있었지만 무슨 일이 일어나고 있는지 전혀 알지 못했어요."

자신의 삶에 감정적 구멍이 있음을 감지했음에도 모든 외부 표지들이 계속해서 그에게 '성공'했다고 말해줬기 때문이었다. 일에 더 깊이 몰두할수록 그는 자신의 내적 생활에 큰 해를 입히고 있는 두려움과 불안을 자세히 살펴보는 고통스럽지만 반드시 필요한 일을 더욱 회피할 수 있었다. 시간이 흐를수록 그는 의도적으로 다른 사람들을 찾지 않았지만 교제가 즐겁지 않을 거라고 생각했기 때문은 아니었다.

"사람을 안에 들이지 않고 당신도 너무 가까이하지 않으면 마음을 다시 짓밟힐 일이 없습니다. 외로움은 우리를 가둬두긴 하지만 상처받을 위험의 해결책이 될 수 있는 것 같죠."

로빈슨은 해변으로 휴가 갔을 때 가족들이 그를 말리지 못하도록 일을 숨겼던 기억을 떠올렸다.

"가끔은 예비 타이어 밑에 넣어놓거나 알코올의존자가 술병을 감추듯 청바지를 입고 다리에 숨기기도 했어요. 모두 '해변으로 산책을 가자'고 말하면 나는 기지개를 켜면서 하품을 하고 피곤한 척하면서 자러 가야겠다고 말했어요. 일단 가족들이 보이지 않으면 대학에서 가져온 프로젝트를 꺼내서 미친 듯이 끝내려 했죠."

로빈슨도 모든 일중독이 그처럼 극단적인 것은 아니라고 인정한다. 어떤 문화에서는 다른 문화에서보다 이 같은 행동에 더 많은 보상을 한다. 일본에서는 이런 상태를 칭하는 카로시(Karōshi, 과로사 – 옮긴이)라는 특별한 용어가 있을 정도로 흔하다. '과로로 인한 사망'이라는 뜻이다. 그러나 로빈슨은 미국에서는 "일중독을 부정하는 문화 때문에 실제로 이를 구분하는 이름이 없다"고 말했다.

알코올의존증 치료를 받고 있는 가족을 돕기 위해 치료 모임에 참석하면서 일중독을 부정하던 로빈슨의 마음에 금이 가기 시작했다.

"무슨 일이 일어나고 있는지 잘은 알지 못했지만 내게도 중독 문제가 있다는 사실을 깨닫기 시작했습니다." 그는 꾸준히 알코올의존자의 가족과 친구들을 돕는 지원 모임 알아넌(Al-Anon)에 나갔다. 알아넌의 12단계는 그에게 통제권을 포기하고 삶이 다루기 힘들었다는 사실을 인정하며 자신에 대한 '면밀하고 두려움 없는 도덕적 검토'를 하게 했다. "나는 앉아서 다른 사람들이 뭘 하고 있는지, 어떻게 대처하는지 듣고만 있었습니다. 모임은 조용하고 차분했어요."

이후 로빈슨은 강박적인 일중독을 멈추고 싶은 마음만 있으면 회원이 될 수 있는 익명의 일중독자들(Workaholics Anonymous) 모임을 발견했다.

"아버지가 술을 마셨던 것처럼 나는 일을 하고 있었다는 사실을 그제야 이해했죠."

그 과정에서 로빈슨은 자신에게 가장 필요한 바로 그 사람들을 밀어내고 있었다. 그는 요가와 마음 챙김 명상을 시작했다.

"요가와 명상은 나를 내 안의 더 깊숙한 곳으로 데려가 지금까지 내가 해왔던 일과 다르게 할 수 있었던 일을 더 깊이 연결했습니다."

로빈슨은 자신의 내면을 들여다보는 일이 바쁜 직장인이나 외로운 대학생들만 해야 할 일은 아니라고 말한다. 마음을 가다듬고 재충전하고 다시 중심을 잡기 위해 잡음을 차단할 수 없는 사람은 누구라도 마음을 분산시키는 바쁨과 유사한 패턴이 나타날 수 있다. 로빈슨의 경우 일단 삶에서 시간과 공간을 되찾자 주변 사람들을 더 잘 받아들일 수 있고 관계에 관심을 기울일 수 있다는 사실을 알았다.

"나 자신과 함께 있는 것, 주위 사람들과 함께 있는 것이 전에는 경험하지 못했던 것을 제공해주기 시작했습니다."

로빈슨은 자신이 토요일 오후 마티네를 좋아하며 난초 재배를 좋아하는 남편과 함께 정원에서 일하기를 좋아한다는 사실을 알았다. 아름다움과 소리의 새로운 진가도 발견했다. 다음에 해야 할 일에 대한 집착을 줄이고 바로 앞에 있는 사람에게 더 집중하게 됐다.

"현재의 순간에 더 만족할 수 있게 됐는데 이건 시스템에 완전히 다른 영향을 끼쳐요."

로빈슨은 이 중대한 변화가 "밖에서 안으로의 압력 때문이 아닌 안에서 밖으로 이끄는 힘에 의한 것"이라고 말한다. 변화의 가장 눈에 띄는 첫 번째 보상은 결혼 생활이 좋아졌다는 것이다. 로빈슨이 진행한 초기 연구에 따르면 일중독은 이혼율을 증가시켰으며 일중독 부모의 자녀들은 불안과 우울증에 걸릴 위험이 더 높았다.

"일에 중독되면 일이 가장 중요해집니다. 관계는 종종 의무처럼 느껴지죠." 당연히 일중독자들의 배우자들은 외롭고 무시당한다고 불평한다. 진정한 관계의 상호성이 깨지는 것이다. 로빈슨은 남편이 무릎을 꿇고 함께 시간을 보내자고 간청했던 일을 떠올렸다. "내 생각에는 남편이 내가 해야 할 가장 중요한 일 중 일부를 방해하고 있었어요. 어떻게 감히? 감정이입도 아니고 연민도 아니었어요."

요즘 로빈슨은 우선순위를 바꿨다.

"내가 사랑하는 사람들에게 전념하는 것을 맨 위에 뒀어요."

일중독과 외로움 사이의 악순환을 끊은 것은 그의 직업적 성과에도 예상치 못한 긍정적 영향을 미쳤다.

"역설적인 사실은 내가 속도를 늦춰 의식하고 관계를 맺을수록 생산성과 효율성이 높아졌다는 것입니다."

《이솝 우화》〈토끼와 거북이〉의 현대판처럼 로빈슨은 정말로 느리고 꾸준한 것이 경주에서 이긴다는 사실을 증명하고 있었다. 그러나 로빈슨에게 결정적인 이익은 완전히 개인적인 것이었다.

"더 행복해졌고 더 성취감을 느끼게 됐어요. 바쁘지만 즐겁게 지내고 있습니다. 일이 나를 몰아붙이는 것 같지 않아요. 내가 일을 통제하고 있어요."

보이지 않는 상처

외로움에 관한 이야기 중 많은 수가 어린 시절의 트라우마에서 시작된다. 가정 폭력, 조직 폭력, 살인, 부모의 이혼과 유기는 행복한 어린 시절을 보내고 건강한 아이가 되는 데 전혀 도움이 되지 않는다. 어린 시절 상처는 장기적인 흉터를 남길 수 있고 그 중에서도 특히 사회적 불안감을 키울 수 있다. 로빈슨이 말한 것처럼 해를 입을 수도 있는 위험은 외로움으로 가득 찬 마음속 감옥을 만든다.

한 사람의 초기 관계는 사회적 힘의 토대가 될 수 있고 또 그래야 한다. 이상적인 세계에서 모든 아기는 확고한 정체성과 강한 소속감을 갖고 자랄 수 있도록 충분한 사회적 상호작용과 지도, 애정을 제공하는 일족 안에서 태어날 것이다. 가까운 친구와 친척은 주의와 통찰력을 기울여 아이에게 반응할 것이다. 아이는 그들에게서 사회적 상호작용의 가치와 복잡성, 강하고 건강한 우정을 형성하는 방법, 신뢰를 쌓는 방법, 유능하고 믿을 수 있는 사회 구성원으로 성장하는 방법을 배우게 될 것이다. 하지만 우리가 목격해온 것처럼 세상은 완벽하지 않고 어떤 가족, 어떤 관계도 이상적이지 않다.

공중보건 전문가들은 어린 시절에 일어나는 외상적 경험을 아동기 부정적 경험(Adverse Childhood Experiences, ACE)이라고 표현한다. 아동기 부정적 경험은 신체적·정서적·성적 학대와 신체적·감정적 방치, 부모가 알코올의존증이거나 가정 폭력의 희생자인 경우, 가족 구성원의 교도소 수감, 정신 질환을 진단받은 가족, 이혼, 죽음, 유기로 인한 부모의 부존재 등을 포함한다.[15]

애정 어린 관계라는 완충제가 없을 경우 ACE에서 비롯된 극심한 스트레스는 성장 중인 아이의 뇌 구조와 기능을 손상할 수 있다. ACE로 인한 스트레스는 학습과 행동에 문제를 일으킬 수도 있다. 생리학적으로는 면역력과 성장을 방해할 수 있고 유전적 차원에서도 영향을 미칠 수 있다. ACE 점수가 높은 아이들은 중독, 우울증, 자살, 심장병, 폐 질환, 암에 걸리기가 훨씬 더 쉽다. 또 신뢰할 수 있는 관계를 형성하는 데 어려움을 겪을 가능성이 더 높으며 외로움을 느낄 위험도 더 크다.

미국 23개 주 성인들을 대상으로 조사한 2018년 미국의사협회지 소아과학(JAMA Pediatrics) 연구에 따르면 조사 대상 성인의 60%가 성장 과정에서 적어도 하나 이상의 ACE를 갖고 있었고 25%는 3개 이상을 갖고 있었던 것으로 나타났다.[16] 이들은 필사적으로 관계를 맺고 받아들여지기를 원하지만 살아오면서 다른 사람에게 학대받거나 상처받는 것을 두려워하도록 훈련받아왔기 때문에 제대로 관계를 맺지 못한다. 콜 박사는 "온갖 사소한 위협의 징후를 찾기 시작하는 겁니다"라고 말하며 감정적 상처가 종종 위협과 거절에 민감성을 높인다는 사실을 이해시켜줬다.

그렇다면 해결책은 무엇일까? 학대와 방치의 피해자였다는 이유로 이 아이들을 그냥 단념해버릴 수는 없다. 초기 트라우마가 아이에게 가할 수 있는 피해를 보여주는 충격적인 증거들이 있음에도 역경을 극복하고 강하게 그들을 지지하는 사회적 네트워크를 형성해 온전하고 건강하게 성장하는 사람들도 분명 존재한다. 그 이유는 무엇일까?

이 2가지 중요한 질문이 60여 년 전 캘리포니아대학교 데이비스캠퍼스의 에미 베르너(Emmy Werner) 교수로 하여금 하와이 카우아이섬에서 어린 시절의 회복탄력성에 관한 획기적인 장기 연구를 시작하게 했다.[17]

하와이는 야자나무와 자연 그대로의 해변, 부드러운 무역풍, 향기로운 난초로 만든 환영의 레이, 우아한 훌라춤으로 알려져 있다. 그러나 하와이의 빈곤율은 미국에서 13번째로 높으며 여러 인종으로 이뤄진 하와이 거주자들은 본토인과 마찬가지의 어려움을 겪는다. 1955년 연구를 시작한 베르너 교수와 연구 팀에게 하와이에서 연구하는 이점은 그해 카우아이섬에서 태어난 698명 아이들 전원의 건강과 발달을 쉽게 확인하고 추적할 수 있다는 것이었다. 연구 팀은 40세가 될 때까지 시간 간격을 두고 이 아이들을 계속 추적 관찰했다.

연구를 진짜 획기적으로 만든 요인은 이 연구가 트라우마나 질병 등 어려움이 시간이 흐름에 따라 연구 대상에 미치는 영향에 관심을 갖기보다는 어려움을 겪었던 아이들 중 다수가 어려움을 극복하고 성공할 수 있었던 힘의 근원을 규명하려 했다는 데 있었다.

연구 대상이었던 카우아이섬 아이들 중 거의 3분의 1이 가난한 가정에서 태어났거나 가족 간 불화, 부모의 이혼, 약물 남용이나 정신 질환 가족력이 있는 등 문제에 직면해 있었다. 그리고 이들 중 이런 위험 요소를 4개 이상 가진 3분의 2는 학습 문제, 행동 문제, 정신 건강 문제 등 심각한 문제들을 발전시켰다. 하지만 연구 팀은 나머지 3분의 1, 즉 고위험군에 있었지만 '유능하고 자신감 있고 배려심 있는' 성인으로 성장한 아이들에게 가장 많은 관심을 기울였다. 이 강인한 영혼들은 40세가 되기 전에 결혼하고 경력을 쌓았으며 다수가 헌신적인 부모가 됐다. 그들에게 있었던 역경을 고려했을 때 무엇이 그들의 회복탄력성을 설명해줄까?

어린 시절 가장 강력한 보호 요인(protective factor)들은 대부분 사회적이었다는 것에 해답이 있었다.[18] 차분하고 쾌활한 기질을 타고난 아이들이 자연스럽게 보살핌과 지지를 끌어모았다는 점에서 유전적 특징도 분명 도움을 줬다. 하지만 차이를 만든 것은 사회적 지지였다. 아기 때 부모나 1차 양육자와 유대감을 가질 수 있었던 아이들에게는 사회적 이점이 있었다. 가족 내에서 부모를 대신할 수 있는 사람들과 긴밀한 유대감을 쌓은 아이들도 이점을 가졌다. 손위 형제, 이모, 삼촌, 조부모가 부모를 대신할 수 있었다. 아이에게는 유대감을 쌓을 사람이 단 1명만 있으면 됐다. 중요한 것은 부모를 대신하는 사람이 양육에 적합하고 양육을 할 수 있으며 정서적으로 안정되고 성숙해야 한다는 것이었다.

나이가 들면서 제대로 양육받은 아이들은 신뢰할 수 있는 공동체 관계에 기대는 법을 배웠다. 이들은 선생님, 목사님, 이웃, 교회 구성원, 친구 부모님에게 의지하며 위기 때 감정적인 지원과 조언을 해줄 수 있는 어른들을 가족 밖에서 '모집'했다. 그들은 이후에도 진심으로 배려할 줄 아는 안정된 사람들을 연인과 친구로 삼았고 함께 건강한 결혼 생활을 하며 건강한 가정을 꾸렸다.

베르너 교수는 역경 속에서도 성공한 이 집단을 "취약하지만 불굴"의 사람들이라고 말했다. 이 중에는 남성보다 여성이 훨씬 많았다. 베르너 교수는 연구에 참가한 여성들이 "살면서 일어나는 스트레스 가득한 사건들과 걱정에 대처하기 위해 더 큰 사회적 지원망에 의지했다"고 말했다.[19]

ACE의 부정적인 영향을 경감하는 데 이 같은 관계는 매우 중요하다. 2012년 인터뷰에서 이 아이들의 성공을 설명하기 위해 소속감과 애착이 얼마나 중요한지 물었을 때 베르너 교수는 이 점을 분명히 했다.[20] 그는 "소속감과 애착이 다른 모든 것을 건설하는 데 필요한 가장 기초적인 요소라고 생각한다"고 대답했다. 애착을 확립하는 데는 특별한 유전자나 특성이 필요하지 않다. 그저 사랑과 친절을 나눔으로써 우리 모두가 배울 수 있는 사회적 기술과 인간관계만이 필요할 뿐이다.

카우아이섬의 회복탄력성 연구 결과는 그 후 다른 연구에 의해서도 재확인됐다.[21] 이처럼 오늘날 어린이들에게 건강한 사회적 관계는 유해한 스트레스를 예방하고 해결하는 가장 중요한 요소 중 하나라는 사실이 널리 인정되고 있다.[22,23]

트라우마적 과거가 나쁜 일이 일어날 위험을 높일 수는 있겠지만 그렇다고 무참하게 실패할 운명을 의미하는 것은 아니다. 역경은 우리가 파괴됐다는 뜻이 아니다. 베르너 교수의 연구를 포함한 여러 연구는 우리가 서로를 구할 수 있다고 말해준다. 서로와의 관계 속에서 치유되고 앞으로 나아갈 더 나은 길을 찾을 수 있다.

레스터가 ARC에 관해 내게 전해준 깨달음 중 하나는 '아이 1명을 제대로 키우면 어른 1명을 고치지 않아도 된다'는 격언이었다. 카우아이섬 연구를 검토한 후 이 말을 되새기며 만일 우리가 베르너 교수의 연구 결과에서 얻은 교훈을 대규모로 적용할 수 있다면 어떤 일이 일어날지 궁금해졌다. 빅 브라더스 빅 시스터스 오브 아메리카(Big Brothers Big Sisters of America, BBBS)는 이 질문에 고무적인 대답을 해줬다.

미국에서 가장 오래되고 가장 큰 규모의 청소년 멘토링 프로그램인 BBBS는 청소년 비행을 줄이기 위한 방법으로 1904년, 1세기도 더 전에 시작됐다. 모든 어린이는 배경에 상관없이 인생에서 성공을 거둘 수 있다는 것이 오늘날 이 단체의 비전이다. BBBS는 위험한 환경에 있는 아이 '리틀(Littles)'과 성인 자원봉사자 '빅(Bigs)'을 1대 1 멘토링 관계로 연결해 아이들의 성공을 돕는다. 아이들은 5살부터 시작해 청년기에 이르기까지 자신이 선택한 환경과 활동에서 정기적으로 멘토들과 시간을 보낼 수 있다.

멘토 연결에 관한 BBBS의 2018년 조사에 따르면 아이들은 부모 신뢰, 위험한 행동에 대한 태도, 성적, 교육적 기대, 학교 공부에 대한 자신감, 또래들 간의 소속감, 특별한 어른의 존재 등 7개 영역에서 모

두 개선을 보였다.[24] 이전에 실행된 한 통제 연구 결과 성인 자원봉사
자들과 18개월 동안 함께 시간을 보낸 아이들은 대조군과 비교했을
때 불법 약물을 사용하거나 학교를 결석하거나 누군가를 때릴 확률
이 더 낮았다. 학교 공부에는 더 자신감을 가졌고 가족들과도 더 잘
어울렸다.[25]

이는 관심을 갖는 어른 단 1명이 차이를 만들어낼 수 있음을 보여
주는 강력한 증거다. 일반적으로 현명하고 사랑이 넘치는 부모를 가
진 축복받은 사람들은 사회적 균형감의 상당 부분이 보호자 덕분이
라고 생각한다. 그러나 가장 힘이 되는 어른들조차도 자신의 존재 밖
에서 일어나는 사회적 트라우마에서 아이를 보호할 수는 없다. 학교
에서 왕따의 피해자가 될 경우 사랑을 많이 받은 아이조차도 일종의
전쟁신경증(shell shock)을 경험할 수 있다.

캘리포니아주립대학교 시린 파브리(Shireen Pavri) 교수는 2015년
외로움과 따돌림에 관한 연구 조사에서 콜 박사가 설명한 것과 같은
순환 효과(cyclical effect)를 언급했다.

> 최소한 매주 따돌림을 당했다고 보고한 학생들은 외로움, 무력감, 소외
> 감 등 증상이 나타나는 정도가 매우 높았다.[26]

더 나쁜 점은 이런 순환이 한 방향으로만 도는 것 같다는 사실이다.
그 결과 따돌림을 당하는 아이들은 점점 더 외로워지고 괴롭힘이 중
단된다 해도 외로움이 바로 개선되지 않는다. 사회적·정서적 영향

이 실제 따돌림을 당한 기간보다 훨씬 더 오래 지속될 수 있다는 의미다. 또 파브리 교수는 "어릴 때 따돌림을 당했던 성인들은 낮은 자존감과 높은 정서적 외로움, 우정을 유지하는 데 더 큰 어려움을 겪는다고 보고했으며 성인이 돼서도 계속 부당하게 괴롭힘당할 위험이 높았다"고 말했다.[27]

집단 따돌림이 드문 일이라면 그렇게 걱정스럽지는 않을 것이다. 하지만 전 세계적으로 집단 따돌림이 일어나는 비율과 영향은 우려스럽다. 국립교육통계센터(National Center for Education Statistics)에 따르면 2015년 미국 어린이 중 21%가 학년 동안 괴롭힘을 당해봤다고 응답했다.[28] WHO가 28개국 청소년들을 대상으로 실시한 조사에서는 평균적으로 남학생의 18%, 여학생의 15%가 이전 30일 동안 따돌림을 당해본 적이 있는 것으로 나타났다. 학생들은 따돌림을 더 많이 당할수록 두통, 수면 문제, 신경과민, 외로움, 소외감을 포함한 신체적·정신적 이상을 더 많이 호소했다.[29]

물론 따돌림의 모든 피해자들이 영구적으로 트라우마에 시달리는 것은 아니다. 소규모라도 진실하고 지지하는 친구가 있는 사회적 서클을 가진 학생들은 따돌림이라는 역경을 만나도 다시 회복될 수 있다. 그리고 어른들과 마찬가지로 아이들에게도 외로움을 치유할 수 있는 가장 효과적인 방법 중 하나는 다른 사람들에게 봉사하는 것이다.

가우처칼리지(Goucher college)에 다니는 노아 블록(Noah Block)은 학교 과제로 지역 봉사 프로젝트를 선택해야 했던 14살에 우연히 이 해결책을 발견했다. 그때까지 블록은 수년 동안 따돌림을 당하고 있었다.

"초등학교 때 제 유일한 친구들은 특별한 보호가 필요한 아이들뿐이었어요. 9살인가 10살쯤에는 아침에 일어나기 싫다는 생각이 들었죠. 결국 어머니에게 이야기했어요. 죽고 싶지만 한편으로는 도움을 받고 싶다고요."

부모의 든든한 지지가 블록이 암흑의 세월에서 살아남는 데 도움이 됐다. 두 사람은 모두 심리학자였다. 그들은 블록이 겪고 있는 상황을 이해했고 신경 썼다. 학교가 블록을 보호하려는 행동을 하지 않자 그들은 블록을 다른 학교로 전학시켰다. 부모는 블록의 동맹자이자 이야기를 들어주는 사람이었으며 사회적 멘토 역할을 했다. 하지만 그들만으로는 블록의 외로움을 치유할 수 없었고 학교 안에서의 역학을 바꿀 수도 없었다. 마찬가지로 블록은 지역 봉사 활동도 도움이 될 거라고 기대하지 않았다.

그러나 블록이 YMCA 마린 카운티 청소년 법원에서 자원봉사를 시작하면서 그의 삶도 바뀌기 시작했다. 마린 카운티 청소년 법원은 YMCA의 회복적 서비스(Restorative Services) 부서가 고등법원과 협력해 관리한다. 전통적인 청소년 사법제도의 대안으로 비적대적인 P2P 방식의 회복적 제도다. 블록과 같은 어린 자원봉사자들이 배심원, 법정 관리원, 변호사, 판사 역할을 한다. 의뢰인은 법을 어기고 기꺼이 책임을 받아들이는 아이들이다. 의뢰인의 이야기는 블록으로 하여금 자신이 경험한 것 이상의 트라우마와 어려움을 볼 수 있게 해줬고 블록은 때때로 자신이 도움이 될 수도 있겠다고 생각하게 됐다.

한번은 베이글을 훔친 한 소녀가 있었다.

"98센트짜리 베이글이었기 때문에 우리에게 사건을 보내지 않을 뻔했죠." 블록이 내게 말했다. "그러나 소녀가 마음을 열고 우리와 대화하기 시작했고 결국 가족에게 성폭력을 당했으며 오피오이드에 중독됐다는 이야기를 했어요."

또 다른 소녀는 가난한 친구를 위해 아기용 조제분유와 물티슈를 훔친 혐의로 체포됐다.

"우리는 그를 지원 서비스에 연결해줄 수 있었어요."

청소년 법원의 목표는 청소년들을 교도소에 보내지 않고 그들의 삶과 미래를 정상으로 되돌려놓는 것이다. 블록은 의뢰인들에게 이렇게 말하라고 배웠다.

"첫 번째 단계는 늘 도움을 요청하는 거예요. 도움을 주기 위한 사람들이 있습니다. 그냥 그들을 찾기만 하면 돼요." 이 프로그램을 통해 블록은 자기 스스로에게도 같은 말을 해주게 됐다. "우리는 다른 인생을 경험했지만 청소년 법원에 모였다는 공통점이 있어서 가족 생활, 트라우마 등에 관해 이야기를 나눌 수 있었어요. 청년들에게 일어나고 있는 일들을 들었고 이런 문제에 열정적인 다른 청년들과 함께 일하게 됐죠. 따돌림을 당한 후 진정한 우정을 쌓은 첫 경험이었어요."

외로움은 깊은 무력감과 절망감을 가져오며 이 메시지는 희생양들이 스스로를 나약하고 쓸모없는 사람이라고 느끼게 하기 위해 노력하는 왕따 가해자들에게 쏙쏙 들어가 박힌다. 블록이 청소년 법원에서 발견한 것은 그의 삶에도 의미와 목적이 있다는 사실이었다. 그에게는 자신이 알고 있던 것과 다른 종류의 위험과 어려움에 직면한 아이들의 삶에 진정한 변화를 가져올 수 있는 힘이 있었다. 이 아이들과 관계를 맺고 그들의 문제를 듣고 그들의 입장에서 생각하며 그 힘을 깨달았다. 블록은 자신에게 의뢰인들을 잘 상담해줄 수 있는 연민과 지혜가 있다는 사실을 알게 됐고 그 과정에서 자기 자신의 문제를 바라보는 매우 유용한 시각을 얻게 됐다. 어려움에 처한 다른 아이들의 나아갈 길을 볼 수 있는 것처럼 그는 스스로의 미래를 볼 수 있었다.

현재 19살이 된 블록은 청소년 법원에서의 경험이 "한 사람으로서의 나를 완전히 변화시켰다"고 말한다. 다른 사람들을 돕는 것이 그를 치유한 것이다. 봉사 경험은 블록에게 자신이 중요한 사람이고 세상에 속해 있다는 의식을 갖게 했다.

태어나서 죽을 때까지 우리 모두는 배우고 자라며 치유하고 서로 섬길 수 있게 도와줄 사람과 장소를 의식하고 있어야 한다. 봉사를 통해 형성되는 유대감은 외로움의 악순환을 끊으며 트라우마의 치유와 우리 모두에게 필요한 안도감의 영속적인 원천이 된다.

인류가 여러 가족이 모인 하나의 가족이 아니라면
인간성이란 대체 무엇인가?
우리는 모두 이 행성을 공유한다.
우리 아이들은 모두 함께 이 땅을 물려받을 것이다.

together

2부

연결된 삶을 ———————— 만드는 법

가장 진실된 감정을 공유하라

—— 절망의 가장 흔한 형태는 있는 그대로의 자신이 아닌 것이다.

쇠렌 키르케고르(Søren Kierkegaard)

—— 먼저 자기 자신을 진정으로 사랑하지 않으면 다른 사람도 진정으로 사
랑할 수 없다.

프레드 로저스(Fred Rogers), 《당신은 특별하다: 로저스 씨가 들려주는 친절한 지혜의 말
(You Are Special: Neighborly Words of Wisdom from Mr. Rogers)》

쓰다 버린 종잇조각과 침구만 남은 텅 빈 기숙사 방에 도착한 순간
세레나 비안(Serena Bian)은 앞으로 일어날지 모를 미지의 변화에 깊
은 불안감을 느꼈다. 그는 펜실베이니아대학교에서 1학년을 시작할
참이었고 필라델피아에 온 것은 처음이었다. 이곳에는 아는 사람이
하나도 없었고 갑자기 친구를 새로 사귈 수나 있을지 의심스러워졌
다. 이런 생각이 뇌리를 스치자 비안은 자신을 잃어버린 듯한 기분이

들었다. 6년이나 지났지만 비안은 그때를 떠올리며 몸서리쳤다. 처음으로 외로움으로 인한 오싹함을 체험한 비안이 보인 반응은 20년 전 존 카치오포 박사가 알아낸 전형적인 패턴에 들어맞았다. 비안의 몸은 마치 툰드라에 발이 묶인 인류의 조상처럼 경고신호를 보내고 있었다. 그는 내 편인 사람들과 떨어져 낯선 지역에 있었다. 곧 만나려는 부족에는 적이 있을지도 몰랐다. 경계심을 높여 방심하지 않아야 했고 빨리 내 편을 찾아야 했다. 하지만 안타깝게도 비안과 친한 사람들은 수백 킬로미터나 떨어져 있었고 어떻게 그들을 대체해야 할지 알 수 없었다.

미시간주 교외에서 나고 자란 비안은 1970년대에 기회를 찾아 중국을 떠난 이민자 부부의 딸이었다. 키는 170센티미터, 수심 어린 표정에 종종 끼어드는 빛나는 미소를 가진 현재의 비안은 차분하지만 강하고 기쁨이 느껴지는 아름다운 사람이었다. 비안을 처음 만났을 때 나는 그가 온화한 목소리와 부드러운 말투로 이야기하고 있지만 마음은 인간성에 대한 호기심과 이상주의, 맹렬한 믿음으로 가득 차 있다는 것을 알아챘다. 비안은 "대부분이 백인인 환경에서 유일한 아시아계 미국인으로서 문화적 고립에 어떻게 대처해야 하는지 배웠다"고 말했다. 하지만 그런 차이가 그의 어린 시절을 망치지는 않았다. 오히려 정반대였다. 그는 많은 관심을 받았고 작은 사립학교에서 '알려져 있는' 기분이었다. 10대 때 비안은 지속가능성에 대한 열정과 환경보호를 향한 열망을 키웠다. 양봉가가 됐고 멋진 친구들을 사귀었으며 학교에는 그를 믿어주는 멘토가 있었다. 게다가 처음으로 사랑에도 빠졌다.

그러나 다른 많은 신입생과 마찬가지로 비안은 대학교에 입학했을 때 불안정한 상태였다. 집을 떠나기 직전 남자친구와 헤어졌고 심적 고통과 향수병, 갑작스럽고 고독한 변화의 충격에 압도된 채 캠퍼스에 도착했다.

"외지에서 처음부터 다시 시작하겠다고 어떻게 열여덟 해 동안 천천히 쌓아온 인생을 떠날 수 있겠어요?"

비안이 예상하지 못했고 미처 깨닫지도 못했던 사실은 그가 고향에 그동안의 삶보다 더 많은 것을 남겨두고 왔다는 것이었다. 그는 자신의 정체성을 집에 놓고 왔다. 우리 모두가 그렇듯 비안의 어린 시절 정체성은 그의 가족, 친구, 학교, 이웃이라는 '부족' 안에서 구축됐다. 그는 이런 관계나 소속감과 별개로 자신을 규정해본 적이 없었기 때문에 혼자서 대학이라는 전혀 다른 상황을 마주하자 마치 자기 자신을 볼 수 있게 도와줬던 모든 표지를 잃어버린 것 같았다. 갑자기 다른 사람에게뿐만 아니라 자신의 눈에도 보이지 않는 사람이 된 것처럼 느껴졌다. 신입생 오리엔테이션에서 해 질 녘부터 동틀 녘까지 온 캠퍼스가 떠들썩할 파티가 열릴 것이고 펜실베이니아대학교에서의 첫 주가 '생애 최고의 한 주'가 될 거라는 말을 들었을 때에도 도움이 되지 않았다. 비안에게 수백 명의 신입생들을 만날 수 있는 '기회'는 새로운 대학 생활로 돌진해야 한다는 일종의 최후통첩이었다.

원래 꽤 내성적인 성격이었지만 비안은 적응하려고 노력했다. 이틀 밤 동안 파티에서 용감하게 싸웠으나 결국 낯선 사람들 사이에서

술에 취했다. "오리엔테이션 마지막 밤은 제 열여덟 번째 생일이기도 했어요. 어쩔 수 없이 관계를 가지려고 아무 남자와 함께 걷고 있는 나를 발견했죠. 그의 방에 도착하자마자 이게 얼마나 나답지 않은 일인지 분명히 깨달았어요. 집에 가고 싶다고 말했는데 다행히 그는 나를 기숙사까지 바래다줄 만큼 착한 사람이었어요."

그 만남은 결국 불장난에 지나지 않았지만 비안은 자기회의와 심한 불안감에 흔들렸다. 학교를 잘못 고른 것일까, 아니면 내게 무슨 문제가 있나? 적응하기 위해 변화를 시도해야 할까, 아니면 경계를 늦추지 않고 방어적인 태도를 유지하면서 혼자 지내야 할까? 두려움과 불확실성에 관해 믿고 이야기할 수 있는 사람이 없다는 사실은 문제를 더 어렵게 만들었다. 다른 사람들은 모두 이 광란을 즐기고 있는 것 같았다. 외로움 때문에 사고가 왜곡돼 자기 자신에 대한 관점만큼 다른 사람들에 대한 인식도 의심스러워졌다. 비안은 그 당시를 이렇게 회상했다.

"대학교 1학년이 얼마나 힘든지 아무도 말해주지 않아요. 생전 처음 인생이 뿌리째 뽑혔는데 순조로운 전환을 예상하는 것은 비현실적이죠."

하지만 진짜 문제는 한 개인으로서 처음으로 더 넓은 세상을 만나게 될 때 개별 인간으로서 내가 누군지 모른다는 것이다. 얼마나 많은 대학생이 같은 생각을 하는지 비안이 알았다면 좋았을 텐데. 대학생의 60% 이상이 지난 1년 동안 매우 외로움을 느낀 적이 있다고 밝혔고 지난 2주 동안 외로움을 느꼈다고 응답한 비율도 약 30%에 이르렀다.[1] 캘리포니아대학교 데이비스 캠퍼스에서 실시한 2019년 조사에서 대학 신입생 중 절반은 친구를 사귀는 것이 생각보다 어렵다고 답했다.[2]

비안에게는 대학 규모가 크다는 점도 어려움을 더하는 요인이었다. 펜실베이니아대학교는 필라델피아라는 도시 안에 있는 또 하나의 도시 같았고 그는 군중 속의 대수롭지 않은 1인처럼 느껴졌다. 처음 몇 주 동안 비안은 수업 사이사이에 화장실 칸에 숨어 들어가 울었다. 수업이 끝나 다른 학생들이 점심을 어떻게 할지 이야기할 때도 그는 따라가려고 애쓰지 않았다.

"사람들과 어울릴 계획을 세우지 않을 때면 외롭고 소외되는 것 같았어요. 하지만 어울리려고 할 때마다 그 상호작용에는 엄청나게 피상적인 뭔가가 느껴졌어요. 우리는 대학 사교 클럽(Greek life), 파티, 학교와 성적에 대한 불안감을 이야기했죠."

비안은 고등학교 친구들과 함께 나눴던 깊은 대화를 갈망했다. 고등학교 때 친구들은 그를 속속들이 알고 있었고 그도 마찬가지였다. 필라델피아에서 그는 학교 친구 중 누구와도 그런 유대 관계를 맺지 못하고 있었다.

"나는 완전히 아웃사이더인 것 같았어요. 침대에 누워 넷플릭스를 보는 동안 한 무리가 또 다른 파티에 가는 소리를 들었죠. 내가 정말 아무도 아닌 것처럼 느껴졌어요."

학기가 진행되면서 외로움에 대한 경험은 바뀌었지만 강도는 줄어들지 않았다.

"항상 바빴어요. 수업을 따라가기 위해 공부를 하거나 새로운 클럽에 가입하거나 이런저런 토론회나 컨퍼런스에 참석하거나 도서관이나 커피숍에서 숙제를 했어요. 순전히 공부와 다른 활동을 하면서 부분적으로 외로움에서 벗어날 수 있었죠. 바쁘다는 건 거의 병이에요!"

비안의 말은 일중독에 대한 브라이언 로빈슨의 말과 일맥상통했다. 하지만 그는 여전히 친구가 없었고 클럽에 들어가려고 해도 펜실베이니아대학교의 클럽들은 경쟁이 너무 치열해 신입생 지원자는 거의 받지 않았다. 비안도 예외는 아니었다. 이제 대학 시절은 외로움과 거절의 시대가 됐다.

"내 인생의 모든 것에 상실감을 느꼈고 무척 혼란스러웠어요."

비안의 외로움은 '이들 사이에서 내 자리를 찾을 수 없으니 틀림없이 내게 뭔가 잘못이나 문제가 있다'는 식의 자기비난이나 자기비판과 자주 짝을 이뤘다. 다시 말하지만 비안은 그가 인식했던 것보다 훨씬 더 혼자가 아니었다. UC 데이비스에서 시행한 조사에서 1학년 때 친구를 사귀기가 어려웠다고 대답한 대학생의 4분의 3은 연구원들에게 다른 사람들은 나보다 더 쉽게 친구를 사귀는 것 같다고 응답했다.[3] 이것이 고립을 심화하고 자의식을 왜곡하는 외로움의 잔인한 패턴이다.

겨울방학 동안 집에 돌아온 비안은 고등학교 때 멘토를 만났다. 멘토는 곧바로 비안의 목소리가 무미건조하며 눈에는 생기가 부족하다는 사실을 알아차렸다. 그는 몸을 앞으로 내밀며 "비안, 우울하니?"라고 물었다.

"그때 내가 분명히 우울하다는 사실을 깨달았어요. 우울증은 대부분 외로움의 경험에서 비롯돼요."

비안은 더 이상 지속가능성과 양봉에 흥미를 느끼지 않았다. 새로운 사람들을 만나고 싶은 마음도 없었다. 그는 자신이 사랑하는 모든 것과 자신이 중요한 이유, 삶에 의미를 부여하는 것들을 볼 수 있는 눈을 잃어버렸다. 마치 더는 자기 자신이나 그 누구에게도 속하지 않는 것 같았다. 비안은 부모님과 함께 앉아 다른 학교로 옮길지 고려해봤다. 여기서 다시 그에게는 여러 세대의 지지자들이 있었다. 외로움과 우울증은 대학 중퇴를 예측할 수 있는 2가지 중요한 변수다.[4,5] 한 예로 2014년 워싱턴대학교를 자퇴하거나 다른 학교로 옮긴 학생들 중 41%는 '사회적으로 혼자라는 느낌'이 자퇴를 결정하게 된 한 요인이라고 답했다.[6]

하지만 비안은 결국 학교를 옮기는 대신 봄에 펜실베이니아로 돌아가 치료를 시작했다. 그는 자전거를 타고 미술관에 가거나 강을 따라 달렸고 자신에게 기쁨을 주는 일, 관심사를 일깨워주는 일을 했다. 이런 생활은 정체성을 회복하는 데 도움을 줬지만 여전히 다른 사람들과 교류할 때면 불편하고 자신이 없었다.

"캠퍼스를 떠나 돌아오지 않는다고 해도 보고 싶을 사람이 없을 것 같았고 나를 그리워할 사람도 없을 것 같았어요."

하지만 그해 여름 모든 것이 바뀌었다. 집으로 돌아온 비안은 도시 농장에서 자신이 무척 사랑했던 일을 직접 할 수 있는 일자리를 구했고 그가 '변혁'이라고 표현한 1달짜리 요가 강사 수업에 등록했다.

"나를 낫게 한 것은 요가라기보다는 공동체였어요."

15명으로 이뤄진 이 그룹은 인생의 다양한 단계에서 다양한 배경을 가진 사람들이 모여 있었다. 할머니, 새로 아이가 태어난 아버지, 워킹맘, 대학원생, 단지 이 수업을 듣기 위해 하와이에서 미시간주로 날아온 커플도 있었다. 모두 낯선 사람이었지만 그들을 하나로 모은 조건들이 서로의 관계에 활력을 불어넣었다. 비안은 요가 수업 문화가 대학 문화와는 전혀 다른 느낌이었다고 말했다. 안전하고 따뜻하며 인내심이 있고 서로를 환영해주는 곳이었다.

"사람을 빠르게 판단하는 대신 시간을 들여 각자의 이야기를 이해했어요. 나는 이 공동체를 통해 우리가 인생의 모든 순간에서 자기만의 투쟁을 하고 있다는 사실을 배웠습니다. 겉으로는 모든 걸 다 가진 것처럼 보일 수도 있지만 속으로는 전혀 그렇지 않을 수도 있다는 사실을 알게 됐어요."

요가 프로그램에서는 친절, 정직과 같은 공통의 가치와 모든 수강생들이 중요하게 생각하는 요가 연습 등의 관심사를 중심으로 참여자들이 통합됐다. 다만 요가 수업에서 맺은 새로운 관계들은 그가 평생 동안 쌓아온 친밀한 우정처럼 그를 규정하지 않았다. 다른 학생들이 비안에게 그랬듯 비안도 이 낯선 사람들에게 새롭고 유일한 사람이었다. 모두가 자기만의 자아를 갖고 나름대로 수업에 참여했다. 비안은 진짜 자아를 드러내는 과정에서 대학에서 잃어버렸던 내면의 균형과 확신을 찾게 됐다. 그는 요가 수업을 듣는 수강생들끼리 취약성을 공유하는 것이 힘의 주요한 원천이라는 사실을 깨달았다. 그저 마음을 열고 솔직해지면 되는 것이 아니었다. 가장 진실한 감정과 두려움을 공유하고 그것을 중심으로 모이도록 격려받았다.

"공통된 인간성을 드러내는 것이 가진 힘을 재발견했어요." 비안은 자신이 안정적으로 중심을 잡고 있다고 느꼈으며 이 느낌은 그가 1학년 때 잃어버렸던 자신감을 찾게 해줬다. "2학년을 시작하기 위해 집을 떠날 때는 캠퍼스에서 더 많은 관계를 맺기로 결심했죠."

처음에는 수업을 같이 듣는 친구들에게 함께 커피를 마시자고 하는 등의 작은 실천을 했다. 그러나 평소와 같은 잡담에 만족하지 않고 신입생 시절 겪었던 외로움을 솔직하게 털어났다. 그러자 놀랍게도 그와 대화를 나눈 거의 모든 친구들이 자기들도 일종의 외로움을 경험했다고 이야기했다.

"페이스북 친구가 아주 많아 보이는 애나 인스타그램 팔로워가 수천 명인 애들까지도요!"

이 사실에 흥미를 느낀 비안은 대학 경험에 대한 익명의 간단한 설문 조사를 만들어 72명의 펜실베이니아대학교 학생들에게 무작위로 나눠줬다.

"대학에서 얻고 싶은 1번 항목을 '더 깊은/진실한 대화와 우정'이라고 응답한 사람들이 얼마나 많은지 보고 깜짝 놀랐어요."

동시에 비만은 물리적 공간과 건축이 인간의 상호작용과 문화적 변화에 미치는 영향에 관심을 갖게 됐다. 그는 캠퍼스의 모든 공간이 미리 정해진 문화를 갖고 있다는 사실을 알아차렸다.

"말하자면 펜실베이니아 캠퍼스의 지배적인 문화는 경쟁, 분주함, 사회적 위계였어요."

비안은 '인간의 심층적 상호작용을 최적화하는' 물리적 공간을 만드는 것이 가능할지 궁금했다. 그런 공간에서 사람들은 요가 수련 참가자들이 그랬던 것처럼 상호작용을 할 수 있을 거라고 생각했다. 사람들은 자유롭고 안전하다고 느끼며 진정한 자아를 드러내고 개인적인 열정과 관심사를 공유하며 '진짜' 내가 될 것이었다. 참된 연민과 친절로 서로를 대할 것이고 표면적인 모습보다는 깊이 감춰진 생각과 감정이 관계를 이끌어갈 것이다. 다시 말해 사람들은 바깥에서부터가 아니라 안에서부터 서로 관계를 맺을 것이었다. 일종의 실험으로 비안은 캠퍼스 밖에 에어비앤비를 빌려서 서로 모르는 학교 학생들을 초대해 개인적인 대화와 이야기를 나누며 함께 저녁 시간을 보냈다. 그는 이것을 공간 모임(Space Gathering)이라고 불렀다.

"실제로 길에 있는 사람들에게 다가가서 다른 학생들과 몇 시간 동안 서로를 알아가며 의도적으로 대화를 나누는 일에 관심이 있냐고 물어봤어요."

비안이 접근했던 대부분의 사람들은 그가 느꼈던 것과 같은 인간적인 솔직함과 정직함에 갈망을 드러냈다.

첫 번째 모임에서는 서로 다른 수업을 듣고 사회적 배경이 다양한 20명의 학생들이 모였다. 비안은 잡담과 방해가 없는 경험을 만들고 싶었기 때문에 모든 참가자에게 들어오자마자 핸드폰을 치우고 다른 사람이 도착할 때까지 조용히 앉아 있어달라고 부탁했다.

"소개를 시작하기에 앞서 3분 동안 서로의 눈을 응시하는 연습을 했어요. 그다음에는 틀에 박힌 소개보다 자기 인생에서 정말 좋은 것은 무엇이고 어떤 영역에서 어려움을 겪고 있는지 등 좀 더 나를 드러내는 이야기로 소개를 시작했어요."

다음 3시간 동안에는 캠퍼스 내 사회생활에 대한 경험과 의견, 그들의 열정과 두려움에 관해 이야기를 나눴다. 비안은 "저녁이 끝날 무렵 그 방에는 영감과 희망의 에너지가 있었다"고 기억한다.

고작 3시간 만에 서로 모르는 사람들이 모여 어떻게 그런 연대감 느낄 수 있었을까? 비안은 사람들이 미리 정해진 사회적 기대는 제쳐놓고 비판의 두려움 없이 진솔한 이야기를 나눌 수 있는 공간을 만들었던 데 그 열쇠가 있다고 믿는다.

"사람들은 저마다 두려움과 열망, 희망을 갖고 있어요. 우리는 생각보다 외로움, 불안, 우울증 같은 감정들을 더 흔하게 경험합니다."

최초의 공간 모임은 아주 성공적이어서 비안은 몇 주마다 새로운 사람들을 추가해 그들을 초대하기 시작했다. 그의 목표는 모였던 사람들을 가장 친한 친구들로 만드는 것이 아니라 공통의 인간성을 깨워 캠퍼스로 돌아가서도 친절과 연민을 갖고 다른 학생들을 대하도록 고무하는 것이었다. 그는 한 번에 하나씩 문화의 가치 체계를 조정하고 싶었다. 또 자신의 1학년을 잘못된 방향으로 이끌었던 생각도 버리고 싶었다.

"인간은 선하며 모두 각자의 전투를 치르고 있다고 사고방식을 전환해야 했어요. 다 함께 이 사실을 이해하려고 노력하고 있는 거예요.

나는 고등학교 때 친구들을 복제할 수 없다는 사실을 받아들여야 했어요. 각각의 관계는 그 나름대로 독특하기 때문에 모든 관계를 소중히 여기는 법을 배웠죠.”그는 자신의 새로운 변화도 높이 평가했다. “저는 다른 사람들에게 훨씬 더 마음을 열고 엄청나게 호기심을 갖게 됐어요!”

비안은 더 깊고 진실한 관계를 나눌 수 있는 사람들을 찾기 시작했다. 2학년 때는 가장 친한 친구 중 몇 명을 만났고 3학년 초에는 진정한 소속감을 느꼈다. 그는 공간 모임에서 가까운 친구 중 몇 명을 만났지만 친해지는 과정은 간접적이었다고 말했다.

“공간 모임에서 가벼운 친구들을 많이 사귈 수 있었어요. 겨우 몇 시간 동안이지만 사람들을 아주 진지한 방식으로 알게 됐기 때문에 그들을 믿을 수 있는 친구로 만들 수 있었죠.”

다시 말해 솔직한 대화는 지인을 사귀는 일은 물론 지속적인 우정을 쌓는 일도 더 쉽게 만들었다. 그리고 이런 기술은 모임과는 별도로 우정을 쌓고 강화하는 부분으로까지 확대됐다.

비안이 얻은 교훈은 우리 모두 절친한 친구가 돼야 한다는 것이 아니라 진정한 인간성을 표현하고 나누도록 장려하는 문화를 발전시켜야 한다는 것이다. 직접 만나서 나누는 대화의 힘을 이용하는 것은 그 방법 중 하나다. 그래서 비안이 만든 문화는 대부분 오프라인에서 이뤄졌다.

“모임이 끝나면 참가자들에게 다음 모임에 참석할 가급적 본인과 다른 친구를 1명 추천해달라고 부탁했어요.”

알고 보니 인간관계에 대한 사람들의 열망은 매우 강했다. 그리고 모임에는 거의 입소문을 통해 사람들이 모여들었다. 비안은 졸업할 때쯤 약 45개의 공간 모임을 주최했으며 따로 모임을 만들겠다고 나선 친구들을 위해 플레이북도 만들었다.

어느 날 저녁 모임에는 펜실베이니아대학교 학생 복지 커뮤니케이션 코디네이터인 벤 볼닉(Ben Bolnick)이 참석했다. 그는 〈데일리펜실베이니안(The Daily Pennsylvanian)〉에서 비안의 공간 모임이 학교의 중대한 틈을 메우고 있다는 사실을 인정했다. "모든 사람은 심사숙고하고 토론을 통해 아이디어와 개념을 살찌우고 다른 이와 상호작용하는 활동이 필요하다. 그러나 충분히 그렇게 하지 못할 때가 많다."[7]

나 자신의 친구가 되어주기

궁극적으로 비안이 자신의 외로움을 돌보게 한 것은 무엇일까? 지지적인 부모님, 고향 친구들, 요가 수업이 중요한 역할을 한 것은 분명하다. 하지만 나는 그 중요한 여름, 비안이 되살린 자기 자신과의 관계가 가장 중요한 요인이라고 생각한다. 굳건히 중심 잡힌 내적 관계가 비안에게 안에서부터 새로운 관계를 확립할 수 있는 토대를 마련해준 것이다.

자기 자신에게로 돌아가는 비안의 여정은 신학자 토머스 머튼(Thomas Merton)의 1960년 저서《토머스 머튼이 길어낸 사막의 지혜》에 나오는 구절을 떠오르게 했다.

우리와 우리 자신을 갈라놓는 심연을 건너지 못한다면 달로 항해를 떠나봤자 무엇을 얻을 수 있겠는가? 자기를 발견하는 것은 발견을 위한 모든 항해 중 가장 중요하며 자기를 발견하지 못한다면 다른 모든 것은 쓸모없을 뿐만 아니라 재앙이 될 것이다.[8]

머튼의 통찰력은 "아무도 아닌 것처럼 느껴졌다"는 비안의 말과도 통한다. 우리는 사회적으로 단절됐다고 느낄 때 종종 이름이 없는 사람처럼 느낀다. 아미 로카흐 박사가 관찰한 것처럼 주변 세상에 보이지 않는 사람이 된 것과 같다. 그러나 문제는 다른 사람들이 우리를 정확하게 보지 못하는 것뿐만 아니라 외로움이라는 안개가 우리 안의 거울을 흐린다는 것이다. 외로움은 우리의 내적인 힘은 물론 추구해야 할 가치, 삶의 의미, 보통 때라면 주변 우주와 연결됐다는 느낌을 갖게 할 기쁨과 경이의 근원을 보지 못하게 한다. 그리고 이렇게 눈이 멀면 삶에서 사랑하는 것들을 잊어버리고 우리가 마땅히 받아야 할 연민과 이해로 나를 받아들이지 못하게 되며 결국 나와 친구가 되지 못한 채 항로에서 이탈하게 된다.

때로 단절은 비안의 경우처럼 갑작스러운 환경 변화를 반영하기도 한다. 고등학교 시절의 긍정적인 경험들로 비안은 자신이 조용하지만 호기심 많고 풍부한 상상력을 가진 자연주의자로 알려져 있고 인정받는다고 느꼈다. 그러나 펜실베이니아에 있는 동료 학생들이 그의 개인적 열정과 관심사를 알게 되기까지는 시간이 필요했다. 결국에는 캠퍼스에도 그의 열정과 관심사를 공유하는 사람들이 가득하다는 사실을 알게 될 것이었지만 처음에는 낯선 사람들에게 느끼는 불편함 때문에 비안 자신도 그런 개인들을 알아보지 못했다.

많은 이들이 새로운 학교나 직장에 들어가거나 아무도 나를 모르는 지역이나 나라로 이사갈 때 비슷한 심연을 경험한다. 특히 주변 문화와 다르게 보이고 다르게 말하며 다르게 행동한다고 평가받는 것을 두려워할 때 더 그렇다. 너무 외롭고 두려워서 새로운 환경에서 다른 사람들과 공통점을 찾지 못한다면 문화 충격으로 심한 소외감을 느낄 수 있다.

그러나 위치의 변화가 없을 때도 우리는 자신의 본능과 단절될 수 있다. 상황은 시간이 흐르면서 늘 변한다. 나이를 먹고 어떤 직업이나 관계를 가졌다가 그만둘 수도 있다. 나와 세상에 관해 기존에 갖고 있던 생각에 반하는 경험과 사람을 만나기도 한다. 동시에 많은 사람이 끊임없이 자신을 '개선'하거나 '처음부터 다시 만들려고' 노력한다. 이런 변화는 대부분 자연스럽고 필요하며 건강하다. 우리는 배우고 성장하며 기술을 확장하고 지식과 자기인식의 깊이를 더하기 위해 애쓴다. 평생에 걸친 꼭 필요한 과정이다. 하지만 이 과정에서 외부의 영향은 변화가 자연스럽지 않거나 건강하지 않은 방식으로 이뤄지도록 끊임없이 우리를 압박하며 우리의 내부 의사결정에 스며들어 결정을 왜곡할 수 있다.

현대사회는 부, 명성, 완벽한 건강과 같은 이상을 제시한다. 이런 이상은 좀처럼 성취하기도 어려우며 대부분의 사람에게 반드시 가치가 있는 것도 아니지만 상업적으로는 미끼처럼 이용된다. 사실 이 같은 주장은 거의 진실이 아니다. 우리가 물질적 이상과 피상적 목표를 과대평가한다면 우리에게 정말로 중요한 목표들을 잊어버릴 위험이 있다. 복권에 당첨됐던 내 환자 제임스가 부자가 된 후에 깨달은 것처럼 우리 삶에 깊이와 의미를 부여했던 친구들과 일에 다가갈 수 없게 될지도 모른다.

오늘날과 같은 미디어 주도 세상에서 가장 해로운 이상 중 하나는 사회성에 관한 것이다. SNS 피드는 온라인에 수백 명의 친구와 팔로워를 갖는 것, 쉴 없는 데이트와 여행, 파티 일정이 우리의 사회생활을 보여준다고 믿게 한다. 혼자서 영화를 보거나 금요일 밤에 집에 있고 싶어도 이런 압박 때문에 위화감이 든다.

사회는 야망의 규범으로 자기 자신에게 비판적일수록 더 많은 것을 더 잘할 수 있게 동기가 부여된다고 정한다. 이런 자기비판은 외로움에 대한 과잉각성과 매우 위험하게 결합된다. 외로울 때 우리는 비안이 그랬던 것처럼 내가 아닌 다른 어떤 사람이 되는 데 '실패'했다고 스스로를 책망하며 몰아세워야 한다고 느낄 수 있다. 그 과정에서 우리는 약점을 확대하고 강점을 무시하며 타고난 본능을 불신하는 경향이 있다.

자기비판은 심지어 파멸적인 자기대화(self-talk)로 이어질 수 있다. 특히 스트레스의 순간에는 가까운 친구에게라면 절대로 내뱉지 않을 말들을 자기 자신에게 할 수도 있다. 예를 들어 실망스러운 데이트나 회의 후에 당신은 격려의 말로 자신을 위로하는가, 아니면 제대로 못한 스스로를 욕하는가? 원치 않는 살이 몇 킬로그램쯤 쪘다면 스스로에게 더 건강한 음식을 먹고 더 많이 운동하겠다고 약속하는가, 아니면 자기 몸과 성격을 비난하는가?

일단 내적 나침반을 잃으면 우리는 감정적 안정감과 정체성을 잃어버릴 수 있다. 이성적인 차원에서는 내 가치를 인정하고 내가 다른 사람들의 삶에 빛을 가져다줄 수 있을 거라고 생각할지도 모르지만 내가 아닌 다른 누군가가 돼야 한다고 주장하는 메시지를 완전히 무시하기는 어렵다.

비안이 처음에 그랬던 것처럼 세상에는 다른 누군가인 체하며 그 차이를 뛰어넘으려고 노력하는 사람이 많다. 주변에서 관찰한 행동을 모방하며 행복하고 바쁜 척할지도 모른다. 아니면 너무 자신만만하고 자립적이라서 관계 따위는 신경 쓰지 않거나 관계를 맺을 필요도 없다며 초연한 척할 수도 있다. 다른 사람인 척하는 것은 풀타임 공연일 수도, 파트타임 공연일 수도 있다. 집에서나 몇몇 친한 친구들과 함께 있을 때는 자기 자신으로 있다가 문 밖으로 나설 때만 가장할 수도 있다. 그런 가장은 몇 달, 심지어 몇 년 동안 계속될 수도 있다. 하지만 이런 가장은 소모적이며 이렇게 만든 관계는 필연적으로 실망을 가져온다. '평범한' 사회생활을 하는 체해도 파사드(건물의 전면부 혹은 측면, 외관. 여기에서는 겉으로 보이는 모습의 의미로 쓰였다.) 뒤에는 외로움이 쌓이고 안개는 계속된다.

비안의 경우 신입생 시절의 감정적 혼란과 마음을 산만하게 하는 '바쁨'은 고향에서 자신을 진실되고 가치 있다고 느끼게 했던 개인적 자질인 따뜻함, 유머 감각, 창의성, 관대함 등에서 스스로를 멀어지게 했다. 고등학교 시절에는 그와 친한 관계들이 비안에게 이런 자질을 발휘할 수 있도록 자연스러운 배출구를 제공해줬고 그 과정에서 비안의 자존감이 높아지고 자의식이 깊어졌다. 그러나 비안은 친구들에게 받은 지지를 내적으로 전달하는 것이 자기 자신의 친구가 되는데 얼마나 중요한지는 아직 알지 못했다.

세상 속에서 독립적으로 살아가기 위해 우리는 스스로에게 좋은 친구가 되겠다는 마음가짐으로 친절, 격려, 솔직함을 갖고 자신을 대하는 법을 배워야 한다. 힘든 날 내게 격려의 말을 해주는 것, 스트레스를 풀기 위해 차분히 걷는 것, 감기 기운이 느껴질 때 일찍 잠자리에 드는 것이 그 방법이다. 우리는 나를 사랑해주는 사람들에게서 흡수한 위안과 지지의 메시지를 받아들여 그것을 스스로에게 전달한다. 건설적인 자기대화는 내가 누구인지, 내가 사랑하고 소중하게 여기는 것은 무엇인지, 내가 왜 계속 가야 하는지를 친한 친구처럼 내게 상기시킨다. 다만 자기 자신에게 연민을 갖는 습관을 기르려면 혼자만의 시간과 지속적인 연습이 필요한데 비안은 가까운 친구들이 곁에 있을 때 이런 유의 내적 지지가 필요했던 적이 없었다. 따라서 대학에서 그의 가치를 상기시켜줄 사람이 아무도 없게 되자 방황한 것이다.

첫 학기가 끝나고 고향에 돌아갔던 그 마법 같은 여름, 비안은 요가 수업을 계기로 식재와 양봉에 대한 사랑을 되찾고 삶의 속도를 늦춰 자신을 되돌아봄으로써 스스로와 화해했다. 비안은 자신의 관점을 비춰 보여주고 진실하고 온전하게 느껴지는 사람들과 시간을 보내는 것이 얼마나 충만한 느낌이었는지 떠올렸다. 신입생 시절 반사회적이고 어색한 느낌이었던 것은 캠퍼스에서 내가 아닌 다른 누군가처럼 행동해야 한다고 압박감을 느꼈기 때문이었다. 게다가 약간의 자기의심은 주요한 전환기에 나타나는 정상적인 감정이며 결코 그가 틀리거나 망가진 것이 아니었다. 비안의 요가 친구들은 그가 자연스럽게 갖고 있었고 가장 소중하게 여겼던 자질들을 일깨워줬다.

비안은 자신의 삶에 방향과 목적의식을 부여했던 관심사와 열정, 가치를 되찾으면서 흔들리지 않는 자신감을 갖기 시작했다. 그는 더 이상 자신이 누구인지 떠올리기 위해 가족이나 어린 시절 친구들에게 의존하지 않았다. 분명히 비안은 그들과 깊은 관계를 유지했지만 그들과는 별개로 자신을 가치 있는 한 개인으로서 독립적으로 바라볼 수 있었다. 그 과정에서 그는 자신이 친구가 될 만한 사람이라는 사실을 재확인했고 이렇게 스스로의 친구가 될 수 있는 긍정적인 피드백 루프를 만들었다.

마치 친구를 보는 것처럼 비안은 자신의 지속가능성에 대한 관심, 깊고 중요한 인간관계를 형성하려는 욕구, 환경과 사회적 행동의 상호작용에 대한 흥미가 모두 자신에게 가치를 부여하며 이런 요소들이 지금까지 발견한 것보다 훨씬 더 많이 있으리라는 사실을 알 수 있었다. 우리 모두가 그렇듯 비안도 성공을 거둔 만큼 많은 실수를 저지르고 그 실수에서 배울 것이었다.

비안은 요가 훈련에서 인간의 공통적인 취약성을 경험하고 세상에 완벽한 사람은 없으며 주변의 모든 사람들에게 완전히 맞출 수 있는 사람도 없다는 사실을 깨달았다. 누구나 결점이 있고 실패를 겪는다. 핵심은 좌절의 결과로 분노나 적의를 갖기보다 더 깊은 연민을 배우고 품어야 한다는 것이다. 새로운 지혜와 더욱 깊어진 자의식을 토대로 비안은 두려움보다는 우정의 자세로 자기 자신과 다른 사람을 더욱 친절하게 대할 수 있게 됐다. 또 이런 깨달음 덕분에 고통의 원인이었던 캠퍼스에서의 삶을 바꿀 용기를 갖게 됐고 성인이 된 그를 기다리고 있는 삶의 피할 수 없는 변화와 불확실성을 마주해도 안정감과 중심을 잃지 않을 수 있었다.

자기이해

고대 그리스 델포이의 아폴론 신전 입구와 고대 이집트의 석관에는 "너 자신을 알라"라는 문구가 새겨져 있었다. 같은 내용이 신약성서에서 기독교인들이 예수의 기록된 가르침 중 가장 형성적인 것으로 여기는 산상수훈에도 비유의 형태로 들어가 있다.

> 사람이 촛불을 켜서 곡식 부대 아래 두지 않고 촛대 위에 두나니 집안 모든 것에 빛이 비치느니라.

이런 가르침들을 어떻게 해석해야 할까? 무엇보다 다른 사람들과 관계를 맺기 위해 자기 자신을 아는 것은 보기보다 더 어렵고 더 중요하다. 사실 자기 자신보다 다른 사람에 대한 통찰력과 시각을 얻기가 훨씬 더 쉬울 때가 많다. 인식에는 어느 정도의 객관성이 필요한데 나 자신이 문제의 대상일 때는 객관적으로 바라보기가 어렵기 때문이다. 자기 자신을 아는 것은 평생이 걸리는 과정이며 스스로를 깊이 들여다보는 행위는 결국 진정한 나의 모습에 영향을 미치는 통찰력을 가져다준다.

자기 자신을 더 잘 알려면 한 걸음 물러서서 이를테면 내가 소중하게 여기는 것은 무엇이고 세상과 다른 사람에게 왜 그렇게 반응하는지와 같은 질문을 생각해봐야 한다. 나는 무엇을 가장 좋아하고 그 이유는 무엇인가? 무엇을 무서워하는가? 스트레스에 어떻게 반응하는가? 가장 고마운 것은 무엇인가? 무엇을 갈망하는가? 또 내 특질과 성향이 다른 사람과 어떻게 다르고 충돌하며 보완하는지 본인의 성격을 잘 살펴봐야 한다. 인간은 다양한 불안과 사회적 필요를 지니며 변덕스럽다는 사실을 제대로 인식할 필요가 있다. 자신의 신념과 관심사를 이해하려면 내게 '진실'한 것과 다른 사람에게서 반사적으로 받아들였을지도 모르는 생각을 구별해내기 위해 나를 둘러싸고 있는 문화적 태도를 이해해야 한다. 모두 자기인식(self-awareness)을 어렵게 만드는 내 일부 측면들이다.

자기이해(self-knowledge)를 갖고 태어나는 사람은 아무도 없으며 통찰력은 하룻밤 사이에 얻어지지 않는다. 우리는 청소년기나 초기 성인기처럼 인생의 중심축이 되는 단계에서 스스로에 관해 더 많이 배우는 경향이 있다. 이 시기에는 새롭고 다양한 상황에서 성격의 여러 측면이 시험되고 밝혀지기 때문이다. 이것이 비안이 대학에 입학하고 첫 2년 동안 겪었던 일이다. 그러나 자기이해는 소극적이거나 시간제한이 있는 과정은 아니다. 우리는 주기적으로 나를 되돌아보고 살아가면서 만나는 여러 사람들과 적극적으로 관계를 맺고 열심히 도전하는 과정에서 내가 누구인지 배운다.

자기이해는 완벽해지는 것이 아니라 통찰력과 자기수용(self-acceptance)을 얻는 것이다. 자기 자신을 안다는 것은 모든 문제를 해결할 수 있어야 한다는 말이 아니다. 변화를 배제하지도 않는다. 자기이해는 자기중심적이거나 자기확대적이지 않다. 목표는 우리의 타고난 본능, 감정, 행동을 솔직하게 살펴보고 이해함으로써 충돌 없이 우리 선택에 스며들게 하는 것이다. 여전히 어떤 성격이나 행동 특성이 불편할 수도 있겠지만 자기인식은 불편함을 해결할 수 있는 건설적인 방법을 찾는 데 도움이 된다.

외로움과의 관계에서는 특히 우리의 상대적인 내향성이나 외향성이 사회적 상호작용에 대한 선호에 어떻게 영향을 미치는지 이해해야 한다. 내향성과 외향성이라는 두 단어는 넓은 스펙트럼의 양극단을 설명한다. 극단적으로 내향적이거나 외향적인 사람은 비교적 드물지만 대부분의 사람들은 어느 한쪽으로 기울어져 있다. 만약 내향적인 쪽으로 더 기울어져 있다면 좀 더 외향적인 사람들보다 일반적으로 사회 활동을 덜 선호할 것이다. 어떤 하나의 성향이 다른 성향보다 '더 좋은' 것은 아니지만 우리 문화에서는 외향적인 사람들이 사회적 이점을 갖고 있는 것처럼 보일 수 있다. 상업적 이미지들은 마치 사교적인 사람들이 표준인 것처럼 그들에게 초점을 맞추는 경향이 있다. 대학은 갓 도착한 1학년들은 모두 낯선 사람들과 어울리기를 열망한다는 듯이 신입생들을 위해 친목회를 연다. 정치인들은 활발한 사회적 성향이 현명한 리더십의 필수 자격인 것처럼 수천 명의 사람들을 만나고 인사해야 한다. 게다가 SNS 사용자들은 종종 친구, 데이트 상대, 밤마실을 즐기는 것처럼 게시한다. 당신이 이런 무언의 메시지를 받아들인다면 당연히 외향적인 사람들이 더 재밌게 산다고 생각할 것이다.

사실 외향적인 사람들은 자연스럽게 사람들과의 어울림을 갈망한다. 당신이 매우 외향적인 사람이라면 더 많은 사람과 사회적 참여를 선호할 것이다. 새로운 사람 만나기를 아주 좋아할 것이고 주위에 아무도 없다면 적극적으로 친구를 찾고 싶다고 느낄 것이다. 경기장 콘서트부터 단체 야유회까지 당신에게 재미는 하나의 큰 사회적 이벤트 같은 것이다.

반면 내향적인 사람들에게 재미는 도서관 구석에서 좋은 친구 1명과 깊은 대화를 나누는 것 같은 일이다. 도서관 서고들을 혼자 둘러보는 것도 재밌을 수 있다. 만약 당신이 아주 내향적인 사람이라면 많은 시간을 혼자 보내기를 좋아하고 관계를 맺을 때는 여러 명보다는 가까운 친구 1~2명과 함께 만나는 쪽을 선호할 것이다. 고독을 좋아하는 것이다.

나는 둘의 차이를 더 잘 이해하기 위해 내향적인 사람들에 관한 내용을 담은 획기적인 책 《콰이어트》의 저자 수전 케인(Susan Cain) 박사를 찾았다.[9] 그는 내향성과 외향성의 차이가 자연스럽게 에너지를 얻는 방법과 많은 관련이 있다고 설명했다. 외향적인 사람들은 혼자 저녁을 보내면 저녁이 끝날 무렵에는 지치고 지루해지기 쉽지만 큰 모임에 가면 그곳에 아는 사람이 1명도 없다 해도 몇 시간 후에는 기운이 난다. 이와는 대조적으로 내향적인 사람들은 고독과 조용한 대화를 통해 활력을 느끼지만 큰 모임에 가면 즐거운 시간을 보냈다고 해도 금방 지친다.

"내향적인 사람들은 다수의 블록 파티나 교회 모임에 참석하며 어울리고 싶지 않을 수도 있어요. 사람들과 어울려서 기분이 좋아지지 않는다는 뜻은 아니지만 그건 그냥 그들의 방식이 아니에요."

내향적인 사람과 외향적인 사람 둘 다 외로워질 수 있지만 방식은 다르다. 케인 박사는 "사람은 모두 욕구가 다르고 그런 욕구가 충족되지 않으면 외로워진다"고 말했다. 외향적인 사람들은 육체적으로 너무 오랫동안 고립돼 있으면 외로움을 느낄 수 있는 반면 내향적인 사람들은 낯선 사람들의 바다에서 외로움을 느낄 가능성이 더 높다. 확실한 것은 모든 사람은 의미 있는 관계를 필요로 한다는 사실이다. 다만 우리가 스펙트럼의 어디에 위치하고 있느냐에 따라 선호하는 속도, 빈도, 참여의 강도가 다를 뿐이다.

내향적이거나 외향적인 정도에 상관없이 사람들과 함께하는 시간과 혼자만의 시간 사이에서 적당한 균형을 찾는 것은 어려운 일일 수 있다. 일상생활이라는 사회적 현실이 이런 균형에 어느 정도 영향을 미친다. 대부분의 사람들은 일과 가정을 지키기 위해 회의, 회식, 가끔 있는 생일파티 등 행사에 참석해야 한다. 동시에 대부분 매일 일정

시간을 혼자서 통근, 일, 기다리기, 단순한 공상을 하며 보낼 것이다. 중요한 것은 이렇게 다른 상황에 대한 내 반응에 주목하는 일이다. 어느 쪽이 진정되는 느낌인가? 어느 쪽이 불안한가? 옳고 그른 답은 없지만 우리가 개인적 생활과 직업적 생활을 지킬 수 있도록 관계를 유지하는 동시에 자신의 선호를 존중하는 방법을 찾을 수 있으려면 우선 내 선호를 알아야 한다. 내 진짜 본성을 더 명확하게 이해할수록 균형 잡기는 더 쉬워진다.

다만 이렇게 중요한 자기이해도 그것만으로는 충분하지 않다. 정체성은 시간이 지남에 따라 변하게 마련이고 우리는 상호작용과 반성을 통해 내가 어떤 사람이 되고 있는지, 어떤 사람이 되기로 했는지 더 많이 알게 될 것이다. 우리의 정체성, 선호, 욕구는 때로 스트레스와 압박감 속에서 진화할 것이며 이런 변화에도 온전하고 안정적이며 자기 자신과 단단히 연결돼 있기 위해서는 추가적으로 자기자비(self-compassion)가 필요하다. 자기자비는 나 자신을 알게 하면서 자기수용을 가능하게 한다.

자기자비

미국에서 가장 유명한 불교 승려이자 명상법 선생 중 1명인 잭 콘필드(Jack Kornfield) 박사는 16년 전 내가 캘리포니아주 우드에이커에 있는 명상 센터 '스피릿 록'에서의 수업에 참여했을 때 자기자비 개념을 처음 소개해줬다. 콘필드 박사 본인은 수년 전 인도 다람살라에서 달라이 라마를 처음 만났을 때 자기자비를 배웠다. 콘필드 박사와 한 무리의 동료 강사들이 달라이 라마에게 사람들이 자기혐오나 낮은 자존감을 뿌리 뽑을 수 있도록 어떻게 도왔는지 물었다.

"달라이 라마와 그의 통역사들은 혼란스러워 보였어요." 콘필드 박사가 웃으며 말했다. "자신을 동정하지 않고 사랑하지 않는 것은 티베트 문화에서 너무나 이국적인 개념이었거든요."

이것이 조용한 방식으로 전해주는 가르침이었다. 자비는 자기이해와 자기수용 사이에 자연스러운 다리를 만들며 나에 대한 자애는 그 다리를 건너는 첫걸음이다. 이 부드러운 가르침 이후 콘필드 박사는 안을 향한 자비와 사랑의 함양을 평생의 중심으로 삼았다.

자기자비는 나를 이해하지 못하는 사람들의 판단과 조소로부터 우리를 보호해준다. 아니면 적어도 그 충격을 완화해준다. 자기자비는 우리가 고통에 끌려 내려가지 않고 고통을 통해 성장할 수 있게 해준다. 또한 어둠과 자기회의에 사로잡혀 있지 않고 아무리 희미하더라도 우리가 지닌 스스로의 빛을 볼 수 있게 해준다. 이런 강력한 힘은 쉽게 요약할 수도 없고 그 자체가 책 1권의 주제가 될 수도 있지만, 외로움을 완화하고 자아감을 확립하는 데 자기자비가 맡고 있는 중요한 역할을 인식하는 것만으로도 개념은 파악할 수는 있을 것이다.

사람들이 자기자비를 기를 수 있게 하기 위해 콘필드 박사는 중앙 불교의 관습을 바탕으로 한 *메타*(metta), 즉 자애라는 명상법을 사용했다. 머리(자기이해)와 마음(자애)이 어우러지게 하는 명상법이다. 명상법의 목표는 이 결합을 자기 자신에게로 향하게 하는 것이지만 박사는 전략을 바꿔야 했다.

"자기비판, 자기혐오 문화 때문에 사람들은 나를 사랑하는 것에서 시작하길 어려워했어요. 그래서 그들이 사랑하고 아끼는 사람에서 시작하기로 했습니다."

명상에서는 다음과 같은 구절을 암송해 감정을 불러일으킨다.

"자애로 가득차기를. 내면과 외부의 위험으로부터 안전하기를. 몸과 마음이 평안하기를. 편안하고 행복하기를."

마음을 감사와 연민에 잠기게 하는 것은 마음을 회복시키고 진정시키는 경험이 될 수 있다. 콘필드 박사는 "때때로 다른 감정이 떠오르기도 하지만 그냥 그렇게 내버려두라"고 덧붙였다.

사랑하는 친구 1~2명을 염두에 두고 몇 분 동안 명상을 반복한 뒤 다음 단계로 그들이 당신을 응시하며 그 보답으로 당신에게 마찬가지의 사랑과 친절을 빌어주는 상상을 한다.

"그 친구들이 어떻게 당신이 안녕하기를 바랄지 생각해보세요. 친구들이 당신에게 '안심하고 보호받기를. 평화롭고 평안하기를'이라고 말하는 것을 상상하세요. 이제 심장에 손을 얹고 그것을 받아들이세요. 친구들이 당신을 위해 기원한 것처럼 스스로를 위해 기원하세요. 자기 자신을 위해 같은 마음을 암송하고 같은 감정을 불러오는 시간을 보내세요. 일단 자기 안에서 그 사랑을 경험하고 나면 다른 사람에게까지 확장할 수 있습니다. 여기에는 대하기 어려운 사람들도 포함됩니다."

박사는 이 연습을 통해 우리의 좋은 자질과 좋은 의도를 인정하고 기대나 바람에 부응하지 못한 순간들에 대해 스스로를 용서할 수 있다고 말했다. 메타처럼 친절을 기초로 한 명상법 연구는 아직 초기 단계지만 여러 예비 연구들은 이런 명상법이 동정심, 자기연민, 긍정적인 감정을 고양한다는 것을 보여줬다.[10,11]

고독의 힘

메타 명상에는 다른 형태의 자기반성(self-reflection)과 마찬가지로 시간과 고독이 필요하다. 주의가 내면을 향하게끔 훈련하고 생각과 감정을 집중해 진정한 목적과 가치의 내면적 근원을 찾으려면 인내심과 고요함이 필요하다. 심리학자들은 우리가 이런 유의 고독에 집중하고 있을 때 창의성과 친밀감이 증가한다는 사실을 발견했다. 집중적인 고독 상태에서는 삶에 의미를 결합시키는 뇌 영역이 활성화된다. 이런 집중적인 고독은 자신과 연결될 수 있는 여유를 제공해 정체성을 강화하기도 한다.[12]

문제는 우리가 따라올 테면 따라오라며 끊임없이 경주하는 세상에 살고 있다는 것이다. 기술, 미디어, 글로벌 뉴스, 패션, 경제적 경쟁, 기후 위기, 정치적 갈등, 너무 많은 곳에서 일어나는 전쟁은 다음에 올 예상치 못한 어려움보다 앞서 있으려면 계속해서 움직이고 변화하고 일하고 노력하고 경쟁하라고 강요한다. 대부분의 사람들은 직장에서도, 집에서도 압박을 받는다. 우리는 스스로를 재정비하고 중심을 잡기 위해 필요한 고요함을 대가로 재정과 건강 문제에 좀 더 마음을 쓴다. 우리는 관심과 반응, 결정, 헌신을 필요로 하는 온·오프라인의 요구에 둘러싸여 있다. 이 모든 소란 가운데 고독은 지루하고 비효율이며 그저 불가능해 보일 수도 있다.

오늘날에는 고독할 기회를 갖기 위해 혼신의 노력을 해야 한다. 의도적으로 마음의 혼란을 유예하고 감정과 생각을 오롯이 느낄 수 있게 하는 여백이 필요하다. 많은 사람들에게 이 말은 조용한 시간을 지키려면 주의를 산만하게 하는 것들을 엄격히 제한해야 한다는 의미일 것이다. 발달심리학자들은 깊은 생각과 감정에 접근하려면 문자, 이메일, 뉴스 피드 알람과 같은 방해에서 자유로워져야 한다고 말한다. 오늘날 이런 자유는 쉽게 얻을 수 없으며 바로 이 점이 일부러 정기적으로 갖는 고독의 시간을 더욱 중요하게 만든다.

고독은 자연으로의 도피나 침묵의 서약을 요구하지 않는다. 자기반성은 통근 중이나 잠자리에 들기 전 명상이나 기도, 산책, 몇 분 동안 간단히 공원에서 묵상하는 형태로도 가능하다. 이런 멈춤의 순간에 우리는 자기 자신에게 관심을 기울이는 동시에 다른 사람에게 관심을 가질 수 있도록 준비한다. 마음을 의제나 목적지 없이 돌아다니게 함으로써 내 감정과 느낌을 읽고 몸에 귀를 기울이며 생각을 추적하는 법을 배운다. 긴장을 풀고 행동과 선택의 의미와 결과를 되돌아보며 다른 사람에게 받는 반응을 이해한다. 실망이나 갈등으로 인한 고통 등 힘든 생각들이 표면화되면 이렇게 하기가 괴로울 수 있다. 대부분의 사람들은 고통스러운 경험에서 벗어나 그것을 생각하지 않으려고 노력하는 경향이 있다. 비안이 1학년을 정신없이 바쁘게 보낼 때 바로 이렇게 하고 있었던 것이다. 하지만 고통에서 배울 수 있도록 성찰하는 시간도 중요하다. 성찰은 종종 안도로까지 이어지는 결정을 재촉한다.

고독은 그 자체로는 우리에게 이해와 연민을 주지 않는다. 우리가 그 시간을 자신과 함께 어떻게 사용하느냐에 달려 있다. 그러나 고독은 스스로에게 귀를 기울여 떠오르는 생각, 영감, 감정, 반응을 듣고 내린 결론이 우리에게 고통스럽고 호의적이지 않을 때조차 친절함과 연민을 갖고 다가갈 기회를 준다.

만약 멈춤의 힘을 잊었다면 심장이 주는 가르침을 기억하면 된다. 심장은 혈액을 펌프질해 중요 기관으로 보내는 수축기와 이완되는 확장기, 이렇게 2단계로 움직인다. 대부분의 사람들은 수축기가 심장 활동의 중심이라고 여겨서 수축기 시간이 길면 더 좋다고 생각한다. 그러나 심장은 이완 단계인 확장기에 관상동맥의 혈류가 증가하며 심장근육에도 산소가 공급된다. 결국 심장을 계속 뛰게 하는 것은 멈춤이다.

이것이 고독한 성찰과 자기인식이 다른 사람들과의 관계를 준비하는 데 그토록 중요한 역할을 하는 이유다. 내면의 신호와 주파수에 민감해지면 자연스럽게 다른 사람들의 신호도 인식하고 이해할 수 있는 (주로 무의식적인) 공감 능력을 갖게 된다. 이런 내부적 조율을 통해 우리는 중심감과 자신감, 침착함을 갖고 다른 사람들뿐만 아니라 더 넓은 세계와 강한 관계를 구축할 수 있는 자기이해의 기초를 확보한다. 무지갯빛 잠자리나 장엄한 구름 모양 등 자연의 패턴에 관심을 기울이거나 은하수가 가득한 맑은 밤하늘에 경탄할 수도 있다. 부모가 자식에게 들려주는 사랑, 낯선 사람에게 자리를 양보하는 통근자의 관대함, 어린 소년이 여동생의 손을 잡는 부드러운 태도 등 우리 주변의 인간성에서 경이를 발견하게 될지도 모른다. 우리는 고독 속에서 관계를 경험한다.

예술은 고독한 연대감에 다가가는 또 다른 수단이다. 케인 박사는 독자와 작가, 음악을 듣는 청자와 작곡가 사이의 관계는 "당신이 경험한 것을 정확히 표현하고 있는 글을 읽을 때 영혼이 합쳐지는 것 같은 느낌"과 같다고 했다. 우리는 책 속 등장인물을 통해 내 경험 저편의 투쟁에 공감과 연민을 갖는다.

나는 독서를 '비슷한 영혼의 공동체'에 속하는 것이라고 표현한 케인 박사의 비유가 마음에 든다. 박사는 "때로 비슷한 영혼의 공동체는 현실에서도 필요하지만 책 속에서도 필요하다"고 말한다.

음악은 훨씬 더 본능적이다. 음악을 듣는 것은 음악가나 작곡가와 순수한 감정의 화음을 나누는 것과 비슷하며 라이브 콘서트를 듣는다면 다른 청중과도 똑같이 순수한 감정의 화음을 나누게 된다. 아름다운 음악을 듣고 소름 돋지 않는 사람이 어디 있겠는가? 마찬가지로 우리는 시각적 예술을 통해 미의 순수한 기쁨과 화가나 조각가의 창조적 비전을 공유할 수 있다.

대커 켈트너(Dacher Keltner) 교수는 캘리포니아대학교 버클리 캠퍼스 심리학과 교수로서의 경력 대부분을 이런 '소름 돋는' 순간들의 기원과 힘을 이해하는 데 바쳐왔다. (그는 다른 포유류들은 무서울 때 소름이 돋는 데 반해 인간만이 경외심이 들 때 소름이 돋는다고 언급했다.) 켈트너 교수는 경외심을 '세계를 이해하는 현재 방식에 도전하는 신비롭고 광대한 것에 반응해 느끼는 감정'이라고 정의한다. 그는 〈뉴욕타임스〉 기사에서 경외심의 순간들이 "우리의 초점을 편협한 자기이익(self-interest)에서 집단이익으로 옮길 수 있다"고 이야기했다.[13] 경외의 순간들은 우리의 목적과 의미에 대한 의식을 확장해 우리 모두가 속한 집의 진정한 규모를 상기시킨다. 그리고 일체감을 불러일으켜 마침내 더 큰 공감과 이타심을 낳는다.

경외심의 효과를 시험하기 위해 켈트너 교수와 그의 연구 팀은 버클리 캠퍼스에서 두 그룹의 개인을 대상으로 실험을 실시했다.[14] 첫 번째 그룹에는 60미터 높이의 태즈메이니아 블루 검(Tasmanian blue gum) 유칼립투스 나무들이 서 있는 울창한 숲 앞에 서서 1분 동안 나무들을 올려다보라고 지시했다. 다른 그룹에는 1분 동안 같은 장소에 서서 인접한 높은 빌딩을 올려다보라고 지시했다. 시간이 지나면 어떤 사람이 실험 그룹 옆을 지나가다가 '실수로' 펜을 떨어뜨리기로 돼 있었다. 실험 결과 나무를 쳐다본 그룹이 빌딩을 쳐다본 그룹보다 펜을 떨어뜨린 사람을 더 많이 도와줬다. 태즈메이니아 나무를 응시해 경외심을 불러일으키는 체험은 고작 1분이었지만 참가자들의 행동에 긍정적인 영향을 미쳐 그들이 주변 세상에 마음을 열고 그 세상에 더 관심을 보이며 관대해지게 했다.

켈트너 교수는 나와 이야기를 나누면서 우리 문화에서는 이런 경험, 특히 자연을 통한 경험에 너무 적은 시간을 보낸다고 한탄했다.

많은 사람들이 무엇을 놓치고 있는지 깨닫지 못하고 맹목적으로 일과 기술에 빠져든다. 교수는 "우리가 덜 연결돼 있다고 느낄 때 세상은 더 많은 경외심을 불러일으킬 수 있습니다"라고 말했다.

이 모든 경험은 우리가 헤아릴 수 있는 것보다 더 상호 연결된 뭔가의 일부라는 사실을 상기시켜주면서 나 자신과의 연결을 강화한다. 우리를 겸손하게 만들며 위안을 주기도 한다. 우리는 감사할 것이 많다. 다른 사람에게 줄 것도 많다. 자기이해와 연민을 갖고 서로에게 손을 내밀 때 우리는 삶을 변화시키고 세상을 치유할 수 있는 힘을 갖게 된다.

관계의 원 그리기

─── 친구를 사귀는 유일한 방법은 친구가 되는 것이다.

　　랄프 왈도 에머슨(Ralph Waldo Emerson), '우정에 관한 명언'

─── 절망이나 혼란의 순간에 우리와 함께 침묵해줄 수 있는 친구, 슬픔과
　　사별의 시간에 우리와 함께 있어줄 수 있는 친구, 알지 못하는 것, 치료
　　하지 못하는 것, 치유하지 못하는 것을 참아주면서 우리의 무력한 현
　　실을 함께 마주해줄 수 있는 친구, 그가 바로 진정한 친구다.

　　헨리 나우웬(Henri Nouwen), 《고독의 영성》

만약 우리 각자의 안에서 시작해 다른 사람에게로 뻗어나가 서로를
더 가까이 묶는 과정을 통해 형성된 인간관계를 생각한다면 이를 뭐
라고 부를 것인가? 아마 가장 적합한 말은 우정일 것이다.

　모든 사람은 인생의 모든 단계와 위치에서 친구가 필요하다. 본질
적으로 우정은 부부, 가족, 마음 맞는 사람들, 공동체를 한데 모으는

사회적 접착제다. 우정은 개인적 관계뿐만 아니라 성공한 직업적 관계의 바탕이기도 하다. 하지만 어떤 사람들은 친구를 사귀고 관계를 유지하는 데 다른 사람보다 더 많은 어려움을 겪고 있으며 이 장애는 외로움의 위험을 높일 수 있다. 반면 우정에 능한 사람들은 장기적으로 지속되거나 심한 외로움에 대한 자연스러운 방어력이 있다. 다행인 것은 이런 기술은 키울 수 있다는 점이다.

그렇다면 우정에 능하다는 것은 무슨 뜻일까? 어렸을 때 어떻게 친구를 사귀어야 할지 몰라 안절부절못하던 내게 사라 하메이어(Sarah Harmeyer) 같은 롤 모델이 있었다면 좋았을 것이다.

하메이어는 어린아이였을 때부터 자신의 삶이 2개의 커다란 사랑을 중심으로 돌았다고 말했다. 하나는 음식이고 다른 하나는 사람들이었다. 그는 일찍부터 이 2가지 열정이 얼마나 자연스럽게 함께 가는지 깨달았다. 식사를 함께하는 것은 인류의 시작부터 존재해온 전 세계적인 관습이다. 하루에도 몇 번씩 먹어야 하고 1인분씩 만드는 것보다 많은 양을 요리하는 것이 효율적이라는 점에서 실용적일 뿐만 아니라 좋은 음식이 만들어내는 맛과 냄새, 에너지가 즐거움을 주기도 한다. 그리고 이런 즐거움을 나누면 유대감이 생기는 효과가 있다. 그러니 종종 음식이 가족의 저녁 식탁에서든, 학교 식당에서든, 동네 식당이나 커피숍에서든 우정을 쌓는 데 중심 역할을 하는 것은 지극히 당연한 일이다.

음식을 차려놓고 사람들을 모으는 것은 어린 하메이어의 가장 큰 즐거움 중 하나였다. 대학 기숙사 방에서 '카페'라는 정기적인 점심

식사 모임을 주최하기도 했다. 그러나 20대 후반 하메이어는 고향인 휴스턴에서 댈러스로 이사했고 이벤트 기획자로서 일에 너무 몰두하게 되면서 그 기쁨을 놓쳐버리고 말았다. 미혼인 하메이어는 혼자 살았고 새로운 동네에는 아는 사람이 하나도 없었다. 8년이 지나 하메이어는 이때를 돌아보며 "나를 집 밖으로 끌고 나갈 아이가 없었어요. 개를 산책시키면 사람들과 친해지는 데 도움이 됐겠지만 산책시킬 개도 없었죠"라고 말했다. 이 상황은 목회자인 한 친구가 그를 '사람을 모으는 사람'이라고 정의 내린 후 바뀌기 시작했다.

"친구는 내게 '사라, 너는 사람들을 위한 이벤트를 만드는 것 그리고 사람들과 진정한 방식으로 사랑을 나누고 관계 맺는 것을 좋아해'라고 말했어요." 그는 하메이어에게 이 열정을 지역사회와 함께 발전시키고 공유할 방법을 생각해보라고 제안했다. "그래서 내 인생에서 최고의 순간들을 생각해봤어요. 그 순간들은 언제나 식탁 주위에서 일어났더라고요. 그게 내가 사람들을 모으고 싶어 하는 방식이었어요."

그러나 하메이어의 집은 작았고 그가 마음속에 그린 식탁은 적어도 20명은 앉을 수 있을 만큼 컸다. 또 이런 모임은 뒷마당에서만 가능할 터였다. 그가 그런 식탁을 가질 수 있는 유일한 방법은 그의 아버지가 만들어주는 것이었다. 하메이어의 아버지는 나무 깎는 일을 좋아하긴 했지만 식탁을 만들어본 적은 없었다.

하지만 이 문제들 중 어느 것도 장애가 되지 않았다. 하메이어의 아버지는 그에게 5.5미터짜리 테이블을 만들어 마당에 놓아줬고 머리 위에는 샹들리에를 달아놨다. '지역사회'와 함께한다는 의도대로 하메이어는 그해 500명을 식탁에 초대하는 것을 목표로 삼았다.

이웃들의 이름도 몰랐기 때문에 소셜 네트워킹 앱인 넥스트도어닷컴(Nextdoor.com)을 이용했다. 하메이어는 앱을 통해 근처에 있는 300가구에 연락을 취할 수 있었다. 그는 300가구 모두를 포트럭(각자 음식을 가져와서 나눠 먹는 식사 – 옮긴이)에 초대했다.

"아주 솔직하게 초대했어요. '이웃을 만나려고 한 번도 집 밖으로 나와본 적이 없다면 이날 저녁에 오시는 건 어떨까요? 저는 아는 사람이 하나도 없고 당신을 만나고 싶습니다. 음료와 먹을 것을 가져오시면 제가 라이브 음악을 제공할게요'라고 했어요. 그날 밤 90명이 참석했는데 사람들이 초대받기를 원했다는 사실을 알고 마음이 부풀어 올랐죠."

하메이어는 사람들이 관계를 갈망한다는 것을 알고 있었다. 그런데도 만남에 대한 이웃들의 열망과 그들이 직업, 지위, 배경의 차이를 쉽게 극복하는 것을 보며 압도됐다. 큰 식탁은 존 폴 레데라크 박사가 말하듯이 모든 종류의 사람이 공통점을 찾을 수 있는 공유된 공간, 안전한 빅텐트(big tent, 다양한 견해를 아우르는 조직체 – 옮긴이)처럼 기능하는 것 같았다.

하지만 그 첫날 저녁 모임과 이후 하메이어가 주최해온 수백 건의 모임에서 모두가 이렇게 어울릴 수 있었던 것은 아마도 그가 직관적으로 우정의 요소를 이해하고 있었고 그에게 이 요소들을 키우려는 강한 의지가 있었기 때문이었다. 첫 번째 요소는 친숙함과 편안함이었다. 하메이어는 약간만 부드럽게 자극하면 전혀 모르는 사람 사이에서도 이런 요소가 형성될 수 있다는 사실을 알게 됐다.

"저는 식탁에 둘러앉기 전에 돌아다니면서 사람들의 이름을 소개해요. 예를 들어 내가 방금 당신을 만났고 조지라는 이름을 기억한다면 모두에게 이렇게 말하죠. '여러분, 이 사람은 조지고 아주 훌륭한 아빠예요. 딱 알 수 있죠. 조지가 오늘 아침 아들의 야구 경기 이야기를 하면서 얼마나 환하게 웃었는지 보셨어야 하는데. 직업은 변호사예요. 질문이 있으시면 그는 식탁 이쪽 끝에 있을 거예요.' 자기 이름을 당신이 알고 있을 때 그들의 얼굴에 보이는 마음에서 우러나오는 웃음! 그건 사람들에게 식탁에 앉아 주변 사람들과 어울릴 수 있는 자신감을 줍니다."

아주 간단한 말처럼 들렸지만 나는 동의할 수밖에 없었다. 이름과 개인적인 일화는 특히 이름이 제대로 발음됐을 때 강력한 연결 고리가 될 수 있다(대개 이름이 잘못 발음되는 사람으로서 나는 누군가가 내 이름을 정확히 말하려고 특별한 노력을 기울이면 항상 알아차리고 감사한다). 하메이어는 사람들이 서로의 이름을 기억하고 말이 통하기 쉬운 사람들을 연결하기 위해 이름표나 좌석 배치도 같은 믿을 만한 호스팅 도구를 사용하기도 한다. 동시에 모든 사람에게 공간과 서로 접대할 수 있는 기회의 지분을 나눠주기 위해 충분한 통제권을 분명히 포기함으로써 우정의 또 다른 중요 요소인 상호 관계를 구축한다.

"나는 이렇게 말해요. '제가 주최자라는 것을 알고 있어요. 하지만 엄밀히 이 경험에서 우리가 얻고 싶은 것은 각자에게 달려 있어요. 그러니 물 잔이 비었으면 일어서서 잔을 채우세요. 원한다면 와인 병을 들고 주변 사람들에게 따라주세요. 돕고 싶으면 그릇을 들고 오시고 원하신다면 식기세척기에 넣어주세요."

식기세척기에 그릇을 넣으라고 하는 이유를 설명하는 하메이어의 다음 말은 불러 모은 사람들에 대한 그의 배려심의 진정한 깊이를 깨닫게 해줬다. 그는 "내성적인 사람 중 다수가 말을 많이 하지 않을 수 있도록 일을 하고 싶어 하기 때문에" 손님들에게 늘 그릇 치우는 일을 도와달라고 요청한다고 했다.

하메이어는 사람들이 다양한 방식으로 관계를 맺는다는 것을 알고 있다. 어떤 사람은 여럿이 모여 농담을 주고받으며 친구를 사귀지만 어떤 사람은 이를테면 식기세척기에 그릇을 넣으면서 한 사람과 조용히 대화할 수 있다면 유대감을 훨씬 더 잘 느낄 수 있다. 또 하메이어는 건강한 우정은 쌍방향 의사소통에 기초한다는 점도 이해하고 있다.

"'오늘 밤은 식탁에서 이야기하는 것보다 듣는 것을 더 많이 했으면 좋겠다'고 제안하기도 하는데 재밌어요. 사람들이 '저게 무슨 뜻이냐'고 속닥이는 모습을 볼 수 있죠. 하지만 실제로 우리가 서로에게 배우고 관계를 맺고 싶어서 함께 있는 거라면요?"

하메이어는 매번 포트럭이 끝날 무렵 모두를 다시 불러 모아 하나의 생각, 질문 또는 단어를 던지고 손님들 스스로 할 수 있는 것보다 더 사려 깊고 개인적인 집단 토론을 유도한다. 세레나 비안의 공간 모임에서 이뤄지는 대화와 비슷하다. 이때 하메이어가 마련한 '식탁'은 우리 모두가 우정에서 갈구하는 보상을 가져온다.

"나는 사람들이 정말 아름답게 공유하는 모습을 볼 뿐이에요. 식탁에는 진짜 존경과 약간의 사랑이 있죠."

하메이어에게 사랑은 단순한 생각이 아니다. 우정에 접근하는 그의 방식에 핵심이 되는 삶의 태도다. 어느 해 하메이어의 이웃 중 1명이 근처에 친구나 가족이 없는데 크리스마스에 그의 집을 방문해도 되는지 물었다. 하메이어는 그의 인간관계를 넓혀주기로 결심했다. 그래서 이웃들에게 초대장을 보냈다. "크리스마스에 모르는 사람과 점심을 먹고 싶은" 사람은 누구든 초대했다. 이 초대에 대한 응답은 하메이어 자신의 관계도 확장했다.

"제가 한 번도 만나본 적 없는 사람들이 왔어요."

이들은 모두 크리스마스를 홀로 보냈을 사람들이었다. 그들이 느낀 감정은 아주 분명했다. 손님 중 1명이 잔디밭에 있는 커다란 4개의 글자를 가리키며 말했다. "이곳의 느낌이에요."

그 글자들은 L-O-V-E, 사랑이었다.

이제 하메이어는 거의 모든 이웃을 안다. 그는 43살이고 미혼이며 결혼도 하지 않았고 아이도 없지만 친구들로 이뤄진 거대한 가족이 있다. 비상용 손전등이든, 기대어 울 어깨든, 언젠가 필요할지도 모르는 도움을 누구에게 요청해야 할지도 안다. 그의 식탁에 한 번도 나타난 적은 없지만 그저 하메이어가 초대하기 위해 연락을 했기 때문에 그와 연결됐다고 느끼는 이웃들도 만났다.

하메이어의 이야기는 우리 모두는 사람을 모은다는 사실을 상기시킨다. 어쩌면 새로운 사람을 우리 삶에 받아들이는 데 하메이어만큼 용감하거나 연습이 돼 있지는 않을지도 모른다. 파티를 여는 것보다 친구들을 1번에 1명씩 모으는 쪽을 더 선호할 수도 있다. 하지만 배우자와 미래를 계획하든, 이웃들과 식사를 함께하든, 기차 안에서 낯선 사람들과 이야기를 나누든 하메이어가 식탁을 둘러싸고 알려준 우정에 대한 가르침은 우리 모두가 관계를 넓히고 강화하고 깊게 하기 위해 사용할 수 있는 열쇠를 제공해준다.

우정의 원

존과 스테파니 카치오포 박사는 외로움의 해결책을 연구하면서 우리의 사회적·정서적 건강에 가장 유익한 관계는 기본적으로 상호적이라는 점을 발견했다. 다시 말해 서로를 지지하는 사람들이 가장 건강한 우정을 쌓기 쉽다. 이렇게 서로에게 유익한 관계는 결국 사람들을 개별적으로 안전하게 지키고 외로움으로부터 보호하는 데 도움이 된다. 이것이 질 높은 사회적 관계가 만드는 선순환이다.

카치오포 박사들이 단지 친밀한 우정만 말한 것은 아니었다. 하메이어가 그의 모임에서 보여준 것처럼 상호주의 원칙은 심지어 아주 새로운 지인에게도 적용할 수 있다. 하메이어가 손님들에게 말하는 만큼 귀담아듣고 대접받기를 기다리는 대신 서로 거들고 대접하도록 장려한 이유도 이것이다. 각자의 이야기를 공유하고 진심으로 귀 기울여 듣는 친구들은 상호작용이 한 방향으로만 집중되는 친구들보다 더 강한 연대감을 지닌다. 아무리 가치 있는 치료도 진정한 상호 간 우정을 대체할 수 없는 이유다.

그렇다면 무엇이 관계를 '상호적'으로 만드는가? 서로 경청하고 돕는 것도 중요하지만 가장 근본적인 요소는 상호작용 아래 깔린 상호적 느낌일 것이다. 친구들은 함께 시간을 보내고 싶어 하며 그렇게 하기 위해 노력한다. 서로를 편안하게 해주고 이해하려고 노력한다. 공통의 관심사를 공유하며 서로를 존중한다. 가장 기본적인 조건으로 친구들은 그들이 상대방을 아낀다는 사실을 보여주며 그렇게 자신들의 인간적 가치를 비춘다.

친구들의 지지를 받으면 우리는 나 자신이 사랑받을 만한 사람이라는 점을 상기하고 스스로를 더 좋은 사람으로 느낀다. 다른 사람을 아끼는 행동은 우리에게 타인의 삶을 개선할 수 있는 능력이 있음을 증명하며 목표 의식과 의미를 강화할 수도 있다.

안타깝게도 많은 사람들이 친구를 사회적·직업적 지위나 물질적 호의의 원천으로 보고 우정을 거래적 관계와 혼동한다. 바사르칼리지(Vassar College)에서 우정의 문학을 강의하는 로널드 샤프(Ronald Sharp) 박사는 2016년 한 인터뷰에서 이런 현상을 개탄했다. 샤프 박사는 우정은 "누군가가 나를 위해 무엇을 할 수 있는가가 아니라 두 사람이 서로의 존재에서 누가 될 것이고 무엇이 될 것인지에 관한 것이다"라고 말했다. 그는 "서로 함께 있으면서 아무것도 하지 않고 시간을 보낸다는 생각은 어떻게 보면 잃어버린 기술"이 됐다고 덧붙였다.[1]

외로움 역시 상호 관계를 방해할 수 있다. 외로울 때는 나 자신의 사회적 욕구가 절박해져 다른 사람들의 관심사를 존중하고 그에 반응하기가 어렵기 때문이다. 설사 그들이 친구라고 하더라도 말이다.

〈애틀랜틱〉과의 2017년 인터뷰에서 카치오포 박사는 외로움이 우리를 지나치게 열심히 하게 만들고 스스로에게 과도하게 집중하게 하며 자신의 감정적 상태에 집착하게 만들 수 있다고 설명했다.[2] 따라서 우리가 너무 오랫동안 외롭게 혼자 지내다가 친한 친구를 만나면 연결되는 느낌을 간절히 바란 탓에 외롭지 않을 때보다 조금 더 빠르고 길게 이야기하면서 부지불식간에 마음을 강하게 드러낼지도 모른다. 이럴 때 외로움이 야기할 수 있는 왜곡을 염두에 두고 잠시 숨을 고르며 상대방을 경청하려고 노력해야 한다는 사실을 기억하는 것도 도움이 될 것이다.

우정은 친절로 보살펴야 한다. 친절은 따뜻한 배려와 신뢰, 공감과 솔직함, 아낌없는 이해를 필요로 하며 이를 통해 관계가 성장하고 지속될 수 있게 한다. 카치오포 박사는 2008년 한 인터뷰에서 이렇게 말했다.[3] "다른 사람을 늘 완벽하게 대하는 사람은 없어요. 우리는 자기 자신조차 항상 완벽하게 대하지 않기 때문에 친구들에게도 언제나 이상적으로만 대할 수 없습니다."

그래서 용서가 우정에서 중요한 부분을 차지한다.

또 이 모든 것들 때문에 감사라는 우정의 엄청난 부수 효과도 생긴다. 취약성을 보여주고도 여전히 사랑받을 수 있는 데 대한 감사, 우리의 결점 있는 삶을 용서해주는 데 대한 감사, 친구들을 하나로 묶는 궁극의 접착제인 신뢰와 시간을 공유하고 소속감을 느끼는 데 대한 감사다.

물론 모든 우정이 똑같이 가까운 것은 아니다. 양질의 사회적 관계라도 당연히 친밀도, 강도, 깊이가 다르다. 영국의 진화심리학자인 로빈 던바(Robin Dunbar) 박사는 인간은 서로 다른 우정의 필요성에 큰 일관성을 보인다는 사실을 알아냈다. 나를 사회 세계의 중심이라고 생각한다면 우정은 원점에서 그린 안, 중간, 바깥의 원으로 시각화할 수 있다. 던바 박사에 따르면 인간은 수렵과 채집을 시작했을 때부터 이렇게 다른 수준의 우정을 형성해왔다.

이 3가지 관계의 원은 사적(intimate), 상대적(relational), 집단적(collective)이라는 외로움의 3차원과 일치한다. 우리는 모두 상호적 애정과 신뢰를 바탕으로 깊은 유대감을 나누는 절친한 친구와 가까운 측근이 필요하다. 지지와 연대를 제공하는 가벼운 친구들과의 사회적 관계도 필요하다. 공동의 목적의식과 정체성을 느낄 수 있는 이웃, 동료, 학급 친구, 지인으로 이뤄진 공동체에 속할 필요도 있다.

가장 단순한 진화의 조건으로 우리는 핵심층 안에서 보호와 지지를 얻고 생명을 지속하기 위해 소수의 사람들에게 의존한다. 이들은 우리가 위기 상황에서 의지할 수 있는 애인, 가까운 친구, 가족이고 자주 함께 시간을 보내고 싶은 사람들이다. 핵심층은 가장 강력한 상호 유대를 형성하는 관계이며 이 층의 사람들에게는 가장 많은 시간과 에너지를 쏟아야 하기 때문에 유지할 수 있는 관계의 수는 언제든 약 15명으로 제한적이다. 던바 박사의 말에 따르면 우리는 핵심층에 속한 친구와 측근에게 시간과 에너지의 60%를 사용하며 이 중 대부분을 대체로 5명을 넘지 않는 가장 가까운 친구들과 사용한다.

남은 40%의 시간은 대부분 중간 원과 바깥 원에 속하는 사람들에게 간다. 이 친구들은 우리가 도움을 청하는 첫 번째 친구들은 아니지만 부탁하면 도움을 줄 가능성이 높고 나도 부탁을 받으면 도와줄 것 같은 사람들이다. 1년에 몇 번 함께 어울리는 친구들, 명절에 연락하는 오래된 학교 친구들과 친척들, 결혼이나 출산 소식을 알리면 행복을 빌어주는 사람들, 하메이어가 주최하는 식사 자리처럼 저녁 식사를 하면서 만나는 이웃들이 여기에 속한다.

당연히 중간 원과 바깥 원의 유대 관계는 친밀한 우정을 나누는 관계보다 약하다. 우리가 가장 적은 시간과 관심을 쏟는 사람들이 우리의 가장 불안정한 우정이기 쉽다. 그러나 우정의 원은 고정돼 있지 않다. 가까운 학교 친구가 졸업 후 먼 지인이 되거나 직장 동료가 친한 친구로 변하는 것처럼 시간이 지나면서 우정은 자연스럽게 이동한다. 예를 들어 하메이어는 자신의 식탁에 손님으로 온 낯선 사람 중 몇몇과 그 이후 친한 친구가 된 반면 이사를 간 가까운 친구들은 중간이나 바깥 원으로 옮겨 갈 수도 있다는 것을 이해했다.

단순한 진실은 우리가 친구들과 물리적으로 더 적은 시간을 보낼수록 그들이 바깥 원으로 빠져나갈 가능성이 더 높다는 것이다. 그 이유에 대해 던바 박사는 서로를 서로에게 완전히 집중하고 나를 내주게 하는 대면 소통이 없으면 핵심 우정이 시들기 때문이라고 생각한다. 친하게 지내고 싶은 친구들을 만나고 그들과 갈등을 해결해나가며 어려울 때 도움을 주고받기 위해 노력해야 한다.

의사소통을 할 수 있는 선택권이 많아짐에 따라 우리는 직접적인 상호작용의 불확실성이 불편해졌다. 통화가 얼마나 오래 걸릴지 모르기 때문에 전화받기를 주저한다. 문자로 처리하면 더 쉬울 구두 질문은 피한다. 긴 대화에 휘말리거나 불편해질까 봐 즉흥적인 방문을 자제한다. 그러나 관계의 풍요로움은 질감 안에 있다. 누군가의 목소리 속에, 미소와 몸짓언어 속에, 계획되지 않은 대화 도중 발생하기 쉬운 예기치 못한 솔직한 순간 속에 있다. 아이러니한 것은 친구들과 상호작용의 불확실성이라는 위험을 감수하면 거의 항상 기분이 더 좋아진다는 사실이다.

핵심층: 가까운 친구와 측근

대공황 때인 1938년 하버드대학교는 무엇이 건강하고 충만한 삶을 영위하는 데 도움이 되는지 알아내기 위해 1939년부터 1944년까지 하버드대학교를 다닌 268명의 남성을 대상으로 장기 연구를 시작했다. 종단적 연구는 흔하지만 이 연구는 거의 모든 종단 연구보다 긴 기간 계속돼 80년이 지난 지금도 여전히 진행 중이다. 원래 연구 대상에는 성공한 정치인, 기업가, 의사가 된 사람들과 법적 또는 재정적 문제가 있는 사람들이 포함돼 있었다. 그러나 연구가 시작된 이후 원래 연구 참가자의 자녀와 부인으로 조사 대상이 확대됐고 같은 시기쯤 보스턴의 가장 가난한 지역 출신인 청년 456명을 대상으로 시작한 다른 연구와도 통합됐다.[4]

이 연구의 현 책임자인 로버트 월딩거(Robert Waldinger) 박사는 이 연구를 맡게 됐을 때 어떤 예상을 하고 있었다. 즉, 좋은 영양 상태, 운동, 유전적 특징이 건강과 행복의 중요한 요소일 거라는 예상이었다. 선 스승(Zen priest)으로서 월딩거 박사는 명상과 다른 영적 실천의 중요성도 이해하고 있었다. 그러나 그는 이 연구의 풍부한 데이터에서 건강에 영향을 미치는 단연코 가장 중요한 요인으로 드러난 결과 하나를 예상하지 못했다. 바로 친밀한 관계였다.

월딩거 박사의 말에 따르면 하버드대학교의 연구 데이터는 핵심층 관계가 IQ, 부, 사회계층보다 인생의 건강과 행복을 더 잘 예측할 수 있는 요인임을 보여줬다. 새벽 3시에 도움을 요청할 수 있는 사람이 있다는 것은 정신적·육체적 쇠퇴를 막는 완충제가 될 수 있다. 월딩거 박사는 TED 강연에서 이 연구에 관해 "50세 때 자신의 인간관계에 가장 만족했던 사람들이 80세에 가장 건강했다"고 말했다.[5] 이렇게 친밀한 관계는 사적 외로움의 기본적 방어 수단이기도 하다.

친밀한 관계는 위안이 되기는 하지만 한편으로는 그 사이에 갈등이 없는 경우는 좀처럼 드물다. 사실 우리는 다른 누구보다 더 많이 가장 가까운 친구나 연인에게 감정적으로 도전한다. 종종 그들에게 화를 내거나 실망하고 반대로 그들도 우리에게 화를 내거나 실망하는 경우가 많다. 절친한 친구들은 서로에게 감정적으로 몰입해 있기 때문이다. 하지만 이렇게 친밀한 관계는 그 사이사이 우리에게 완전히 자기 자신이 될 수 있는 안전한 장소를 제공해주기 때문에 우리는 이 관계에 더 솔직해지고 더 전념해야 한다.

친밀감은 성적이지 않을 때라도 육체적이다. 신체적 접촉은 보살핌과 보호를 받고 있다고 우리를 안심시켜 사회적 정보에 대한 집중력을 높이고 친구와 가족 사이의 유대 관계를 강화해주는 옥시토신 호르몬 등 여러 가지 뇌의 화학물질을 분비시킨다. 또 자연적 진통제이자 행복감의 원천으로 오피오이드와도 비슷한 신경펩타이드(neuropeptide)인 엔도르핀을 분비시킨다.

던바 박사에게 설명을 부탁하자 그는 뇌가 친밀감을 강화하는 화학물질을 분비하게 하는 강력한 방아쇠로 영장류 사촌들의 사회적 그루밍 습관을 언급했다. 던바 박사는 사회적 그루밍을 통해 분비된 화학물질은 유인원들을 매우 기분 좋게 만들며 그들은 하루에 3시간씩 서로 그루밍을 하며 시간을 보내기도 한다고 말했다. 그루밍을 해주는 쪽과 받는 쪽 모두 기쁨을 느끼며 서로의 유대감을 공고히 하고 스트레스를 감소시킨다. 인간도 사랑과 우정에 따르는 신체적 접촉을 할 때 비슷한 기쁨을 느낀다. 이렇게 분비된 화학물질은 다른 영장류에게 그렇듯 인간에게도 일종의 감정적 접착제로 기능한다.

육체적 애정의 강력한 효과를 고려하면 대부분 사람들에게 가장 가까운 친구는 배우자나 애인이라는 사실이 이해가 된다. 이들이 늘 우리를 위해 곁에 있을 거라고 기대하기 때문에 그들을 중요한 타자(Significant Other)라고 부르는 것도 당연하다. 이상적으로 중요한 타자는 우리가 한밤중에 비밀을 털어놓고 새벽에 의지하는 사람이다.

하지만 현실적으로 친밀한 관계가 늘 로맨틱한 것은 아니라는 사실을 기억해야 한다. 사실 매혹적인 로맨스는 핵심층의 다른 관계와 상충될 수 있다. 강렬한 연애 감정에 동반되는 엔도르핀이나 옥시토신 등 호르몬의 분비는 특히 사랑이 막 시작됐고 육체적인 애정이 절정에 있다면 그 커플이 서로에게 집중하도록 생물학적으로 동기가 부여된 상태임을 의미한다. 그 결과 던바 박사가 말한 대로 다른 사람들과 관계를 맺을 사회적 에너지나 의향이 떨어진다. 연애는 단기적으로 아주 재밌게 느껴지겠지만 만약 그 관계가 다른 중요한 우정을 지나치게 완전히 혹은 너무 오랫동안 배제한다면 새로운 연애는 실제로 상대적·집단적 외로움을 초래할 수 있다. 그러다 연애 관계가 성숙해지고 급증했던 사회적 호르몬과 신경전달물질이 서서히 사라지면 사회적 위험에 빠질 수 있다. 로맨스가 나쁘게 끝나고 여기에 사적 외로움까지 더해지면 감정적 고통이 가중되기도 한다.

오랜 문화들은 다른 모두 우정보다 로맨틱한 사랑을 소중히 여기는 것이 얼마나 위험한 일인지 이해했던 것 같다. 역사학자인 스테파니 쿤츠(Stephanie Coontz)는 〈뉴욕타임스〉의 기명 논평에 100년 전까지만 해도 "대부분의 사회는 부부간 애정과 핵가족의 유대 관계를 이웃, 친척, 시민의 의무, 종교에 대한 헌신보다 높이 두는 것은 위험할 정도로 반사회적이고 심지어 병리학적으로 자기도취적인 것이라는 데 의견을 일치했다"고 썼다.[6]

고립된 연애 관계는 압박을 받으면 망가질 수 있고 깨지기도 쉽지만 배우자이든 좋은 친구이든 건강한 사적 관계는 사실 주변 인간관계가 제공하는 사회적 쿠션의 도움을 받기도 한다. 지지적인 우정에서 얻는 편안하고 잔잔한 감정적 에너지가 우리의 감정 코어를 강화해주기 때문이다.

하지만 오늘날 우리는 새로운 도전에 직면해 있다. 많은 사람들이 여전히 연애적 사랑에 대해 '단 하나뿐'이라는 이상화를 받아들이고 있지만 미국에서 결혼을 하는 사람들은 점점 더 줄어들고 있다.[7] 결혼 경험이 없는 25세 이상 성인 수는 1960년 10명 중 1명에서 5명 중 1명으로 증가해 사상 최대다.[8]

이런 사회적 변화 때문에 친밀함이라는 필수 자원을 보호하려면 우리는 우리의 사회적 삶을 의도적으로 재설계할 필요가 있다는 사실을 인식하게 됐다. 우리의 가장 가까운 측근은 연인, 남편, 아내일 것이다. 그들은 제일 친한 친구나 하우스메이트, 사촌, 형제자매일 수도 있다. 핵심층은 친밀감과 마찬가지로 여러 가지 형태를 취할 수 있다. 많은 미혼자들이 스스로를 고립시키는 부부들보다 자신을 덜 외롭게 만드는 방식으로 가족과 사회적 네트워크에 시간을 쏟는다. 요점은 결혼을 했든 아니든 우리 모두는 우리를 잘 아는 사람들에게 사랑받고 그들을 사랑할 필요가 있다는 것이다.

중간층: 가끔 만나는 친구

핵심층 관계가 필수적인 것만큼 150명 정도로 확대된 중간층도 필수적이다. 이 영역에서 우리는 서로의 가장 깊은 비밀을 반드시 아는 것은 아닐지도 모르지만 우리 삶이 교차하는 것을 즐긴다. 중간층에 속한 친구들은 상대적 외로움에 대항하는 중요한 완충제를 제공한다.

많은 사람들이 성장할 때는 가벼운 우정을 당연하게 여긴다. 수업 시간, 스포츠 경기, 캠프, 클럽에서 중간층을 육성할 수 있는 풍부한 기회가 있었기 때문이다. 우리는 학교나 동네에서 매일 대부분의 친구들을 만났다. 이런 일상적인 관계는 특히 고향을 떠나 일과 가정의 요구에 바빠지게 된 성인기에는 만들기가 더 어렵다. 사회 활동을 할 시간이 부족할 뿐만 아니라 경쟁과 지위가 우정의 유대를 복잡하게 만들 수 있기 때문이다. 성취와 부의 차이는 불신과 질투를 야기해 새로운 관계에서의 상호성을 가늠하기 어렵게 한다. 이것이 유명인이나 최고 지도층에 있는 사람들이 종종 외로움을 느끼는 이유이고 어른이 돼서도 새로운 우정을 만들기보다 여전히 어린 시절 공동체에 의존하며 가장 신뢰하는 기존의 우정을 유지하기 위해 애쓰는 사람들이 있는 이유다.

하지만 대부분의 사람들은 집단에 들어감으로써 어렸을 때 그랬던 것처럼 새로운 중간층의 우정을 형성한다. 인간은 나이에 상관없이 스포츠나 예술, 포트럭 등 공통의 관심사와 활동을 중심으로 모이고 만나는 경향이 있다. 집단에 소속됨으로써 스트레스가 감소하고 정서적 손상이 회복되며 의미와 목적을 증진할 수 있다. 이 때문에 공동의 투쟁을 중심으로 집단이 만들어지며 오늘날에는 치료 형태의 지원 모임도 많다.

치료 효과의 상당 부분은 우리가 모였을 때 상호작용하는 방식에서 비롯된다. 우리는 이야기를 한다. 웃는다. 노래하고 춤추며 음악을 연주한다. 움직이고 걷고 함께 일한다. 주고받고 부르고 응답하며 서로 동조한다. 이 같은 행동은 지구상 모든 문화에서 자연스럽게 나타난다. 던바 교수가 설명하듯이 모두가 사회적 그루밍을 대신하는 기나긴 생화학적 대체물의 일부다.

이런 대체물은 인간이 사회적 영역을 확장하기 위해 진화하면서 필요해졌다. 그루밍에는 1대 1의 직접적인 신체 접촉이 필요하기 때문에 큰 규모의 공동체를 연결하기에는 비효율적이었다. 그래서 진화는 많은 사람들이 한 번에 소속감을 만들 수 있는 다른 기분 좋은 전략을 찾아냈다.

던바 교수는 웃음이 가장 전염성 강하고 보편적이며 본능적인 연결 장치 중 하나라고 말했다. 웃음은 신체 접촉처럼 엔도르핀 분비를 촉진하므로 웃음을 나눌 때 우리는 더 행복해지고 주변 사람들과 친해지며 마음이 편안해진다. 달라이 라마는 전염성 있는 웃음을 지어 대중 그리고 세계 지도자들과 연결된다. 웃음은 긍정적인 생화학 반응을 유도하고 사람들을 하나로 모아(우리는 거의 혼자 웃지 않는다) 스트레스를 줄여주고 기분을 좋게 만든다. 코미디 클럽에서 관객 1명이 웃으면 다른 관객들도 거의 항상 따라 웃는다. 파티에서 누군가가 큰 소리로 웃으면 다른 사람들은 본능적으로 미소를 지으며 뭐가 그렇게 재밌는지 보려고 몸을 돌린다. 영화관에서 스크린에 나오는 농담은 종종 1~2명에서 시작해 다른 사람들이 합세하면서 점점 커져 웃음의 파도를 일으킨다. 유머는 같은 것을 재밌게 여기는 사람들 사이에 강력한 유대감을 형성한다. 일종의 공통 배경이다.

리듬감 있고 동기화된 소리와 움직임도 마찬가지다. 던바 교수는 외로울 때 중간층에 속하는 친구들을 사귈 수 있는 가장 좋은 방법 중 하나는 남성 4중창단이나 교회 합창단, 지역의 블루스 밴드나 록 밴드 등 노래를 부르는 집단에 가입하는 것이라고 말한다. 던바 교수의 연구에 따르면 노래 부르기는 창의적인 글쓰기나 공예 등의 그룹 활동보다 훨씬 더 만족스러운 사회적 유대감을 만들어냈다. 함께 노래했을 때 나타나는 결합력을 그는 '얼음 깨기 효과'라고 부른다.

동기화된 활동을 통해 주고받은 협력과 세심한 관심은 그룹 활동의 이점을 배가한다. 던바 교수는 어떤 형태의 신체적 활동이든 엔도르핀 하이(endorphin high)를 만들어내지만 파트너와 함께 운동을 하면 그 보상이 획기적으로 높아진다고 말한다. 조깅, 자전거 타기, 춤추기 등 사실상 모든 형태의 운동이 해당된다. 우리의 움직임이 다른 사람들의 움직임과 어우러져 조직될 때 그 상호작용은 자연적인 흥분을 고조한다. 던바 교수기 대학 조정 경기 팀을 대상으로 진행한 연구는 동시에 노를 저으면 혼자 노를 저을 때보다 엔도르핀 분비를 100% 증가시킨다는 사실을 밝혀냈다. 공유된 움직임, 공유된 경험, 공유된 엔도르핀 하이는 팀의 성적을 향상시켰고 동시에 팀을 사회적으로 결속했다.

엔도르핀 효과는 왜 전 세계 사람들에게 전통 민요와 춤이 있는지, 아이들이 학교에서 함께 국기에 대한 맹세를 암송하는지, 대부분의 종교가 예배의 공식 절차로 성가나 기도문 외우기를 포함하는지, 전 세계 수백만 명이 스포츠에 참여하는지를 설명하는 여러 생화학적 현상 중 하나다. 이런 화학적 반응이 우리가 친구를 사귀면 보상을 주고 우리의 소속감을 지키며 사회적 활동을 신체적으로나 감정적으로 유익하게 만드는 것이다.

바깥층: 동료와 지인

우리 삶에는 우리와 좀 더 주변적으로 관계를 맺긴 하지만 여전히 우리의 소속감에 기여하는 사람들이 많다. 이렇게 바깥층에 있는 관계들은 우리가 직장에서, 동네에서, 시민 단체나 사회단체, 예배 장소, 온라인에서 때때로 일어나는 상호작용을 통해 관계를 형성하는 우호적인 지인들이다. 사회적 네트워크를 최대 500명 이상까지 확장할 수 있는 이 원은 공통의 경험을 통해 형성되며 우리가 공동체적 정체성(communal identity)을 더 확실하게 느낄 수 있게 한다. 이들과 공유된 목적의식과 관심사는 집단적 외로움을 피하는 데 도움이 된다.

이렇게 먼 관계에서는 더 가까운 우정의 특징이 되는 개방성과 취약성은 없지만 인정한다는 의미의 눈 깜박임과 환영의 미소는 미묘하지만 의미 있는 방식으로 우리가 이해받는다고 느끼게 해준다. 친숙한 사람들은 우리가 환영받는다는 느낌을 갖게 하며 있어야 할 곳에 뿌리를 두고 있다고 느끼게 한다. 이 관계는 시간이 흐르면서 더 가까운 친구로 진화할 수도 있다.

직장에서 관계 맺기

직장은 우리에게 가장 중요한 관계의 원천 중 하나다. 오늘날 대부분의 사람들이 깨어 있는 시간의 많은 부분을 집보다 직장에서 보내며 직장 밖 친구보다 직장 동료와 더 많이 교류한다는 점을 고려하면 우리를 지탱하기 위해서라도 직장에서 의미 있는 관계를 가져야 할 필요가 있다.

하지만 이러한 집단적 노력의 필요성에도 불구하고 많은 기업에서 대부분의 일을 할 때는 개인주의가 지배적이다. 점점 더 많은 사람들이 공유 자동차 기사, 프리랜서 컨설턴트, 온디맨드(on-demand, 정보통신 기술을 이용해 소비자의 수요에 즉각적으로 제품과 서비스를 제공하는 경제 활동 – 옮긴이) 보조원으로 혼자 일하면서 이러한 긱 경제가 개인주의적 추세를 더욱 강화했다. 한편 자동화의 위협이 높아지면서 일을 사회적·경제적으로 보람 있게 만드는 인간관계도 더욱 약화될 위험에 처했다. 그리고 이 모두가 직장 소외와 외로움에 기여하고 있다.

2017년 갤럽의 〈미국직장조사현황(State of the American Workplace)〉[9] 보고서에 따르면 미국 직장인 중 상관이나 직장 내 동료가 한 사람으로서 자신에게 신경을 써주는 것 같다고 강하게 동의한 사람은 10명 중 4명뿐이었다. 부분적인 이유는 종종 많은 직장 문화가 우정, 특히 계급을 넘어서는 우정을 공공연하게 또는 암암리에 막기 때문이다. 특정 직업에서도 마찬가지다. 2018년 발표된 1,624명의 정규직 직원을 대상으로 한 조사[10]에서 단연코 가장 외로운 사람들은 법률과 의학 분야 학위를 가진 사람들이었다.

펜실베이니아대학교 와튼 스쿨에서 조직 행동을 가르치고 있는 시갈 바세이드(Sigal Barsade) 교수가 2018년 시행한 직장 내 외로움 연구 결과에서 볼 수 있듯이 외로움은 개인에게 주는 감정적 피해는 차치하고라도 사업에도 좋지 않다. 바세이드 교수의 자료에 따르면 더 외로운 직원들은 고용주는 물론 동료들에게도 전념해야 한다고 확신하지 못했다. 외로운 직원들은 스트레스나 갈등의 순간에 특정 관계들이 노력할 가치가 없다고 결정할 가능성이 더 높았다.[11] 이런 태도는 이후 조직 내 잠재적 관계의 영역으로 퍼져나간다. 동료 사이에 사회적 유대 관계가 약해지기 시작하면 불신이 소통과 협력을 압도한다. 전체 팀은 물론 심지어 각 부서들도 어려움을 겪을 수 있다.

갤럽이 발표한 보고서에 따르면 긍정적 개인 관계를 갖는 것은 개인의 발전 기회, 목적의식과 함께 직원 참여에서 가장 중요한 요소 중 하나였다. 또 근로자를 존중하고 관계를 소중하게 생각하는 기업 문화에서는 우정이 개인뿐만 아니라 팀과 조직에 이익이 되는 혁신적인 논의를 만들어낼 수 있었다. 다시 말해 근로자들의 사회적 건강이 직장 전체의 건강과 밀접하게 얽혀 있다는 것이다.

그러나 직장 내 우정이라는 개념에 대한 저항은 완강하다. 갤럽이 직원들에게 '직장에서 가장 친한 친구'가 있는지 묻는 설문 조사12를 만들었을 때 〈워싱턴포스트〉의 한 칼럼니스트는 "이게 대체 뭔가요? 고등학교예요?"라고 황당해했다.

하지만 갤럽은 *친한* 친구에 관해 물어본 것이 아니었다. 이 질문은 응답자들이 진정으로 협력하고 오래 갈 수 있는 관계를 표면적이고 약하며 부정적인 상호작용과 구별할 수 있도록 돕기 위한 것이었다. 아는 사람 사이에서 역시 연구자들에게 중요한 것은 일반적인 관계의 질이었다.

갤럽은 직장에 친구가 있는 근로자들은 연결된 관계가 없는 직원들과는 달리 회사를 위해 행동하도록 고무된다는 사실을 발견했다.

이런 행동은 유용한 정보의 공유, 건설적인 의견의 표명, 위협을 느끼지 않고 피드백을 제공하는 행동으로 확장된다. 한편 근로자 스스로에게 이익이 되는 더 중요한 효과도 있다. 직장에 친구가 있으면 의견 충돌이 발생할 경우 더 안심할 수 있고 회복력과 차분함이 높아지며 친구와 서로를 감정적·신체적으로 지지하기가 쉽다. 갤럽은 팀원 3분의 2가 직장에 친한 친구가 있다고 응답한 팀의 경우 팀원 3분의 1이 친한 친구가 있다고 응답한 팀보다 평균 20% 정도 사고가 적다는 사실을 발견했다.[13] 그 이유를 묻자 근로자들은 간단히 친구를 보살핀다고 말했다. 그들은 친구들을 배려하며 친구들에게 더 관심을 기울이고 있기 때문에 서로 안전모를 쓰라고 다시 한 번 알려줄 것이다. 또 위험을 경고하고 작업 과정에서 부상을 막기 위해 협력할 것이다.

갤럽의 조사 결과 직장 내 친구는 여성들에게 특히 중요했다. 우정은 일의 즐거움과 수행 능력을 향상시키고 사직이나 이직의 가능성을 줄여준다. 여성들은 직장에 친구가 있으면 스트레스를 덜 받고 동료들과 더 많이 연결됐으며 그들을 신뢰했다.[14] 연구원들은 이것을 '관계 에너지(relational energy)' 효과라고 부른다.

관계 에너지는 모든 사회적 상호작용에서 생성(또는 고갈)되는 감정 에너지를 지칭한다. 미시간대학교 긍정적 조직을 위한 센터(University of Michigan's Center for Positive Organizations)의 웨인 베이커(Wayne Baker) 교수에 따르면 관계 에너지는 종종 연쇄반응을 일으킨다. 첫 번째 반응은 감정적이다. 우리는 다른 사람과 강하고 긍정적인 관계를 맺으면 기분이 좋아진다. 두 번째 반응은 인지적이다. 생각이 명확해지고 기억력과 인지 수행력이 향상된다. 요컨대 관계는 기분을 더 좋게 하고 눈앞에 놓인 업무에 참여를 촉발한다. 그리고 활기차게 일을 하면 세 번째 반응인 생산성으로 이어진다.

베이커 교수와 롭 크로스(Rob Cross) 박사는 2003년 관계 에너지가 개인의 성과에 미치는 영향에 관한 첫 번째 연구를 진행했다.[15] 사회적 네트워크를 다룬 이 연구는 조직 설문 조사에 "일반적으로 이 사람과 상호작용할 때 당신의 에너지 수준은 어떻게 됩니까?"라는 핵심 질문 하나를 포함했다.[16]

베이커 교수와 크로스 박사의 연구 팀은 이 연구에서 우정만 살핀 것이 아니라 2003년 제인 더턴(Jane Dutton) 박사와 에밀리 힙피(Emily Heaphy) 박사가 사람들을 성장시키고 조직이 목표를 성취할 수 있게 하는 업무 관계를 설명하기 위해 만든 용어인 '양질의 관계(high-quality connections)'도 함께 살펴봤다.[17] 이런 관계는 짧게 끝나든 오래 지속되든 따뜻함, 관대함, 관계성이 특징이다. 우리의 안녕에 진정한 관심과 우려를 표현하는 사람을 만나서 행복감을 느끼면 우리는 양질의 관계를 경험하고 있다는 사실을 깨닫는다. 힘든 회의나 근무 교대 후에 친구가 당신을 걱정해주면 어떤 느낌이 드는지 떠올려보라. 또는 중요한 회의에 들어가기 전 동료가 진심으로 격려해주거나 안심되는 말을 해준다면 얼마나 더 명확히 생각하고 실력을 발휘할 수 있을지 생각해보라.

나는 비영리 단체와 사업 단체를 설립하면서 바세이드 교수가 말하는 '마이크로모먼츠(micro-moments)', 즉 사소하고 자연스러운 상호작용을 통해 동료 간 관계가 강화됐음을 알게 됐다. 누군가를 자세히 살피고 그들에게 잘 지내는지 물어본다면 그것은 실제로 관심을 갖는 일이다. 늦게까지 일한 동료에게 커피 한 잔을 가져다줄 때, 다른 동료에게 부족한 점이 있지만 인내심을 가질 때 등의 교류는 사소하고 짧지만 강력할 수 있다.

양질의 관계는 단순히 기분만 좋아지는 것이 아니라 성과에도 영향을 미치는 활력을 만들어낸다. 베이커 교수와 동료들은 한 의료 대기업에서 관리자들과 그들의 직속 부하 직원을 통해 이를 실험했다.[18,19] 먼저 관리자와 팀원 사이의 관계 에너지를 측정했다. 4주 후 표준적인 참여 척도를 사용해 각 직원의 업무 에너지를 조사했다. 그리고 그 후 약 1달 동안 직원들의 성과를 측정했다. 실험 결과 관리자와 더 많은 관계 에너지를 갖고 있는 직원들이 더 높은 참여의지를 보였으며 더 나은 업무 성과를 낸다는 사실이 증명됐다. 베이커 교수는 "양질의 관계를 만드는 관행이 관계 에너지를 높인다"고 말했다.

베이커 교수가 찾은 양질의 관계를 위한 중요한 열쇠 중 하나는 도움을 주고받는 것이다. 여기에는 도움을 요청하는 것이 포함된다.

"도움을 주는 것의 비밀은 요청하기였습니다. 중대한 발견이었죠." 베이커 교수가 설명했다. "직장에서 일어나는 도움의 90%는 도움 요청에 대한 응답입니다. 하지만 대부분의 사람들은 필요한 것을 요구하지 않습니다."

나는 도움을 청하는 데 어려움을 겪는 한 사람으로서 베이커 교수의 말을 분명히 이해할 수 있었다. 사람들은 도움을 청하면 자신감이 없거나 무능하거나 약하거나 무지하다고 인식될까 봐 두려워한다. 문제가 있다고 인정하면 평판에 해가 되리라고 생각한다. 하지만 베이커 교수는 그런 인식에 대해 이렇게 설명했다.

"사려 깊은 부탁을 하는 한 사람들은 당신을 무능하다고 생각하지 않고 더 유능하다고 생각한다는 연구 결과가 있습니다."

베이커 교수는 사실 대부분의 사람들이 누군가를 돕고 싶어 한다고 말했다. 그러나 그 도움이 항상 직관적인 것은 아니다.

"우리는 도움을 청하고 받는 과정에 참여하고 네트워크를 구축하는 것이 실제로 사람들의 감정 에너지를 상승시키고 부정적인 에너지는 감소시킨다는 것을 확인했습니다." 베이커 교수는 적극적인 도움 교환이 조직 문화에 통합돼 오랫동안 적용되면 사람들이 직장에서의 행동과 믿음을 변화시키는 긍정적 관계를 형성하기 시작한다고 말했다. "사람들은 다른 사람들을 아낌없이 도와주면서 부탁의 중요성을 알게 됩니다. 매일 하는 상호작용에서 부탁을 연습하기 시작하죠."

또 양질의 관계는, 긍정적 조직을 위한 센터에서 더턴 교수와 그의 동료들이 긍정적 존중(positive regard)이라고 부르는 것, 즉 '이해받고 사랑받는 느낌 또는 관계 속에서 존중받고 보살핌받는 느낌'을 만들어낸다.[20] 긍정적 존중은 그 순간의 취약성과 민감성을 교환함으로써 만들어진다. 양질의 인간관계는 단순히 재밌지는 않지만 삶을 긍정하고 활력을 불어넣는다. 양질의 인간관계가 우리의 삶에 많은 의미를 부여하는 이유다.

미시간주 앤아버에 있는 징거맨(Zingerman)의 창업자 아리 웨인즈웨이그(Ari Weinzweig)와 폴 새기노(Paul Saginaw)만큼 양질의 직장 관계가 가진 효과와 가치를 진심으로 받아들이는 고용주는 거의 없다. 지역의 식품 관련 기업 등을 포함하고 있는 이 기업 공동체는 루벤 샌드위치, 사워크림 커피 케이크, 정성스럽게 포장한 선물 상자로 유명하지만 모든 사람들이 개인적으로 가치 있고 연결돼 있다는 느낌을 갖게 하는 기업 문화 덕분에도 직원들과 고객 모두에게 사랑받고 있다.

웨인즈웨이그는 지금의 회사 문화를 만든 것은 본능이었다고 말했다. "관계 문화를 만들려고 작정한 건 아니었어요. 그보다는 그게 일하고 살아가는 타당한 방식이라고 생각했죠. 자연의 생태계에서는 모든 것이 연결돼 있어요. 공동체, 타인과 나, 자기 자신과의 연결을 존중하지 않으면 성공할 수 없어요. 우리가 직장에서 인간의 본성을 침해하면 해이, 우울증, 외로움을 야기하는 위기가 조성됩니다. 위기는 인간성을 존중하지 않고 한 사람으로서의 독특한 기여를 존중하지 않는 데서 오고요."

징거맨에서는 그런 해이와 외로움을 막기 위해 큰 노력을 기울인다. 이를 위해 모든 신입 사원들은 웨인즈웨이그와 새기노의 오리엔테이션 강의를 듣는다. 이 수업은 둘에게 징거맨에 입사하는 사람들을 알 수 있는 기회를 준다. 두 사람이 이해한 것처럼 회사의 모든 사람들은 그들이 맡은 역할 때문만이 아니라 다양하고 다차원적인 인간이기 때문에 소중하다.

"우리는 직원들이 도착하는 순간부터 모두 리더가 되도록 가르치고 조직에 참여시키고 있습니다." 웨인즈웨이그가 말했다. "테이블 치우는 일을 하더라도 나보다 더 많은 고객과 소통하고 있으니 처음부터 리더가 되는 거죠."

사람들의 다양한 차원에 관심을 갖는 것은 웨인즈웨이그에게 당연한 일이기 때문에 그는 자신의 행동을 특별하게 여기지 않는다.

"자연 속에 있는 어떤 것도 오직 1가지 일만 하지 않아요. 사람들에게 단 하나의 일만 맡기는 것은 자연의 이치에 맞지 않죠."

직원에게 하나의 일만 하게 하는 것은 회사 입장에서도 좋지 않다. 따라서 징거맨은 직원들이 다양한 기술을 쌓을 수 있게 도와주고 회사의 사회적·정서적 문화를 풍요롭게 하는 여러 수업들을 제공한다. 수업에는 다양한 사람이 섞여 있고 모두가 함께 배운다.

"더 건강한 관리 맵을 만들고 있습니다. …포용의 망이기 때문에 선을 넘어 관계들이 만들어지죠. 매니저와 설거지 담당자가 대화를 나눕니다. 지극히 정상적인 인간 행동이지만 다른 조직에서는 일어나지 않을 일이죠."

운영 체계도 관계를 장려한다. 모든 직원은 이사회를 포함해 징거맨의 모든 부서 회의에 참석할 수 있다. 트럭 운전사가 메뉴 계획을 도울 수 있고 셰프가 온라인 마케팅 전략 수립을 도울 수 있다. 오너인 웨인즈웨이그에게 이런 운영 체계는 리더는 언제나 무엇을 하고 있는지 알고 있다는 사람들의 고정관념을 바로잡아준다는 장점도 있다. 회사를 더 강하게 만들기 위해 노력하지만 누구나 실수할 수 있다는 사실을 인정할 수 있는 것이다.

가장 좋을 때나 가장 나쁠 때나 한결같이 사람들에게 헌신하면 사람들은 자신의 온전한 모습으로 직장에서 일하게 된다. 직원들은 일을 얻기 위해 완벽한 척할 필요가 없다. 웨인즈웨이그는 록 뮤지션으로 투어를 돌다가 병에 걸린 후 라인 셰프로 지원했던 아만다라는 젊은 직원을 소개해줬다.

"징거맨에 왔을 때 나는 패배감에 젖어있었어요."

아만다가 말했다. 투어 버스에서 잠을 자고 여자라서 부족하다는 말을 들으면서 1차원적 업무 관계를 맺으며 보낸 몇 년은 그에게 큰 타격을 줬다. 한 사람으로서 자신의 진짜 모습을 아무도 보지 못하는 것 같았고 혼자라고 느꼈다. 징거맨에 고용됐을 때 그는 환영받았다. 환영회에서 아만다는 깜짝 놀랐다.

"저는 모두가 남자인 주방에서 유일한 여자였고 제일 어린 데다가 라인 셰프로 일한 적도 없었죠." 아만다가 그때를 떠올렸다. "하지만 한 번도 제가 다른 사람에 반한다고 느껴본 적이 없었어요. 징거맨에서는 내가 할 수 있는 일, 성취할 수 있는 일이 너무 많다면서 여러 교육과 지원을 받게 해줬어요. 그래서 계속 일했죠. 나 자체로 그냥 받아들여진 거예요."

어느 날 아만다는 우연히 사장이 그의 상사에게 그래픽 디자인 중 하나가 마음에 들지 않는다고 말하는 것을 들었다. 대학에서 그래픽 디자인을 공부한 아만다는 자신이 한번 해보겠다고 이야기했다. 그는 과제를 받았고 이 일을 계기로 마케팅 담당으로 승진했다. 이제 식당에는 그의 그림이 걸려 있고 아만다는 회사 내 음악가들이 지역사회의 음악가들과 함께 지역사회를 위해 연주할 수 있는 공간을 마련하고자 웨인즈웨이그의 승인을 받고 음악 클럽도 시작했다. 아만다가 징거맨에서 일하면서 알게 된 모든 사람들이 친한 친구가 된 것은 아니지만 중요한 점은 그곳에서 일하는 모든 사람이 사실 친구라는 것이다.

낯선 이에게 말 걸기

이처럼 아만다가 직장에서 얻은 교훈들은 사회와 우리가 일상적으로 행하는 사회적 행동에도 일반적으로 적용할 수 있다. 쇼핑을 하거나 아이들을 공원에 데려갈 때, 신호가 바뀌길 기다리며 다른 사람들과 함께 코너에 서 있을 때도 상호작용을 하며 다른 사람들과 양질의 관계를 맺고 봉사하려고 하는가? 삶에서 맡고 있는 역할보다 더 많은 모습을 갖고 있는 다면적인 사람으로서 서로에게 다가가는가? 스스로 공동체 안에서 관계를 촉진하는 사람으로 보인다고 생각하는가? 징거맨과 같은 모델은 우리가 낯선 사람 사이에 있을 때조차 소속감을 쌓게 한다.

베이커 교수는 직원들 사이에서 관계 에너지가 갖는 힘을 시험하면서 양질의 상호작용은 심지어 아주 잠깐에 불과할 때도 사람들이 더 쉽게 정보와 자원을 공유하고 서로 돕게 할 수 있다는 사실을 발견하고 무척 놀랐다. 반면 잠깐 만나도 사회적으로 냉담하거나 요구가 많고 적대적이거나 사람을 무시하는 직원들은 서로의 에너지를 빼앗고 그 결과 협력이 줄어들었다.[21] 다시 말해 관계 에너지는 긍정적인 방향과 부정적인 방향으로 모두 급증할 수 있다. 그리고 양질의 관계가 점화한 양전하는 서로를 전혀 모르고 있을 때도 우리에게 강력한 영향을 미친다.

즉, 우리 삶에서 친구 영역에 속한 사람들만이 중요한 건 아니라는 의미다. 우리가 사는 사회적 세계는 낯선 사람들로 가득 차 있고 이 낯선 사람들과의 상호작용을 통해서도 외로움을 예방하고 더 연결된 느낌을 가질 수 있다.

2011년 여름 시카고시가 메트라(Metra) 통근 철도에 소음 없는 칸을 설치하겠다고 발표했을 때 또 다른 연구 팀이 이 구체적인 개념을 실험했다. 시카고시가 실시한 조사에 따르면 응답자의 84%가 소음 없는 칸의 설치를 지지했다. 그러나 시카고대학교 심리학자 니콜라스 에플리(Nicholas Epley) 박사와 동료 줄리아나 슈로더(Juliana Schroeder) 박사는 이 숫자가 모든 것을 말해주지는 않는다고 의심하며 연구를 설계했다. 첫 번째 그룹의 통근자들에게는 다른 통근자들과 대화를 나누라고 지시했고 두 번째 그룹에는 혼자 있으라고 지시했다. 세 번째 그룹에는 아무 지시도 내리지 않았다. 세 그룹 모두 낯선 사람들과 대화를 나누면서 가면 통근이 덜 즐겁고 생산적일 거라고 예상했지만 그들의 경험은 오히려 반대로 증명됐다.[22] 대화를 지시받은 그룹은 침묵을 지시받은 그룹과 아무런 지시도 받지 못한 그룹에 비해 통근을 더 즐겼다. 심지어 외향적인 사람들과 내향적인 사람들 모두 낯선 사람과의 대화를 즐겼다.

이 결과는 '낯선 사람은 위험할 수 있다는 생각(stranger danger)'에 길들여진 문화에 위배되는 것이었다. 어떤 경우 상식은 필요하며 주의에는 정당한 이유가 있지만 사실 우리가 마주치는 대부분의 사람들이 우리보다 더 위험하지는 않다. 우리가 피하고 있는 대부분의 즉흥적인 상호작용은 풍요로움으로 가득 차 있다. 우리는 미소나 격려의 말처럼 단순한 제스처만으로도 친절한 행동이 주는 혜택을 얻을 수 있다. 이런 행동은 상대방이 긴장을 풀 수 있게 해 실제로 낯선 사람에게 느끼는 위협적인 인상을 감소시킨다.

많은 사람들이 낯선 사람들은 다른 사람이 가까이 가기를 원치 않을 거라고 잘못 추측한다. 식료품점에서 줄 서 있는 사람들과 잡담하지 않는 이유 중 하나도 이것이다. 우리는 부담을 주거나 방해하고 싶지 않다고 생각한다. 그리고 다른 사람에게 말을 걸면 이상하다고 생각할까 봐 걱정한다. 하지만 사실 혼자 있고 싶어 하는 사람들조차 우호적인 상호작용을 환영한다. 데이터는 우리가 사람들과 관계를 맺기 위해 먼저 나설 때 더 행복해진다는 사실을 보여준다.

내성적인 경향이 있는 사람으로서 나는 최근 커피숍이나 카페에서 작업할 때마다 나만의 비공식적인 연구를 진행하고 있다. 내 옆에서 일하고 있는 사람들에게 웃으면서 말을 걸려고 노력하는 것이다. 그런 다음 물을 가지러 갈 때나 화장실에 갈 때마다 짐을 전부 챙겨 가지 않고 그들에게 내 가방과 서류를 봐달라고 부탁한다. 지금까지 그 누구도 나를 실망시키지 않았다.

이 실험을 처음 시작했을 때 나는 누군가에게 신뢰를 주고 도움을 청하는 것이 얼마나 기분 좋은 일인지 깨닫고 감명 받았다. 내가 소지품을 봐달라고 부탁했던 사람들의 반응은 나를 더욱 놀라게 했다. 내가 자리에 돌아왔을 때 한 젊은이가 내게 말했다. "저를 믿고 물건을 봐달라고 부탁해주셔서 고맙습니다. 대부분은 그렇게 하지 않을 거예요. 하지만 기분이 좋더라고요."

상호작용을 하는 데는 거의 시간이 걸리지 않았지만 긍정적인 효과는 몇 시간이나 계속됐다. 이 경험은 그 카페를 더욱 친숙하고 인간적인 느낌으로 만들어 매일 가고 싶은 장소가 되게 했다. 바로 이것이 낯선 이들의 친절이 우리에게 할 수 있는 일이다.

이 경험들은 에플리 교수와 슈로더 교수가 통근 열차에서 알아냈던 사실을 확인해줬다. 친절, 감사, 관대함은 더 가까운 우정에서만큼 낯선 사람들과의 짧은 상호작용에서도 필수적이다. 동네에 있는 커피 전문점에서 직원에게 미소 짓기, 이웃을 위해 엘리베이터 기다려주기, 가족들이 길을 건널 수 있도록 양보하기. 이런 친절은 행하는 데 몇 초밖에 걸리지 않지만 의미 있는 연대감을 만들어낼 수 있고 우리에게 다른 사람들을 위한 목적과 가치가 존재한다는 점을 상기시켜줌으로써 우리의 자아존중감을 재확인해준다.

외로움이 만연한 현실을 고려하면 특히 중요하게 기억해야 할 점이 있다. 설사 깨닫지 못했다 하더라도 우리 대부분은 늘 외로운 사람들과 상호작용하고 있다. 외로움이 만들어내는 과잉각성 상태 때문에 이들 중 다수가 불안하고 신경이 곤두서 있을 것이다. 친절은 그런 상태에 있는 누군가에게 마음을 무장 해제시키는 힘이 될 수 있다. 한순간의 감사나 관대함이 혼자 힘겨워하고 있는 누군가에게 관계의 문을 열어줄 수 있음에도 우리는 그 사실을 알지 못한다. 뉴욕대학교 사회학 교수인 에릭 클라이넨버그(Eric Klinenberg)가 도시 근교의 '사회적 기반 시설'을 연구하기 시작하면서 발견한 것처럼 낯선 사람과의 관계는 극과 극의 결과를 초래할 수 있다.

1995년 기록적인 시카고 폭염으로 수백 명의 사람들이 홀로 목숨을 잃는 비극이 일어났을 때 클라이넨버그 교수는 대학원생이었다. 그 수백 명 중 대부분이 아프리카계 미국인이었다. 한편 라틴계는 도시 인구의 25%를 차지하고 있고 유난히 가난하고 아픈 사람이 많은데도 온열 질환 관련 사망자는 2%에 불과했다. 왜 라티노 리틀 빌리지(Latino Little Village) 지역의 사망률이 아프리카계 미국인들이 많이 사는 노스 론데일(North Lawndale)보다 훨씬 낮았을까? 클라이넨버그가 자신의 저서 《폭염 사회》[23]에 연대순으로 기록한 연구는 그 이유로 이들 지역사회의 사회적 · 공간적 맥락을 가리켰다.

"시카고의 라틴계 사람들은 인구밀도가 높은 동네에 사는 경향이 있습니다. 거리에는 바쁘게 돌아가는 상업 시설이 있고 공공장소는 활기가 넘칩니다. 높은 온열 질환 관련 사망률을 기록한 대부분의 아프리카계 미국인들이 사는 동네는 최근 몇십 년 동안 고용주, 상점, 주민들에 의해 버려져 있었어요."

버려진 지역사회에서 주민들은 공유 공간에 대한 인식이 없었고 공공재에 투자하지도 않았다. 그 결과 그들은 서로와 나머지 세상에 소원해졌다. 그들에게 도움이 필요하다는 것은 말할 것도 없고 그들이 그곳에 있다는 것을 아는 사람이 아무도 없었다.

폭염이라는 자연적 상황이 주요한 역할을 하긴 했지만 클라이넨버그 교수는 "이들의 죽음이 불가항력은 아니었다"고 말했다. 날씨는 왜 수백 명의 시카고 주민들이 공공 기관이나 지역사회 단체의 도움을 받지 않고 문을 잠그고 창문을 닫은 채 친구, 가족, 이웃과 연락을 끊고 혼자 죽었는지를 설명할 수 없었다.

"자연스러운 일이 아닙니다."

클라이넨버그 교수의 의견은 카치오포 박사가 2016년 〈가디언〉과의 인터뷰에서 이야기했던 외로움의 지역사회 전염을 떠오르게 했다.

"당신과 내가 이웃이라고 해봅시다." 카치오포 박사가 말했다. "나는 어떤 까닭인지 외로워졌고… 갑자기 외로워진 나는 이제 당신을 잠재적인 위협으로 대할 가능성이 높습니다. 당신은 내 반응을 인식하게 되고 따라서 우리는 더 부정적인 사회적 반응을 보일 것입다." 카치오포 박사는 말을 계속했다. "당신은 나와 이웃으로서 상호작용을 그다지 잘하지 못하기 때문에 직장에 가서도 다른 사람들과 부정적으로 상호작용할 가능성이 높습니다."[24]

이런 악순환은 우리 모두의 관계 능력을 감소시키며 전 세계 각국 정부와 지역사회는 이 현상을 점차 문제로 인식하고 있다. 이에 대응해 여러 도시, 주, 국가는 낯선 사람들이 공통의 관심사, 필요, 목적을 중심으로 함께 모일 수 있는 공용 공간을 만들기 위해 의도적인 노력을 쏟고 있다. 이런 공간에는 전통적인 공원과 학교, 녹지 공간, 도서관 등이 있는데 앤드루 카네기는 이를 '사람들을 위한 전당(palaces for the people)'이라고 불렀다.

콜롬비아의 보고타는 공용 공간의 모범 사례를 보여준다. 122킬로미터에 이르는 도시의 도로들은 일요일과 공휴일 오전 7시부터 오후 2시까지 차들의 출입을 막아 사람들이 자전거 타기, 걷기, 기타 오락 활동을 위한 공간으로 사용할 수 있다. 도시 인구의 4분의 1이 매주 이곳을 이용한다. 외로움에 대응하기 위해 우정과 수다의 벤치를 도입하고 있는 도시와 마을도 있다. 영국의 몇몇 마을은 경찰서에서 "'수다' 벤치(Happy to Chat Bench): 다른 사람이 멈춰서 인사해도 괜찮으시다면 여기에 앉으세요"라고 적힌 벤치를 지정했다. 이 아이디어는 낯선 사람과의 관계를 환영한다고 표시해 연결을 유도하는 것이다.[25]

정부는 정책이 인간관계에 미치는 영향을 이해하고 최적화함으로써 외로움의 원인을 밝히는 연구에 자금을 지원하고 외로움을 해결하기 위한 공공 비전과 전략, 연대를 만들어 외로움과 싸우는 데 중요한 역할을 한다. 다만 정부가 사회를 지휘하고 동원하는 독특한 위치에 있어도 궁극적인 해결책은 우리 모두가 외로움이 가져오는 위험과 이를 방지할 힘을 다 함께 나눠 진다는 사실을 인식하는 데 있다.

낯선 사람들이 만나서 서로 돕는 데 반드시 비극이 필요한 것은 아니다. 우리는 이웃이자 공동체로서 분명한 위기가 존재하지 않을 때도 상호 관심과 봉사 정신을 고수하는 법을 배워야 한다. 지역사회의 드라마가 진정된 뒤에 다시 분리된 과거 상태로 돌아가려는 경향에 저항해야 한다. 공동체는 공공의 불안이 발생한 순간에는 물론 조용하고 사적인 도움이 필요한 때도 필수 자원이 되며 삶의 질과 인간 경험을 높이기 때문이다.

아이들을 위한 세상

—— 평화는 인생의 아름다움이다… 아이의 미소, 어머니의 사랑, 아버지의
기쁨, 가족의 단란함이다.

메나헴 베긴(Menachem Begin), 노벨상 수상 기념 강연

—— 네가 항상 기억해야 할 것이 있어. 너는 네가 믿는 것보다 더 용감하고
겉으로 보이는 것보다 더 힘이 세고 네가 생각하는 것보다 더 똑똑해.
하지만 가장 중요한 건 우리가 떨어져 있더라도 나는 늘 너와 함께 있
다는 거야.

크리스토퍼 로빈, 《푸의 대모험: 크리스토퍼 로빈을 찾아서》

지금 우리가 지역사회와 국가 차원에서 관계를 강화하기 위해 아무
리 열심히 노력한다 해도 결국 미래는 우리 아이들에게 달려 있다. 아
이들에게 더 연결되고 인정 넘치는 세상을 만드는 법을 가르치는 것
은 우리 모두의 몫이다.

어린아이들과 시간을 보내는 것은 타인과의 접촉이 아이들에게 얼마나 중요한 영향을 주는지 보여준다. 어린아이들은 자신을 돌봐주는 어른에게 신체적으로 의존하는 것을 넘어 부모, 형제자매, 가까운 가족, 친구와의 감정적 연결을 즐긴다. 어린아이들은 자신을 들어 올리라고 요구하고 책을 읽기 위해 무릎에 앉히라고 요구하며 최근 자신이 겪은 승리와 실망에 공감하라고 요구한다. 유아기부터 청소년기까지 아이들은 힘들지만 보람 있고 고통스럽지만 유익한 여러 사회적 장애물과 마주친다. 아이들에게는 매 순간 도움의 손길과 사려 깊은 지도가 필요하다.

오늘날 아이들의 삶은 엄청난 변화로 형성돼 있다. 젊은 세대들은 친절, 정직, 인격을 대가로 명성, 부, 지위를 우선시하는 문화적 메시지의 세례를 받으며 자란다. '친구'와 '좋아요' 숫자는 소셜 테크놀로지 시대를 사는 아이들에게 최우선순위이지만 청소년들과 젊은 성인들은 어느 때보다 높은 비율로 외로움을 느낀다.

청소년들의 사회적 고립을 해결하기 위한 단체 비욘드 디퍼런스(Beyond Difference) 대표이자 아이들의 엄마인 로라 탈머스(Laura Talmus)는 때로 역효과를 낳으며 종종 해롭기도 한 현대의 메시지들이 아이들에게 어떤 대가를 치르게 하는지 너무나 잘 알고 있다. 탈머스와 그의 남편인 에이스 스미스(Ace Smith)는 2009년 사망 당시 15세였던 딸 릴리를 추모하기 위해 비욘드 디퍼런스를 설립했다.

릴리의 정신이 무척이나 특별했기 때문에 그의 이야기는 슬프지만 한편 희망적이기도 하다. 릴리는 희귀한 유전 질환인 에이퍼트 증후군이 있었지만 행복하게 자란 것 같았다. 탈머스는 분만실에서 병원 관계자의 얼굴을 보고 릴리의 머리 모양에 뭔가 문제가 있다는 사실을 깨달았다고 했다. 이후 가족들은 에이퍼트 증후군 때문에 릴리의 두개골 뼈가 너무 일찍 융합되었다는 설명을 들었다. 릴리의 어린 시절은 수술로 점철돼 있었다.

"릴리는 두개안면 수술을 받을 때마다 발작을 일으켰어요." 로라가 회상했다. 하지만 다른 한편으로 릴리는 행복한 아이였다. "내가 상상할 수 있는 가장 행복한 아이였어요. 4년간 몬테소리를 다닌 후 공립학교를 4학년까지 다니면서 잘해냈죠. 다른 학생들은 릴리가 신체적으로 얼마나 다른지 인식하지 못하는 것 같았어요."

릴리의 어린 시절 초기는 어린아이들의 자연스러운 특성이 반영된 것이었다. 우리 집에 있는 미취학 아동들을 관찰해보니 친절한 대우를 받은 어린아이들은 대체로 받은 친절을 되돌려주는 경향이 있다. 서로 자기가 먼저 하려고 옥신각신하기도 하지만 부당한 대우를 받지 않으면 상대방을 판단하지 않는다. 릴리는 친구들을 친절하게 대했고 그 보답으로 사랑을 받았다.

그러나 중학생에 가까워지면서 상황은 바뀌기 시작했다. 갑자기 외모가 더 중요해졌고 사회적 지위도 마찬가지로 중요해졌다. 릴리의 반 친구들은 그를 피하기 시작했다. 릴리는 어떻게 해도 주위의 사회적 영역으로 들어갈 방법을 찾을 수가 없었다. 그는 혼자였고 고통은 커져만 갔다. 그러자 성적이 떨어지기 시작했고 학교 수업을 따라가는 데 애를 먹게 됐다.

"릴리가 학교에서 나한테 전화를 걸었어요. 화장실에 숨어 있을 때가 많았죠. 점심시간에는 반 여학생들이 자기에게서 등을 돌린다고 말했어요. 방과 후와 주말에는 릴리를 위한 활동을 하려고 노력했지만 반 친구들에게 받아들여지지 않는다는 것이 릴리에게 너무 큰 상처였죠."

탈머스는 릴리가 결코 직접적으로 놀림을 당하거나 따돌림을 당하지는 않았다고 강조했다. 릴리가 견뎌냈던 사회적 고립은 훨씬 더 흔하고 음흉한 것이었다. 실제로 탈머스는 거의 모든 아이들이 학창 시절 어느 시점에서 이와 비슷한 기피를 경험한다는 사실을 깨달았다. 그러나 릴리에게는 그 고통이 참을 수 없는 것이었다.

"릴리는 너무 비참해져서 중학교 1학년을 시작할 즈음에는 홈스쿨링을 받고 싶다고 애원했어요. 저는 그 시점에서 릴리가 자신에게 필요한 것을 우리보다 잘 알고 있을 거라고 생각했죠. 그래서 가능한 돈을 다 모아서 중학교 1~2학년을 가르칠 개인 교사를 고용했어요."

릴리를 가르치기 위해 고용한 2명의 가정교사는 릴리가 자신감과 마음의 평정을 되찾는 데 도움을 줬다. 릴리는 다양한 사회봉사 프로젝트에서 활동하게 됐고 안면기형아동협회(Children's Craniofacial Association)를 통해 에이퍼트 증후군과 비슷한 질병을 가진 다른 아이들과 관계를 맺었다. 이 관계들은 릴리의 삶에 깊은 영향을 미쳤다. 2008년 릴리는 협회에 관해 다음과 같은 글을 썼다.

중학교 시절은 내가 기억할 수 있는 가장 힘든 최악의 시간이었다. 또래 친구들은 있는 그대로의 나를 진심으로 받아들이지 않았고 선생님들은 내가 배울 수 있다고 생각하지 않았다. 홈스쿨링으로 내가 오늘 하고 있는 일을 할 수 있으리라고는 생각지도 못했다. 나는 이제 내가 또래들과 동등하다는 것을 안다. …절대 누군가가 당신에게 어떤 일을 할 수 없다고 말하게 하지 마라. 당신 자신조차도!

릴리는 고등학교를 기숙학교로 진학하고 싶어 했고 많은 고민과 토론을 거친 끝에 탈머스와 스미스도 동의했다. 2009년 부부는 아이오와로 날아가 릴리를 학교에 들여보냈고 그해 가을 학부모 방문 주말에 딸을 보러 가기 위한 표도 미리 사놨다. 하지만 그 주말이 오기 전 탈머스와 스미스는 어느 부모도 받고 싶어 하지 않는 전화를 받았다. 릴리가 잠을 자다가 세상을 떠났다는 전화였다. 태어나면서부터 겪어왔던 일시적인 발작 때문이었을 것이다.

탈머스와 스미스, 릴리의 오빠에게 릴리의 죽음은 견디기 어려운 것이었다. 탈머스는 "1년 동안 숨을 쉴 수가 없었어요. 어떻게 이겨냈는지 모르겠네요. 릴리가 죽고 2년째에는 길이 평평하지 않고 한쪽으로 기울어진 느낌이 들었어요"라고 떠올렸다. 탈머스는 간신히 직장으로 돌아가 일에 몰두했지만 이따금 주차장에 도착하면 그냥 주저앉아 흐느껴 울었다.

상실의 아픔을 견뎌낼 수 있게 한 씨앗은 릴리의 추도식에서 뿌려졌다. 탈머스는 딸의 중학교 시절에 관해 말하면서 릴리가 학교를 떠날 수밖에 없었던 이유인 친구의 상실과 고립에 대해서도 이야기했다.

그날 밤 추도식에 참석했던 어머니 중 1명이 아들에게 물었다. "매트, 릴리와 친구였니?"

아들은 이렇게 대답했다. "물론이죠. 모두 릴리와 친구였어요."

매트의 어머니가 탈머스에게 아들의 말을 전했을 때 사회적 고립을 둘러싼 불편한 진실이 드러났다.

"매트는 릴리에게 결코 못되게 굴지 않았어요."

탈머스가 말했다. 하지만 영화를 보러 갈 때 릴리를 초대한 사람은 아무도 없었다. 릴리가 혼자서 상처를 입고 있을 때 아무도 눈치채지 못했고 설사 눈치챘다고 하더라도 손을 내밀려고 하지 않았다. 비탄에 빠진 후 처음 몇 달이 지나는 동안 탈머스의 마음속에 계속해서 떠오르는 섬광 같은 생각이었다.

"아무도 못된 짓을 하고 있다고 생각하지 않았어요. 그들은 그저 릴리를 배제하고 등을 돌렸을 뿐이었어요."

탈머스는 매트와 릴리의 예전 반 친구들 몇 명, 어린 시절 어울리던 가족의 친구들을 만나기로 결정했다. 그들은 릴리가 느꼈던 외로움과 그가 소외됐던 이유를 이야기했다. 그리고 릴리의 이야기를 예전 중학교의 다른 학생들과도 나누기로 결정했다. 교장 선생님은 그들을 위해 조회를 열어줬다.

"너무 무서웠어요. 강당은 가득 차 있었죠. 우리는 1명씩 돌아가며 이야기를 하고 릴리의 비디오를 보여줬어요. 그리고 청중들에게 릴리가 느꼈던 감정과 같은 감정을 느껴본 적이 있는지 물어봤어요. 손들이 올라왔습니다. 모두 자기 이야기를 하고 싶어 했어요."

켄드라 루는 그날 강당에 앉아 있던 학생 중 1명이었다. 자신만만하고 외향적이며 느긋한 루는 전혀 외롭지 않았다. 그러나 루는 탈머스의 말을 들으면서 소외감을 느끼는 사람들의 슬픔에 충격을 받았다. 루는 몇 년 뒤 내게 말했다. "사람들이 이런 식으로 느끼고 있다는 것을 몰랐어요. 같이 앉을 사람이 없어서 화장실에서 점심을 먹는 것도요. 충격 받았죠. 나는 그 아이들이 더 편해지게 하는 일을 아무것도 하지 않았던 거예요."

그 조회 시간에 몇몇 학생들은 외로움을 느꼈던 경험을 공유했다. 또 다른 학생들은 친구들을 고립시키는 데 자기가 (종종 무심코) 했던 역할을 인정했다. 그러고 나서는 소그룹으로 나뉘어 더 연결되고 덜 외로운 학교를 만들기 위해 취할 수 있는 조치에 관해 이야기를 나눴다. 그들은 만약 모든 사람들이 자기 주변 사람들을 외롭지 않게 하는 일을 조금이라도 책임진다면 큰 도움이 될 거라는 이야기를 들었다. 이 소그룹들은 학년 내내 매주 만나 학교 안의 외로움을 해결해나갔다.

"탈머스는 우리가 지킬 수 있는 간단한 방법들을 알려줬어요." 루가 기억을 떠올렸다. "예를 들어 일주일에 1번씩 혼자 앉아 있는 사람에게 다가간다거나 그냥 복도에서 누군가를 지나쳐 갈 때 미소를 지어주는 일 같은 거요. 이런 작은 일들이 큰 의미를 지니죠."

젊은이들의 사회적 고립과 외로움에 대한 인식을 높이기 위한 비영리 단체 비욘드 디퍼런스는 이렇게 시작됐다. 처음에 사람들은 비욘드 디퍼런스의 초점이 따돌림에 맞춰져 있다고 생각했고 따돌림

방지 프로그램이나 제안은 이미 많이 존재하고 있었기 때문에 그들에게 관심을 갖지 않았다. 그러나 탈머스는 비욘드 디퍼런스에는 다른 사명이 있고 그 사명은 따돌림을 방지하는 것만큼이나 중요하다는 사실을 알고 있었다.

"저는 아이들에게 '사회적 고립이 어떻게 보이고 어떤 느낌을 주는지 말해달라'고 부탁해요. 아이들은 사회적 고립을 그 사람 자체로 받아들여지지 않는 느낌, 보이지 않는 사람이 된 것 같은 느낌, 소외된 느낌이라고 말합니다." 탈머스가 말했다. 조용하면서도 어쩌면 치명적일 수도 있는 경험이다. "자해와 폭력은 그 시작이 어린 시절의 외롭고 고립됐던 경험까지 거슬러 올라가는 경우가 굉장히 많아요. 너무나 많은 성인들이 청소년기에 생긴 트라우마로 인해 폭력을 일으킵니다."

그러나 비욘드 디퍼런스가 보내는 메시지와 그 필요성에 가장 비협조적인 고객은 바로 어른들일 수 있다. 탈머스는 "부모들은 스스로가 생각하는 것만큼 포용적으로 행동하는 것 같지 않다"고 말했다.

이를 입증하는 연구도 있다. 한 조사에서 학부모의 96%는 도덕적 인격 발달이 매우 중요하다고 꼽으며 대부분이 정직, 다정함, 신뢰를 높게 평가했지만[1] 하버드교육대학원에서 1만 명의 미국 중·고등학생을 대상으로 시행한 조사에서는 "응답 학생의 60%가 타인에 대한 배려보다 성취를 더 높게 평가했"다. 게다가 "학생의 약 3분의 2는 부모와 친구들도 타인에 대한 배려보다 성취를 더 높게 평가할 것"이라고 답했다. 대다수의 교사, 행정가, 교직원도 부모들이 자녀의 성취를 최우선으로 여긴다는 데 동의했다.

이 연구의 저자들은 2014년 발표한 보고서 〈우리가 키우려는 아이들(The Children We Mean to Raise)〉에서 "어른들의 말과 그들이 실제로 우선시하는 것 사이의 격차를 어떻게 좁힐 수 있을까?"라는 질문을 던졌다. "문제는 부모와 교사에게 배려가 중요하다는 사실을 설득하는 것이 아니다. 그들은 이미 그 사실을 알고 있다. 오히려 진짜 문제는 배려 등의 가치가 순간순간 아이들의 행복이나 성취와 충돌할 때조차도 어른들이 아이들에게 영감을 주고 동기부여를 하며 매일 그들에게 배려와 공정성을 기대하면서 '말한 것을 실천하는 것'이다."[2]

탈머스도 이 문제를 인식하고 있었다. 그래서 비욘드 디퍼런스는 부모들에게 집에서 아이들과 함께 우정과 연민에 관해 이야기를 나누면서 혼자 있는 반 친구들과 점심시간이나 쉬는 시간에 어울리고 서로 다른 배경과 종교를 가진 아이들과 사귀며 조용한 아이들과 친구가 되고 온라인상에서 서로에게 친절하게 굴어야 한다고 다시 한번 알려주도록 권장한다. 하지만 탈머스는 부모의 역할 모델 그 이상의 것을 원한다. 그는 아이들이 그들만의 역할 모델이 될 수 있게 돕고 싶었다.

"사람들은 중학교 시절을 반드시 이겨내야 할 대상처럼 생각하지만 우리는 그 생각을 거부합니다. 우리는 자신감에 차 있고 안정적이며 피해자처럼 느끼지 않는 새로운 세대의 젊은이들을 기르는 데 전념하고 있습니다. 친절함을 베푸는 것 그 이상이죠. 모두를 포용하고 함께 고양하는 문제에 관한 것입니다."

오늘날 비욘드 디퍼런스는 전국 6,000개 이상의 학교에서 아이들이 사회적 간극을 메울 수 있게 돕는 다양한 프로그램을 제공하고 있다. 목표는 파벌을 만드는 것이 정상적으로 여겨지고 사회적 배타성이 만연한 중학교 문화를 바꾸는 것이다.

"우리는 새로운 세대의 아이들이 소속감을 느끼게 하기 위해 노력하고 있습니다."

탈머스는 중학생쯤 되면 같은 또래들이 전하는 메시지를 경청할 가능성이 높다고 강조했다. 그래서 이 단체에는 120명의 고등학생들로 이뤄진 10대 이사회(Teen Board of Directors)가 있다. 이들은 중학교에 가서 학생들에게 또래 대 또래로 사회적 고립은 무엇이고 어떻게 방지할 것인지 이야기하는 훈련을 받는다.

학생들은 서로를 대하는 방식을 책임지는 법과 사회적 고립의 신체적·감정적·심리적 영향을 인식하는 법을 배운다. 학생들 모두 거절의 고통을 알고 있기 때문에 비욘드 디퍼런스는 중학생들에게 그들이 힘을 모은다면 이 고통을 예방할 수 있다는 점을 알려준다.

루는 비욘드 디퍼런스의 리더로 10대 이사회에 합류했을 때 이런 가르침을 모두 흡수했다. 예를 들어 그는 몸짓언어가 대화에 얼마나 큰 영향을 미치는지 교육을 통해 깨달았다. 누군가를 향해 몸을 약간만 움직여도 그가 상대방에게 더 많은 관심을 기울이고 있다는 것을 느끼게 해줄 수 있었다. 다른 사람들이 말하는 동안 눈을 마주치는 것, 상대방의 말을 듣고 있다는 표시로 그들이 하는 말에 반응해 짧은 코멘트를 하는 것, 대화에 참여하고 있는 모든 사람들을 인정하려고 애쓰는 것. 이것이 루가 청소년 조력자로서 연마한 많은 기술 중 일부였다. 나와 대화를 나눌 때 루는 고등학교를 졸업하고 대학에 다니고 있었지만 비욘드 디퍼런스를 통해 얻은 가르침은 여전히 그에게 영향을 미치고 있다.

"다른 사람들과 연결되는 방법을 배우는 데는 자기반성이 많이 필요해요. 제가 비욘드 디퍼런스에서 배웠던 모든 가르침이 대학에서 친구들을 사귀는 데 도움이 됐어요. 평생 사용할 수 있는 기술을 알게 됐죠. 저는 이제 누구와도 대화할 수 있어요. 그리고 제가 다가가기 쉬운 사람이라는 걸 보여줄 수 있는 방법도 배웠고요."

루의 이야기에서 특히 인상 깊었던 점은 탈머스의 강당 조회에 참석했을 때 루는 외로움을 느껴본 적이 없었는데도 이 문제가 울리는 경종을 기꺼이 받아들였다는 사실이었다. 루는 한 번도 외로움을 경험해보지 못한 사람부터 끊임없이 외로움을 느끼는 사람까지 다양한 배경의 사람들이 비욘드 디퍼런스를 나아가게 했다고 말했다. 그들은 학교에서 더 연결된 공동체를 만들기 위해 모두 함께 모였다. 그리고 모두 각자 자신의 삶 속에서 더 강한 연결을 만들기 위해 할 수 있는 일이 많이 있음을 알게 됐다.

관계 가르치기

좋든 싫든 사회적 수용이 중요하다는 것은 피할 수 없는 사실이다. 우리는 모두 받아들여지길 원하고 나를 지지해주는 친구들 속에 속해 있길 원한다. 우리 아이들도 다르지 않다. 그럼에도 건전한 사회관계의 중요성은 학교생활, 스포츠, 성적, 일상의 자질구레한 일, 가족에게 받는 스트레스 등 다른 우선순위들 속에서 너무 자주 길을 잃는다. 부모로서 우리는 아이들의 사회적 교육이 학교교육만큼 중요할 뿐만 아니라 이 2가지가 밀접하게 연관돼 있음을 기억해야 한다.

2002년 심리학자 로이 바우마이스터(Roy Baumeister)와 진 트웬지(Jean Twenge) 교수는 사회적 소속감과 학문적 성과 사이의 관계를 살펴보는 간단하지만 흥미로운 3가지 연구[3] 결과를 발표했다.[4] 실험 대상은 사전 단계에 미래를 예상할 수 있다고 알려준 (가짜) 성격 테스트를 보고 그에 따라 3개 그룹에 무작위로 배정된 대학생이었다. '미래에 혼자가 될' 첫 번째 그룹 학생들에게는 성격 테스트 결과 살면서 혼자가 될 가능성이 높다고 이야기해줬다. '미래에 소속감을 가질' 두 번째 그룹에는 길고 안정적인 결혼 생활과 영원한 우정을 포함해 평생의 지지 네트워크를 가질 가능성이 높다고 이야기해줬다. 세 번째 그룹의 테스트 결과는 시간이 지날수록 사고가 나기 쉬워 뼈가 부러지거나 여러 차례 응급실을 방문하게 될 거라고 예측했지만 사회적 생활면은 언급하지 않았다. 이 '불행 통제' 집단은 예상되는 사회적 고립의 괴로움을 예상되는 육체적 고통의 괴로움과 구별하기 위해 포함됐다. 학생 전원은 이른바 자신의 운명을 통보받은 직후 표준화된 IQ, 읽기, 기억력 테스트를 했다.

바우마이스터 교수의 연구 결과는 몇 가지 이유로 주목할 만했다. 친구가 없는 삶이 전망된 남학생과 여학생은 둘 다 IQ와 복잡한 학업 테스트에서 똑같이 저조한 성적을 냈다. 다른 두 그룹과 비교했을 때 '미래에 혼자가 될' 학생들은 모두 훨씬 더 적은 질문에 답했고 정답을 맞힌 경우에도 답을 알아내는 데 더 오랜 시간이 걸렸다. 학생들의 수행 능력은 단순한 읽기나 기억력 퀴즈에서는 영향이 없었지만 "지능 테스트나… 복잡한 지문을 기억해내야 하는 어려운 문제들… 논리와 추론 테스트에서는 현저한 수행 능력 저하가 나타났"다.

이 연구에서 또 다른 주목할 만한 결과는 육체적 고통의 가능성은 학생들의 점수에 전혀 영향을 미치지 않았다는 것이었다. '불행 통제' 그룹은 '미래에 소속감을 가질' 그룹만큼 일관되게 높은 점수를 받았다. 사회적 고립에 직면했을 때만 학생들은 지적 추론과 논리력에 지장을 줄 정도의 괴로움을 경험했다. 더욱이 이런 수행 능력의 저하는 '미래에 혼자가 될' 그룹의 학생 중 혼자가 될 거라는 예상에도 불구하고 쾌활하고 자신감 있어 보였던 학생들에게서도 나타났다.

이 연구는 사회적 배제의 영향이 부모와 교육자가 전통적으로 인식해왔던 것보다 훨씬 더 은밀한 방식으로 아이들에게 해를 끼칠 수 있음을 시사한다. 학생들은 소외감을 느낄 때 자신의 사회적 운명에 집착하게 되고 지력을 학습에서 다른 데로 돌리는 것 같다. 또 연구자들은 *미래에 고립될 위협에 대한 두려움과 수치심* 등 사회적 고통을 숨기려는 노력이 지적 과정에 필요한 정신적 기능에 해가 될 수 있다고 추측했다. 이 실험들이 미래의 고립 가능성과 관련된 반응만을 측정했다는 사실을 고려했을 때 실제로 사회적 배제가 일어날 경우 릴리와 같은 아이들이 받을 영향이 걱정스러울 따름이다. 아마도 이것이 릴리가 사회적으로 소외감을 느낀 후 학업을 따라가는 데 어려움을 겪은 이유일 것이다.

《피어 파워(Peer Power)》[5]를 쓰기 전 사회학자 패트리샤 아들러(Patricia Adler)와 피터 아들러(Peter Adler) 박사는 8년간 12개 지역 학교에서 아직 사춘기에 들어서지 않은 미국인 아이들의 삶을 집중적으로 관찰했다. 둘의 연구는 보통 어른들의 시야 밖에서 일어나는 복잡하고 변화무쌍한 또래 문화를 기술했다. 아이들 사이에도 우정과 파벌이 형성되고 사라진다. 그룹 리더들은 권력과 인기를 유지하기 위해 다양한 기술을 시도한다. 아이들은 어느 날 받아들여졌다가 다음 날에는 갑자기 거부당하기도 하며 이런 행태는 종종 과시적이지는 않아도 자기가 왜 거부당했는지 모르는 아이 쪽이 크게 화를 내며 이뤄진다. 스스로에 대한 생각과 서로 상호작용하는 방법에 영향을 미치며 가장 인기 많은 사람부터 가장 적은 사람까지 서열이 생긴다. 이 단계에서는 상처가 되는 소문과 모욕, 우정을 깨겠다는 위협, 게임이나 대화에서의 배제, 공공연한 대립이 아이들에게 영향을 미치는 해로운 행동이 될 수 있다. 비꼬기와 공격은 종종 정당한 이유 없이 불쑥 나타난 것처럼 느껴질 수 있다. 이 혼란스러운 경쟁에서 우정은 비뚤어져 진정한 관계를 악화시키고 외로움을 급증시킬 수 있다.

또 다른 연구[6]에 따르면 아이들의 삶에서 인기의 중요성은 해가 갈수록 달라진다. 저학년일 때는 개인 간 우정이 훨씬 더 중요한 반면 5학년 무렵부터는 인기, 즉 사회적 지위가 더 중요해지기 시작한다. 일반적으로 인기의 힘은 12~15세 사이의 중학교 시절 동안 상승하다가 고등학교가 끝나갈 무렵까지 수평으로 유지된다.

물론 그사이에 아이들은 사춘기와 첫사랑(쌍방이든 짝사랑이든)을 경험하며 독립심도 점점 커진다. 한꺼번에 너무 많은 변화가 일어난다는 점에서 이 나이 대 아이들이 자신의 정체성과 소속을 알아내는 데 어려움을 겪는다는 것은 놀랄 일이 아니다. 그렇다면 어른들은 어떻게 이들을 도울 수 있을까?

우리는 외로움의 위험이 크다는 사실을 안다. 어른처럼 청년도 사회적으로 고립감을 느낄 때 우울증, 불안, 수면 장애 등의 위험이 증가한다.[7] 이 모든 요소가 아이들의 건강과 학교 성적에 심각한 타격을 줄 수 있다. 다행히도 이런 아이들이 어른의 지지를 받고 긍정적인 역할 모델을 갖게 되면 상황이 극적으로 개선된다.

2007년 11~17세 아이들 4만 2,000명 이상을 대상으로 한 조사[8]에서 가까운 가족과 지지적인 부모가 있는 아이들은 공격적이거나 유리된 부모를 둔 아이들보다 사회적으로 더 능숙하고 자존감이 높으며 학업 문제를 덜 겪는 경향이 있는 것으로 나타났다. 저자들은 〈소아과학(Pediatrics)〉지에서 연구 결과를 설명하면서 "서로 대화하거나 함께 저녁을 먹거나 아이들의 친구들을 아는 등 가족생활의 일상적인 부분들이 중요한 것 같다"고 썼다.

이웃도 중요한 역할을 한다. 이웃들이 서로 아이들을 보살펴주며 믿을 수 있는 도움을 주고받는 지역의 청소년들은 선생님들과 이웃들에게 보이는 존경심, 다른 아이들과 어울리는 방식, 갈등에 공감하고 해결하기 위해 보이는 노력 면에서 사회적 역량이 더 뛰어났다. 교사, 청소년 지도자, 친척까지 포함한 확대된 사회적 마을은 아이들을 키우는 데 큰 도움을 준다.

괴롭힘을 당하거나 사회적으로 고립된 아이들의 부모들을 자주 상담하는 가이 윈치 박사는 모든 어른들이 지켜야 할 첫 단계는 아이들이 가진 걱정의 중요성을 존중하고 인정하는 것이라고 말한다. 2장에서 다룬 아이젠버거의 사이버볼 연구를 언급하며 윈치 박사는 어른들이 아이들을 안심시키려고 할 때 가장 흔히 하는 말이 "다른 사람들이 어떻게 생각하는지는 중요하지 않아"라고 말했다. 윈치 박사는 이에 대해 강한 반론을 제기했다. "그렇게 말해선 안 됩니다! 그 말이 상처가 되지 않는다면 좋겠지만 아이들에게는 상처가 됩니다."

윈치 박사는 이 실험에는 여러 가지 변형이 있으며 거부를 경험한 대부분의 사람들은 분노와 슬픔 등 고통의 반응을 보인다고 말했다. 나를 거부한 사람들이 증오 집단의 일원으로 확인되더라도 상관없었다. 그들이 실험에서 미리 연출된 사람들이라고 밝혀져도 별 차이가 없었다. 즉, 거부가 가짜라는 것을 알면서도 우리는 여전히 똑같은 감정적 고통을 느꼈다.

"인간은 워낙 거부를 고통스럽게 받아들이도록 타고나기 때문에 나를 거부한 사람들이 내가 경멸하는 사람들이라는 사실을 알게 되거나 심지어 거부가 일어나지 않았다는 것을 알게 된 후에도 여전히 가시를 뽑지 않습니다. 아이들은 거부를 당하면 상처를 입는데 상처받으면 안 된다고 말하는 건 사실 잘못된 행동이에요."

윈치 박사는 이런 선의의 반응이 외로운 아이들에게 더 상처를 줄 수 있다면서 "그 이유는 아이들이 '아프면 안 되는데 나는 지금 아프네. 그럼 이게 무슨 뜻이지?'라고 생각하기 때문이다"라고 말했다. 대신 그는 아이들이 다른 친구들, 클럽 또는 지역사회 모임, 가장 좋아하는 가족 등 누구든지 그들을 소중하게 생각하고 받아들이는 사람들과 함께한 순간을 떠올려야 한다고 생각한다. 윈치 박사는 당신이 아이들에게 신경 쓰고 있다는 사실을 다시 한 번 알려주는 걸 잊지 말라고 말했다. "아이들의 이야기를 들어주고 곁에 있으면서 아이들이 사랑받고 있다는 걸 상기하게 해주세요."

디지털 시대의 연결

기술의 영향은 오늘날 양육을 특히 더 어려운 차원으로 만든다. 청소년들은 하루 평균 6시간 30분 이상을 동영상 시청과 SNS 활동 등 스크린 기반 미디어 엔터테인먼트에 소비하고 있다.[9] 잠을 자는 8시간과 학교에서 보내는 6~8시간을 제외하면 디지털 스크린 없이 주의를 빼앗기지 않고 직접 얼굴을 맞댄 상호작용을 할 시간은 거의 전무하다. 뭔가 달라져야 할 것 같다. 하지만 무엇을 변화시켜야 할지, 변화를 어떻게 실현해야 할지도 알기가 쉽지 않다. 다만 어린 시절과 성인 초기가 사회적 기술과 인식의 기초를 발달시키는 시기인 만큼 특히 큰 위험이 느껴진다.

아이들의 기술 사용에 어떻게 접근해야 할지 이해하기 위해 아동정신연구소(Child Mind Institute)에서 국가 정책과 지원 프로그램 부문을 담당하고 있는 데이비드 앤더슨(David Anderson) 박사를 만났다.

　일부 전문가들은 인터넷과 비디오게임이 아이들의 사회적 발전에 분명하고 현존하는 위험을 가한다고 경고하지만 앤더슨 박사의 의견은 미묘하게 다르다. 앤더슨 박사는 모든 아이들이 SNS와 기술 때문에 피해를 입는다고 가정하는 것은 잘못된 생각이라고 말했다. 실제로 SNS가 관계 맺을 기회를 높여주고 소속감을 가질 공동체를 찾을 수 있게 해준다고 말하는 아이들이 많다. 한편 박사는 행동이나 정신 건강에 문제가 있을 위험이 높은 아이들, 발달 기준을 만족시키지 못하는 아이들에게는 기술이 해로울 수 있다고 생각한다. 요컨대 모든 스크린이 모든 아이에게 동일한 효과를 주지는 않는다는 것이다. 아이들마다 가자의 필요와 SNS의 해악에 대한 기본적인 민감성이 다르기 때문에 부모들은 스크린 시간제한을 둘 때 그런 차이를 고려할 필요가 있다.

　앤더슨 박사의 말에 따르면 대부분의 아이들은 스트레스 해소, 휴식, 재미, 사회적 관계를 위해 스마트폰과 컴퓨터를 사용한다. 어떤 아이들에게 문자메시지는 다른 아이들과 수다를 떨고 만날 약속을 잡고 숙제를 알아내는 채널로서 전화를 대체했을 뿐이다. 게다가 현재 기술은 현대인의 생활에 너무 철저하게 스며 있어 아이들은 또래들과 친해지려면 디지털 문화와 어느 정도 친숙해질 필요가 있다. 디지털 문화가 그들의 공통점이 된 것이다. 그러나 아이들은 기술 사용 매뉴얼을 갖고 있지 않으며 기술을 통해 부모와 교사의 시선 밖에 있는 더 넓은 세계에 노출되기도 쉽다.

"아이들은 온라인에서 접하는 것들을 감당하지 못할 수도 있습니다." 그렇기 때문에 부모들은 아이들의 기술 사용에 합리적인 경계선을 정해야 한다. "부모들은 아이들이 온라인에 접속해 있을 때 하고 있는 일과 접속 시간을 둘 다 살펴봐야 합니다. 모두에게 맞는 하나의 솔루션은 없습니다."

앤더슨 박사의 말을 들으니 디지털 화면을 보는 시간이 많은(평일 하루 2시간 이상) 청소년들이 적당한 시간을 보는 청소년들보다 행복 수준이 낮으며 디지털 화면을 보는 시간이 아예 없거나 최소인 청소년들도 적당한 시간 동안 화면을 보는 아이들보다 행복 수준이 낮다는 '골디락스 가설'이 떠올랐다. 앤더슨은 "어려운 점은 10대들이 정말 디지털 문화에서 벗어나고 싶어 하는 때조차 친구들과 소통하는 방식이 이런 플랫폼에 극히 제한돼 있기 때문에 덫에 걸린 것처럼 느낀다는 점입니다"라고 말했다.

핵심은 아이들이 디지털 기기에 지나치게 얽매이지 않고 온라인과 오프라인 모두에서 친구들과 연결될 수 있도록 절제의 적절한 수준을 찾을 수 있게 도와주는 것이다. 이 절제는 부모들의 가정 내 디지털 기기 사용에서 시작된다.

어린아이들은 특히 부모의 관심이 필요하다. 어린아이들에게는 눈맞춤과 대화, 정서적 관여가 있어야 한다. 나는 인간의 사회적 관계 구축 능력을 뒷받침하는 기술이 얼마나 복잡한지 강조하던 던바 교수가 떠올랐다. 이 기술들을 완전히 발달시키기 위해 아이들은 수도 없이 인간과 접촉하며 직접적인 상호작용을 해야 한다. 관계는 아이들에게 표정, 몸짓, 기분, 자기 자신과 다른 사람들의 감정을 읽는 법, 공감을 쌓고 감정적 지능을 연마하는 법을 가르쳐준다.

부모와의 상호작용을 통해 아이들은 행동하는 법, 다른 사람들과 잘 지내는 법, 주고받는 법을 배운다. 바로 이런 교육이 우리에게 다른 사람보다 먼저 케이크를 잡으면 안 되고 누군가 당신을 화나게 해도 머리를 때리면 안 된다고 알려준다. 부모들이 아이들과 어울리지 않고 계속 스마트폰만 한다면 이런 교육을 빼먹게 되는 것이다. 그랬을 때 이 아이들이 나이가 들면 어떻게 될까? 자신의 부모처럼 디지털 기기를 사용하기 위해 친구들을 무시하게 될 것이다. 이것이 바로 외로움의 레서피다.

기존에 우울증이나 불안과 같은 정신 건강 장애를 갖고 있는 아이들의 경우 앤더슨 박사는 "SNS는 정신 건강 장애 증상을 악화하거나 이 아이들을 온라인 세계에 틀어박히게 할 수 있다"고 말했다. 섭식 장애 행동을 적극적으로 홍보하는 온라인 커뮤니티 등 비슷한 커뮤니티들은 아픈 아이들을 더 아프게 만들고 그들이 건강한 관계를 맺거나 스스로를 잘 돌보지 못하게 만든다. 그러나 기술은 성 소수자들처럼 소외된 아이들에게 비슷한 사람들과의 연대감을 제공해 그들의 외로움, 불안, 우울함을 덜어줄 수도 있다. 앤더슨 박사는 학교 커뮤니티에 나와 비슷한 사람이 없을 경우 온라인 커뮤니티를 통해 비슷한 사람들을 찾으면 크게 안심이 될 거라고 말했다.

한편으로 모든 부모는 자녀들이 가상 세계와 맺는 관계를 반드시 감시해야 한다. 앤더슨 박사는 아이들이 온라인에서 '좋아요'를 받는 횟수와 자존감을 혼동하기 시작할 때 그리고 아이들의 개인적 관계가 가상 관계로 대체될 때 특히 문제가 나타난다고 말했다. 그는 아이들이 신체와 정신 건강에 필요한 사회적 영양분을 충분히 섭취할 수 있도록 주기적으로 "발달 상자를 확인"하는 것이 관건이라고 말했다. '발달 상자'에는 다음과 같은 항목이 포함된다.

1. 나이에 맞는 양질의 실제 우정. 아이들이 어리다면 1~2명의 또래들과 학교 밖에서 같이 노는가? 아이들이 중학생이라면 방과 후나 주말에 친구들과 무리 지어 어울리는가? 10대라면 1~2명의 아주 친한 친구가 있는가?

2. 교과 외 활동. 열렬한 개인적 관심사가 있는가? 좋아하는 스포츠나 악기가 있는가? 예술, 자연, 봉사, 문화, 종교와 관련된 학교 동아리나 청년 모임에 가입했는가?

3. 가족과 보내는 시간. 정기적으로 스크린을 다 끄기로 일정한 시간을 정해놓았는가? 가족이 모여서 식사하는가? 주말이나 공휴일에 함께 대화하고 오프라인 활동을 하며 시간을 보내는가?

4. 스크린 타임 공유. 자녀가 함께 온라인에 접속해 아이가 디지털 세상을 항해하는 법을 배울 수 있도록 돕는가? 자녀와 같이 시청하고 토론하는 프로그램이나 영화가 있는가? 영상물에 나오는 관계에 관해 대화를 나누는 것은 사회적 기술을 설교하지 않는 훌륭한 학습경험이 될 수 있다.

5. 자유 시간. 여유 시간이 있을 때 아이는 온라인 놀이와 오프라인 놀

이 사이에 건강한 균형을 잡고 있는가? 아이에게 휴식을 취하고 반성할 시간이 충분히 있는가? 온라인 사용 시간을 결정하기 전에 자녀의 특별한 요구와 기질을 고려하라.

6. 학교 성적. 자녀들이 학교생활에 잘 참여하는가? 아이들에게 숙제를 하고 시험공부를 할 수 있는 충분한 시간과 공간이 있는가?

7. 기본적인 건강 습관. 자녀들에게 정신 건강과 안녕에 도움이 되는 일상적인 습관이 있는가? 그들은 충분한 운동을 하고 있는가? 나이에 맞는 권장 수면 시간을 지키고 있는가? 등교 전 아침 식사와 다양한 과일, 야채를 포함해 건강한 식단을 먹고 있는가? 잠자기 1시간 전에는 스크린을 *끄는가*?

딜레이니 러스턴(Delaney Ruston) 박사는 의사이자 다큐멘터리 영화 제작자로 그의 영화 〈스크린 세대(Screenagers)〉는 디지털 시대에 건강한 아이들을 키우는 어려움에 직접적인 초점을 맞추고 있다. 그는 2011년경 기술 때문에 가정 안에서의 논쟁과 긴장 수준이 높아진다는 사실을 깨닫고 이 프로젝트를 시작했다. 박사의 10대 아들은 비디오게임을 더 많이 하고 싶어 했고 딸은 늘 SNS를 하고 있었다.

"나는 하루 24시간 일주일 내내 아이들의 손에 디지털 기기가 들려 있고 숙제는 컴퓨터로 하는 쓰나미가 닥쳐오는 것을 봤어요. 큰 갈등이 오고 있다는 걸 알았죠." 러스턴 박사는 영화제작을 위해 10대들을 인터뷰하면서 이 갈등을 줄일 수 있는 간단하지만 효과적인 생각들을 몇 가지 알게 됐다. 그는 무엇보다도 강압적인 징계보다는 협력적인 접근이 필요하다고 말했다. "우리가 할 수 있는 최고의 양육은 듣는 것입니다. 10대들은 말하고 가르치는 걸 좋아하죠. 우리는 아이들에게 호기심을 갖고 다가가서 아이들이 인스타그램과 비디오게임 등에서 뭘 보고 있는지 설명하게 해야 합니다."

이 대화에서 중요한 부분은 온라인에서의 행동을 중심으로 삼아야 한다는 것이다. 온라인에서 해도 되는 말은 무엇이고 그렇지 않은 말은 무엇인가? 얼굴을 직접 마주 보고는 절대로 하지 않을 말을 누군가가 페이스북에서 했다면 그건 어떤 의미가 있으며 여기에 올바르게 반응하는 법은 무엇인가? 러스턴 박사는 "스마트한 온라인 대화, 요령 있고 친절한 사람이 되는 법, 이후 갈등을 말하는 법에 관해 대화를 나누는 것이 매우 중요하다"고 말했다. 이런 대화들은 자녀가 중학생 때 또는 그 이전부터 시작해야 한다. 이런 대화를 나누다 보면 부모들도 디지털 기기를 다루는 데 어려움을 겪고 있음을 인정하게 된다.

"대화한 다음에는 필요한 일을 모델링합니다. 예를 들어 저는 아이들에게 저녁 식사 후에는 디지털 기기를 사용하지 않으려고 노력하지만 이메일을 다 처리하지 못해서 어렵다고 말할지도 몰라요. 아이들에게 일을 좀 더 일찍 끝낼 수 있게 미리 내게 일러달라고 부탁할 수 있겠죠."

사례와 수용을 통한 가르침은 아이들에게 상호 이해를 통한 행동 변화 과정을 가르친다. 앤더슨 박사처럼 러스턴 박사는 많은 아이들이 실제로는 온라인에서 그렇게 많은 시간을 보내고 싶어 하지 않으며 아이들이 자기만의 해결책을 찾아낼 수 있도록 자율권을 가지면 부모가 시간을 제한하는 것보다 훨씬 더 효과적일 수 있다는 사실을 알게 됐다. 예를 들어 어떤 10대들은 친구들과 같이 식사를 할 때는 모두 핸드폰을 테이블 위에 쌓아놓는 규칙을 만들었다. 식사 중에 핸드폰을 처음 확인하는 사람은 다른 사람들에게 디저트를 사주는 등의 벌칙이 있다.

러스턴 박사와 대화를 나누면서 아이들을 현재에 집중하도록 가르치는 데 전면적인 변화는 필요하지 않다는 사실을 분명히 알 수 있었다. 만약 우리 모두가 아이들에게 디지털 기기가 없는 시간을 정기적으로 보내게 했다고 상상해보라. 식사 시간에 디지털 기기를 사용할 수 없다면 우리는 저녁 식사를 하면서 아이들과 더 유익한 대화를 많이 나누게 될 것이다. 파자마 파티에 디지털 기기가 빠진다면 아이들은 서로에게 더 많이 집중할 것이다. 작은 몸짓이라도 성실히 실행한다면 그것만으로도 큰 결과를 가져올 수 있다.

정서적 건강 가르치기

한편 러스턴 박사는 영화 〈스크린 세대〉를 찍기 위해 청소년들을 카메라로 촬영하면서 온라인 접속 시 청소년들의 감정적인 반응에서 예상하지 못했던 뭔가를 발견했다.

"하루 종일 기쁜 순간, 좋아하는 순간, 절망과 혐오, 슬픔의 순간이 쉴 새 없이 반복돼요."

아이들은 온라인에서 하루 종일, 때로는 아무 화낼 이유나 분명한 설명도 없이 순간의 감정들을 광범위하게 경험하는 것 같았다. 많은 아이들은 이런 '세세한 감정(micro-emotion)'을 처리하거나 식별하는 방법을 알지 못했다.

마찬가지로 이 현상을 알아차린 교육자들은 온라인으로 인한 감정의 급격한 오르내림이 학생들의 학업성적과 사회적 상호작용에 큰 해를 입힐 수 있다는 사실을 깨달았다. 그래서 전 세계 여러 학교들은 사회적·정서적 학습에 초점을 맞춘 프로그램을 도입하기 시작했다. 아이들에게 감정을 관리할 수 있고 자존감, 공감, 건강한 커뮤니케이션 기술 등 강한 유대감을 형성하는 데 필요한 도구를 갖추게 하고 건강한 관계를 발전시키기 위해 이런 도구를 사용할 기회를 제공함으로써 다음 세대가 더 연결된 미래를 만들기를 희망하는 것이다.

아이들의 사회적·정서적 학습에 초점을 맞춘 프로그램들 중 2005년 예일감정지능센터(Yale Center for Emotional Intelligence)에서 시작한 룰러(RULER)는 다음의 5가지 핵심 기술을 나타내는 약자다.

- 감정 인식(Recognizing emotions): 다른 사람의 얼굴 표정, 몸짓, 목소리 톤, 자신의 생리 반응과 인지를 해석한다.
- 감정 이해(Understanding emotions): 생각, 깨달음, 결정, 행동에 관한 다양한 감정의 원인, 결과, 영향을 포함한다.
- 감정 라벨링(Labeling emotions): 감정의 전체 범위를 설명할 수 있는 어휘를 이용한다.

- 감정 표현: 다양한 사람과 여러 상황에 적절히.
- 감정 조절: 개인의 성장을 촉진하고 관계를 구축하고 더 나은 안녕과 목표를 달성하기 위한 유용한 전략을 적용한다.

룰러 프로그램을 만든 팀을 이끌고 있는 마크 브래킷(Marc Brackett) 교수는 사회적·정서적 학습의 필요성을 개인적으로 잘 알고 있다. 1980년대 뉴저지 교외에서 수줍음 많은 아이로 자랐던 브래킷 교수는 자주 괴롭힘을 당했고 소외감과 잊힌 사람이 된 것 같은 기분을 느꼈다. 그의 트라우마는 2019년 저서 《감정 허락(Permission to Feel)》에 고백한 어린 시절 성적 학대로 더욱 악화됐다. 심리학자가 된 이후 그는 어린 시절 내내 자신과 또래 친구들(그리고 그의 선생님들과 부모님)에게 결여됐던 것은 감정을 인식하고 관리할 수 있는 도구였다는 사실을 깨달았다. 브래킷 교수는 연구를 통해 사회적으로 문제가 있는 아이들은 감정 지능 점수가 낮다는 사실을 발견했다. 낮은 감정 지능 점수는 공격적이고 위험하며 파괴적인 행동과 관련돼 있다. 브래킷 교수는 예일감정지능센터의 책임자가 됐을 때 동료들과 함께 학교 사회 전반에 걸쳐 정서 인식력과 정서 관리 기술을 배양함으로써 사회 풍토를 개선해야겠다고 결심했다. 그 결과가 룰러였다.

브래킷 교수는 룰러는 학생들이 학교에 가서 듣는 별개의 수업이 아니기 때문에 '프로그램'이 아닌 접근 방법이라고 말한다. 룰러는 전체적 학습경험을 이루는 자료와 실습으로 구성된다. 여기에는 학생뿐만 아니라 부모, 교사, 관리자, 코치, 스태프 등이 함께 참여한다. 룰러는 참여자 모두의 건강한 사회적·정서적 발전을 위해 브래킷 교수가 '시스템적 접근'이라고 부르는 것을 적용한다.

"세상의 모든 치료는 유해한 환경으로 돌아가면 충분한 효과가 없습니다. 어른들이 감정적으로 건강한 행동의 모범을 보이지 않는다면 아이들도 그렇게 하지 않을 거예요."

따라서 아이들의 환경을 바꾸기 위해 룰러는 환경 안에 있는 모든 사람들이 자신의 감정을 더 잘 식별하고 관리하도록 돕는다. 공감 능력, 사회적 기술, 교실 내 태도, 학교 성적 측면에서 주목할 만한 개선이 이뤄졌다는 룰러의 결과 보고를 처음 읽었을 때는 믿을 수가 없었다. 그래서 실행 중인 룰러를 직접 보기 위해 브래킷 교수를 방문했다.

우리는 가까운 햄든의 공립 초등학교에 갔는데 학교에 도착하자마자 수업 사이사이 복도에서 나는 높은 소리에 깜짝 놀랐다. 아이들이 웃고 떠들고 있었다. 긴장감은 전혀 없었고 평화로웠다.

나는 4학년 학생인 타냐와 룰러의 경험에 관해 이야기를 나눴다. 타냐는 뉴헤이븐에서 따돌림을 당했고 공부도 잘하지 못하다가 이 학교로 전학 왔다고 말했다. "이 학교에 오기 전에는 수업에 들어가고 싶지도 않았어요. 하지만 이 학교 아이들은 달라요. 착해요. 우리는 모두 서로에게 친절하죠."

타냐의 부모님도 딸이 달라졌음을 알아챘다.

"부모님도 제가 학교에서 더 행복하기 때문에 집에서도 더 행복하다는 것을 아세요."

교사들도 룰러의 긍정적인 효과를 확인했다. 교사들은 학생들의 공감 능력은 높아지고 공격성은 낮아졌다고 말했다. 그들은 더 단단한 우정을 쌓았다. 여전히 싸움은 일어났지만 분노와 육체적 폭력 대신 침착하게 말로 싸울 가능성이 더 높았다.

룰러는 감정이 중요하다는 단순하지만 강력한 생각을 기초로 한다. 우리에게 감정의 힘을 인정하고 다른 사람이나 상황에 대한 내 반응을 차분히 생각하고 형성할 수 있는 능력이 있다면 인간관계, 학교, 직장에서 더 좋은 느낌을 갖고 더 잘해낼 수 있을 것이다. 현재까지 전 세계 2,000개 이상의 공립·사립·독립·교구 학교가 룰러를 시행하고 있으며 이 중 여러 학교에서 룰러가 교실의 정서적 풍토를 의미 있게 변화시켰음을 보여줬다.[10,11,12,13,14,15,16] 브래킷 교수는 룰러가 사회적 자신감과 정서적 지능을 향상시키는 동시에 공격성과 정서적 고통을 줄여주고 심지어 학업성적을 향상시킨다는 예비 자료도 있다고 말했다.

룰러는 교사들에게도 도움이 됐다. 한 연구 결과 룰러에 참여하는 교사들은 스트레스와 번아웃에 덜 시달렸고 더 높은 수준의 참여도를 보였다.

아이들이 사회적·정서적 기술을 기르는 것도 중요하지만 사회적 유대감을 발달시키는 다음 단계가 있다. 여기에는 적극적인 연민, 즉 도움이 수반된다. 아이들에게 다른 사람들을 돌봐줘야 한다고 말하는 것만으로는 충분하지 않다. 아이들이 서로와 사회에 진정으로 중요한 사람이라는 느낌을 갖게 하기 위해서는 도움을 주고받는 법을 배울 필요가 있고 아이들은 이렇게 그들이 세상에 의미 있는 변화를 만들 수 있다는 사실을 깨닫는다.

2018년 노스캐럴라이나주 샬럿의 한 고등학교에서 총기 난사 사건이 발생한 후 이 학교에서 20년 넘게 교직 생활을 해온 저스틴 파멘터(Justin Parmenter) 선생님은 이 개념을 누구보다 잘 이해하게 됐다. 나는 라디오에서 총격 사건 후 파멘터 선생님이 중학교 1학년 학생들과 함께 시작한 연민 프로젝트에 관해 인터뷰하는 것을 듣고 그를 알게 됐다. 파멘터 선생님은 "개인적인 갈등이 아이들이 죽고 교도소에 가는 사건으로 변질되는 것. 이런 상황의 해독제는 공감과 친절이라고 생각합니다"라고 말했다. 파멘터 선생님의 프로젝트를 '친절한 비밀 요원들(Undercover Agents of Kindness)'이라고 부른다는 말을 들었을 때 나는 이 프로젝트에 대해 더 자세히 알고 싶어졌다.

파멘터 선생님은 2013년 건강한마음연구소(Center for Healthy Minds)의 리처드 데이비드슨(Richard Davidson) 박사와 헬렌 왕(Helen Wang) 박사의 연구에서 프로젝트의 영감을 얻었다고 말했다. 친절을 실천하는 것만으로도 뇌가 어떻게 더 연민 어린 행동을 하도록 훈련되는지를 보여주는 연구였다. 파멘터 선생님은 총격 사건이 있기 전에도 교실 안에 번지는 온라인 갈등과 따돌림 행위에 좌절감을 느끼고 있었다. 그러나 그는 학생들의 나이를 고려했을 때 특히 교실 내 갈등이 복잡한 뿌리를 갖고 있다는 사실을 이해했고 평소에 아이들이 서로 싸우거나 무시하긴 해도 근본적인 마음씨가 나쁜 것은 아니라고 생각했다.

"저는 아이들의 태도가 다른 사람들에게 상처받지 않기 위한 자기

보호와 강화에 가깝다고 생각해요."

상처받는 데 대한 두려움이 타인에 대한 아이들의 동정심을 지우는 것처럼 보였다. 그리고 그 결과 많은 아이들이 외로움과 소외감을 느끼게 됐다. 파멘터 선생님은 누군가에게 친절하게 대하는 것이 정상이고 이상하지 않다는 것을 아이들이 알 수 있게 도와준다면 아이들이 비열한 행동을 멈출 거라 믿었다.

"아이들에게는 다른 사람들과의 상호작용과 서로를 대하는 방식을 곰곰이 생각해보는 것이 너무나 중요한 시기입니다. 이런 가르침이 사실 장기적인 차이를 만들 수 있죠."

친절한 비밀 요원이 일하는 방식은 이렇다. 파멘터 선생님은 모든 학생들의 이름을 그릇에 담고 학생들은 각자 이름을 하나씩 뽑는다. 요원들의 임무는 그들이 뽑은 사람에게 친절을 베풀고 그 경험을 요약한 '임무 보고서'를 작성하는 것이다.

대부분의 아이들이 즉각적으로 만족스러운 반응을 보였다. 파멘터 선생님의 반에서 처음 몇 번의 뽑기가 시행되고 난 후 몇 주 동안 그는 학생들이 반 친구를 웃게 하고 더 기분 좋게 만들기를 기대하면서 시험 전 사물함에 격려의 쪽지들을 붙여놓고 집에서 만든 컵케이크와 사탕 가방을 전달하고 교실 책상 위에 영감을 주는 인용문과 종이접기를 올려놓는 모습을 볼 수 있었다.

제프라는 학생은 좌절 역치가 낮은 한 친구의 이름을 뽑았다. 이 친구는 자신이 이해하지 못하는 과제가 있으면 폴더를 바닥에 내던지기 일쑤였다. 친구를 충분히 관찰해 이 사실을 알게 된 제프는 친구가 좌절감이 고조된다고 느낄 때 뭔가를 쥐어짤 수 있도록 집에서 스트레스 볼을 가져왔다. 파멘터 선생님은 "그 아이는 교실에 스트레스 볼을 갖고 오면서 좌절감을 다루는 방법이 실제로 개선됐어요"라고 말했다. "저는 이 많은 일들이 단지 다른 사람과 인간적인 관계를 맺는 것, 내게도 내가 겪고 있는 일을 이해하고 나를 도와주고 싶어 하는 사람들이 있다는 사실을 깨닫는 것과 관련이 있다고 생각합니다."

파멘터 선생님은 모든 아이들이 친절한 비밀 요원 임무를 바로 받아들인 것은 아니라고 인정했다. 수줍음이 아주 많고 사회적 불안감이 높은 학생들에게는 모르는 사람에게 다가가야 하는 과제가 고민거리였고 파멘터 선생님은 이 아이들의 익명성을 보호하는 동시에 받는 쪽에서 누구도 소외되지 않게 할 방법을 생각해내야 했다. 그러나 몇 차례 뽑기가 끝난 후에는 대부분의 학생들이 또 뽑기를 하자고 강하게 요구했다. 아이들은 다른 사람에게 친절을 베풀면서 더 창의적이고 세심해졌다. 친구의 관심사와 그들에게 의미 있는 일을 묻기도 하면서 친절을 베풀 친구를 알아가기 위해 노력하기 시작했다.

파멘터 선생님의 학생 중 몇 명은 서로에게 친절해지는 게 과제가 돼서는 안 된다고 말하기도 했다. 파멘터 선생님도 동의했지만 그는 아이들에게 이렇게 말했다. "그게 바로 요점이야. 친절이 과제여서는 안 되지만 지금은 그래야 할 것 같구나. 때로는 서로가 올바른 방향으로 아주 조금만 움직여도 그게 상대방의 삶에 어떤 커다란 영향을 미치게 될지 너흰 상상도 못할 거야."

파멘터 선생님은 아이들이 이 프로젝트를 통해 얻은 메시지를 계속 기억하길 바랄 뿐이다.

"프로젝트의 장기적인 목표는 아이들이 식료품점에서나 낯선 사람을 대할 때처럼 새로운 상황에서도 이 연습을 통해 배운 것을 적용할 수 있게 하는 거예요."

사우스 플로리다의 보카 레이턴 고등학교에서 데니스 에스티몬(Denis Estimon)과 그의 반 친구들이 시작한 프로그램은 사회에 연민의 물결을 일으켰다.

에스티몬은 초등학교 때 사우스 플로리다로 온 아이티 이민자들의 아들이었다. 미국의 관습과 억양에 익숙하지 않은 이민자로서 에스티몬은 학교에서 종종 외로움을 느꼈지만 그곳에서 외로운 사람이 자신만이 아님을 알고 있었다. 다른 많은 아이들도 외로워 보였고 그들 모두에게 가장 외로운 시간은 점심시간이었다.

이 상황을 바꾸기 위해 에스티몬과 3명의 다른 반 친구들은 '위 다인 투게더(We Dine Together)'라는 프로그램을 시작했다. 이들은 점심시간에 학교 운동장을 돌아다니며 혼자 있는 학생들을 찾아냈다. 그리고 그들과 앉아서 이야기를 나눴다. 만약 접근한 학생의 마음이 열려 있다고 느껴지면 점심시간에 위 다인 투게더 모임에 참석하라고 초대했다. 접근한 학생들이 고독을 더 좋아한다면 그것도 상관없었다.

내가 에스티몬과 처음 대화를 나눴을 때는 프로그램을 시작한 지 1년이 된 시점이었다. 그때 이미 점심을 함께 먹는 학생들이 50명 이상 모여 있었다. 학생들은 에스티몬에게 또래 집단에 속하게 돼 기분이 좋다고 말했다. 아이들은 이 모임에 함께함으로써 혼자 있고 싶지 않은 다른 학생들에게 친구가 돼줄 수도 있다는 사실을 깨달았다. 감사의 느낌은 상호적이었으며 위 다인 투게더를 통해 맺어진 관계 중 일부는 점심시간을 넘어선 우정으로까지 발전했다. 다른 학생들은 점심시간 동안 지지적인 상호작용을 함으로써 스스로에게 더 좋은 감정을 가지게 됐고 덜 외로워졌다.

위 다인 투게더는 그다음 해 15개 학교로 확산될 만큼 성공적이었다. 에스티몬은 그 후 고등학교를 졸업했지만 이 프로그램의 성공에 고무돼 현재 학생 주도의 포용 운동인 '비 스트롱(Be Strong)'의 디렉터가 됐고 전 세계에 위 다인 투게더 운동을 홍보하고 있다. 위 다인 투게더 클럽을 시작한 250여 개 학교에 대한 에스티몬의 자부심은 대단했다. 그는 내게 최근 보카 레이턴 고등학교를 방문했던 경험을 이야기해줬다. "갑자기 한 번도 만난 적 없는 여자분이 달려오더니 나를 꼭 껴안았어요. 그러고는 울면서 이렇게 말하더라고요. '지난주에 아스퍼거증후군이 있는 우리 아들이 나한테 오더니 엄마, 엄마, 나도 친구가 있어, 친구가 있어! 이렇게 말했어요. 정말 감사합니다.' 모두 클럽 회원들이 그를 두 팔 벌려 환영해준 덕분이죠."

에스티몬은 고민이 더욱 깊어졌다.

"공동체를 찾아야 하는데 무리를 갈망하는 사람들이 있어요. 무리는 단지 주변에 사람이 있다는 의미예요. 많은 사람들이 무리는 있지만 진정한 공동체는 갖고 있지 않죠. 인기인이든 외톨이든 모든 사람은 공동체가 필요합니다."

공동체 속 부모들

이렇게 다양한 프로그램들을 알면 알수록 나는 자녀들에게 다른
사람들과 연결되는 더 나은 방법을 보여주려고 애쓰면서 부모들
이 직면하는 이중의 어려움도 계속 생각하게 됐다. 미국소아과학회
(American Academy of Pediatrics)와 여러 전문가들은 사회적 · 감정적 기
술을 쌓고 건강한 관계를 발전시키는 데 부모가 중요한 역할 모델이
라는 점에 동의한다. 하지만 부모 중에는 정작 본인이 외로움에 허우
적거리고 있는 사람도 많다.

이런 부모 가운데는 가난, 폭력, 본인의 트라우마, 육아를 특히 어
렵게 만들고 고립시키는 기타 어려움 등 여러 스트레스 요인들에 시
달리고 있는 사람들도 있다. 이들이 가장 모여야 할 필요가 있는 부모
들이다. 더 좋은 기술을 배우고 상호 지지를 쌓기 위해 동료 그룹을
갖는 것은 가족 전체의 부담을 근본적으로 덜어줄 수 있다. 그러나 이
들은 모임을 시작할 시간이나 자원도 가장 적게 갖고 있다.

전 미 보건총감 데이비드 새처(David Satcher) 박사는 이 사실을 인
식하고 약 8년 전 '스마트하고 안전한 어린이(Smart and Secure Child-
ren, SSC)' 부모 리더십 프로그램을 시작했다. 이 프로그램은 현재 애
틀랜타에서 휴스턴에 이르는 지역에서 15주간 매주 6~10명의 부모
들이 이발소, 교회, 구세군 센터, 유나이티드 웨이 지부 등 인근 장소
에서 모여 2시간 동안 식사를 하며 토론하는 형식으로 이뤄진다. 세
션에서는 훈련된 조교들이 대화를 통해 자녀 발달, 사회 및 정서적 건

강, 긍정적인 훈육 방법, 가족의 미디어 이용, 부모 자신의 사회 및 정서적 안녕을 강화하는 실천법을 지도한다.

프로젝트 책임자인 르로이 리스(LeRoy Reese) 박사는 SSC가 부모들의 양육 지식과 기술을 향상시킬 뿐만 아니라 그들의 사회적 고립을 현저하게 줄이며 정신 건강을 개선한다고 말했다. 사람들은 육아부터 구직까지 모든 면에서 서로 돕는다. 또 프로그램을 통해 맺어진 관계는 프로그램 이후에도 SSC를 졸업하고 지역에 거주하는 부모 연락 담당자의 도움을 받아 계속 유지된다. 한 연락 담당자는 프로그램 참가자들을 위해 체스 클럽을 시작했다. 또 다른 연락 담당자는 프로그램을 마친 후 흑인 아버지들을 지원하기 위해 특별히 그들과 함께 일하기 시작했다. 리스 박사는 말한다. "우리는 지속성의 거미줄을 만듭니다."

탄탄한 사회적 관계는 부모의 상황에 관계없이 중요하지만 특히 새로 아기가 태어나 부모가 된 사람들은 사회적 관계의 중요성을 잘 깨닫지 못하다가 아기가 태어나고 나서 이전보다 더 외로워지면 정신이 아뜩해진다. 우리는 외로움에 대한 오명 때문만이 아니라 아이를 낳고 나서 외롭다고 느끼면 감사할 줄 모르는 사람이 된 것 같아 좀처럼 외롭다는 이야기를 하지 않는다.

하지만 역사적으로 아이를 낳으면 많은 도움이 따라왔다. 좀 더 집단적인 문화나 가까이 모여 사는 대가족에서는 아직도 그렇다. 아기를 낳은 부모는 집단 내에 본래 갖춰진 지지와 우정을 경험한다. 조부모와 다른 가족이 가까이 있고 아이들의 돌봄과 양육에 함께 참여하면 모든 사람들이 혜택을 받을 수 있다.

오늘날에는 안타깝게도 새로 아기를 낳은 부모들이 근처에 가족도, 가까운 친구도 없는 경우가 많고 이런 특정 형태의 고립은 가족의 위기 상황에서 특히 스트레스가 될 수 있다. 앨리스와 나는 딸 샨티가 1살이 되던 해 대통령의 날 주말 바로 이런 상황에 처했고 뭔가가 아주 잘못됐다는 사실을 깨달았다.

그날 아침은 우리 집의 여느 토요일처럼 시작됐다. 앨리스와 나는 아이들의 기저귀를 갈아주고 이를 닦고 3살배기 테야스를 구슬려 아침을 조금 먹이려고 하고 있었고 샨티는 웃으면서 테야스와 놀기도 하고 챔피언처럼 먹기도 잘 먹었다. 샨티는 전날 밤 평소보다 좀 더 짜증을 냈지만 우리는 이가 나서 그런다고 생각했고 아침이 되자 괜찮아 보였다.

그래서 그날 늦게 샨티가 오른쪽 다리에 체중을 전혀 싣지 않고 있다는 사실을 발견했을 때 무척 당황했다. 다리를 똑바로 펴려 하자 샨티가 훌쩍거리며 우리를 밀어냈다. 가슴이 철렁 내려앉았다. 테야스와 함께 놀다가 다친 걸까? 아니면 감염 같은 더 나쁜 일이 생긴 걸까?

우리는 테야스를 베이비시터에게 맡기고 샨티를 차에 태워 어린이 병원 응급실로 향했다. 기다리는 몇 분이 몇 시간 같았다. 혈액 검사 결과 감염이 확인됐지만 MRI를 찍지 않고서는 무슨 병인지 알 수 없었다. 샨티의 나이에는 완전 마취를 해야 하는 일이었다. 공휴일을 앞둔 주말 토요일이었고 병원에는 인력이 부족했기 때문에 화요일 전에는 MRI를 찍지 못할 수도 있었다. 3일? 3일은 치명적일 수도 있는 영원의 시간이었다. 감염이라면 3일 안에 몸 전체로 퍼질 수도 있었다.

수천 명의 환자들을 돌보고 국가 보건 정책을 수립하고 공중보건을 위한 국가적 노력을 주도했던 의사로서 앨리스와 나는 응급 사태에 있는 수많은 환자들을 목격하고 도왔다. 하지만 이 순간에는 그 어느 것도 중요하지 않았다. 우리는 둘 다 아기를 걱정하는 겁에 질린 부모였을 뿐이었다.

가족들에게 바로 전화를 했지만 그들은 수천 킬로미터나 떨어져 있었다. 가장 친한 친구들은 대부분 다른 주에 살고 있었고 같은 지역에 사는 친구들은 어린아이들이 있었다. 우리는 몇 명에게 문자메시지를 보내 이런 일이 있다고 알려줬다. 하지만 친구들이 아이들을 재우느라 바쁜 모습을 상상하니 너무 늦은 밤에 그들에게 도움을 청하기가 꺼려졌다. 우리는 대개의 친구들에게 도움을 청하지 않았고 나는 그 끔찍한 시간 속에서 그 어느 때보다 더 혼자라고 느꼈다.

응급실에서 밤을 보내고 다음 날인 일요일 아침, 우리는 예상치 못한 소식을 들었다. 샨티의 MRI를 정오에 촬영할 수 있었던 것이다. 모두의 노력 덕분이었다. 의사, 병원 행정 직원, 간호사 등이 검사가 빨리 진행될 수 있도록 직원 스케줄과 검사 계획을 비롯한 다방면에서 힘을 모아준 것이다. 우리는 서로 알지 못했지만 그들은 샨티처럼 어린아이에게 불명확한 감염은 치명적일 수 있다는 사실을 알았고 우리 딸이 생명을 구하는 데 필요한 치료를 받을 수 있도록 눈앞에 놓인 산을 옮겨줬다.

의사들은 샨티의 무릎 바로 위 조직 깊은 곳에 감염이 있을 가능성이 있다고 말했다. 나는 감염이 뼈까지 퍼져 다리의 성장, 더 심각하게는 생명을 위협할 수 있는지 물었다. 주치의는 "우리도 모릅니다. 더 확산되기 전에 즉시 수술실로 데려가야 합니다"라고 말했다.

의사는 이 말을 할 수 있는 한 부드럽게 내뱉었지만 그 순간 시간이 느려지는 것 같았고 현실은 흐릿해졌다. 나는 목이 메어 말을 할 수 없었다. 아무 말도 꺼내지 못하다가 마침내 의사의 어깨에 손을 얹고 "제발, 우리 아기를 잘 돌봐주세요"라고 간신히 내뱉었다.

이 말과 함께 의료진은 샨티를 데리고 급히 가버렸다. 그리고 그 순간 샨티의 부재가 만든 구멍은 바닥이 안 보이는 우물 같았다. 아이가 그렇게 사라지는 것을 보면서 나는 샨티를 제자리로 돌려놓을 수만 있다면 무엇이든 줄 수 있을 것 같았다.

우리는 고통스러운 90분을 기다렸다. 내 인생에서 가장 긴 시간이었다. 그 시간 동안 나는 우리가 부모로서 얼마나 자주 상실감을 느끼는지 생각했다. 아기를 먹이려고 노력하면서, 재우는 방법을 찾으면서, 말하고 기고 걷는 법을 가르치면서, 부모로서의 직무 기술에는 포함돼 있지만 전혀 준비가 안 돼 있다고 느꼈던 모든 일상적인 기적들에서 말이다. 샨티가 위기에 빠진 상황에서 이 모든 상실감이 다시 떠올라 날카롭게 파고들었다. 우리의 도움, 지도, 지혜가 가장 절실하게 필요한 때 그 부족함이 적나라하게 드러났기 때문이다. 나는 가족과 가까운 친구들의 네트워크에서 떨어져 이웃들도 제대로 알지 못하는 지금의 생활 방식이 우리가 아이들을 키우며 살아가야 하는 길인 척

속일 수 없었다. 만약 우리가 이 악몽에서 벗어나게 된다면 뭔가 바뀌어야 한다고 생각했다.

드디어 주치의가 나타났다.

"때맞춰 잡았습니다. 감염이 뼈까지 번지진 않은 것 같아요."

이 말은 하늘에서 내려온 선물 같았다. 나는 주치의 선생님을 제일 사랑하는 친구처럼 힘차게 껴안았다. 그 순간 그는 정말 그런 친구였다. 우리는 그와 그의 팀에게 낯선 사람이었지만 그들은 우리 아기를 다시 건강하게 만들어줬다. 엄청난 감사와 안도의 한숨을 내쉬고 샨티를 보기 위해 회복실로 달려갔다.

그 후 며칠 동안 내가 생각했던 가족 공동체의 모든 힘을 확인할 수 있었다. 우선 양가 어머니들이 모든 일을 제쳐두고 우리에게 와줬다. 테야스는 할머니가 현관에 모습을 보이자마자 얼굴이 환해지더니 할머니 품으로 뛰어들었다. 그 재회는 우리 어머니들에게도 안도감을 가져다줬다. 샨티에게 속한 것은 우리만이 아니었고 샨티도 우리에게만 속한 것이 아니었다. 어머니 두 분도 이곳에 있다는 사실도 행복했다. 두 분은 우리를 위해서뿐만 아니라 두 분 자신을 위해서도 이곳에 있어야 했다. 두 분은 자신들이 필요하길 원했다. 모두가 그렇듯 말이다.

마침내 내가 친한 친구들에게 연락했을 때 그들도 우리를 걱정하며 도와줬다. 매일 병실을 찾아왔던 의사와 간호사, 행정 직원도 마찬가지였다. 어머니들은 먹을거리와 여벌 옷을 갖고 병원에 오셨다. 병원의 친절한 여성은 아이들을 위한 퍼즐과 봉제 인형을 몇 개 갖고 들렀다. 그는 바닥에 담요를 깔고 아이들과 놀아줬고 아이들은 이 모든 시련이 시작되기 전처럼 함께 놀며 웃었다. 한밤중 샨티의 MRI 일정을 조정하는 데 도움을 준 행정 직원도 잠깐 들렀다. 그동안 핸드폰에는 우리 안부를 확인하고 도와줄 것이 없는지 묻는 친구들로부터 온 전화와 문자가 가득 차고 있었다. 나는 응급실에서 외로움을 느꼈지만 샨티의 입원실을 보면서는 내가 나를 사랑해주는 사람들을 삶에 초대할 용기를 갖고 있다면 그들이 앞으로 나서리라는 생각이 들었다.

아버지는 도움이 필요한 시기에 사람들에게 연락하는 것은 타이밍이 중요하다고 말했다. 우리가 편해질 때까지 기다리기보다는 다른 사람들의 필요를 보자마자 먼저 돕기 위해 나서야 한다고. 하지만 나는 이제 아버지의 조언이 반대로 적용된다고 생각한다. 우리는 최악의 상황이 끝날 때까지 기다리지 말고 도움이 필요한 즉시 손을 뻗어야 한다. 우리는 우리를 사랑해주는 사람들을 불편하게 할까 봐 두려워해서는 안 된다. 특히 가족들이 위험에 처했을 때는 말이다.

세상에는 내가 볼 수 있었던 것보다 훨씬 더 많은 사랑과 관계가 있다. 그 사랑은 대부분 이전에도 있었고 바로 눈앞에서 발견한 이후로도 존재하고 있다. 그리고 내게 사랑의 가장 분명한 사례는 우리 아이들이었다. 샨티가 회복되면서 나는 우리 아이들을 하나로 묶는 거리낌 없는 애정과 애정을 주고받는 자연스러운 편안함을 새롭게 이해하게 됐다. 테야스는 샨티가 슬퍼할 때면 동생을 안아주고 배고파하면 먹여주며 너무 오랫동안 보이지 않을 때는 찾고 울 땐 위로해준다. 그는 겨우 3살이지만 친절의 제스처를 본능적으로 주저 없이 보여준다. 테야스와 샨티는 모든 어린아이들이 그렇듯 우리 모두가 서로 관계를 맺어야 한다는 사실을 부드럽게 상기시켜준다.

이처럼 인류가 여러 가족이 모인 하나의 가족이 아니라면 인간성이란 대체 무엇인가? 우리는 모두 이 행성을 공유한다. 우리 아이들은 모두 함께 이 땅을 물려받을 것이다.

다른 부모들의 생각까지 대변해도 될지 모르겠지만 나는 아이들이 자라는 동안 마음속에 간직하길 바라는 메시지를 생각하면서 그 말을 내 아이들에게만 전할 수가 없었다. 이 글은 미래 세대를 위한 내 희망이자 꿈이다.

사랑하는 아이들에게

모든 사람들이 소속감을 느끼는, 사람을 중심에 두는 세상에서 살기를. 그곳은 연민이 보편적이고 진심 어린 관대함 속에서 친절이 모두를 위해 교환되는 곳이기를.

우리가 너희에게 바라는 가장 중요한 것은 사랑으로 가득 찬 삶이란다. 사랑은 온 마음을 다해 서로 주고받는 것이지. 사랑은 연결된 삶의 핵심이야. 부디 언제든 사랑을 선택하렴.

하지만 우리는 네가 물려받을 세상을 걱정하고 있단다. 친절로 손을 내밀면 네 연민이 화답 받을까? 네게 도움이 필요할 때 다른 사람들이 네게 손을 내밀어줄까?

지금 네가 물려받는 세상은 사랑과 두려움 사이의 투쟁 속에 갇혀 있어. 두려움은 분노, 불안, 외로움으로 나타나서 사회를 조금씩 갉아먹고 우리 모두를 불완전하게 만든단다. 그래서 모든 건강한 관계는 두려움이 아닌 사랑을 불러일으킨다는 점을 네게 가르쳐주는 거야. 사랑은 친절, 너그러움, 연민으로 나타나. 사랑은 치유하고 우리를 더 온전한 우리로 만들어주지.

네가 받을 최고의 선물은 이런 관계에서 나올 거야. 의미 있는 관계는 잠깐 동안이 될 수도 있고 평생 동안 지속될 수도 있지. 하지만 모든 관계는 우리가 서로의 삶의 일부이며 서로를 드높이고 함께일 때 혼자 힘으로 도달할 수 있는 것보다 더 높은 곳에 도달할 수 있음을 떠올리게 해줄 거야.

너를 사랑하며 너의 타고난 아름다움, 강점, 연민을 떠올리게 해주는 친구들이 늘 함께하길 바란다. 마찬가지로 너도 다른 사람들에게 똑같이 베풀어줬으면 좋겠구나.

사랑을 주고받을 수 있는 능력이 있기 때문에 너는 소중하단다. 그것이 네가 가진 마법이지. 그리고 그 누구도 네게서 그 능력을 빼앗을 수 없다는 사실을 확실히 알게 해주는 것이 부모로서 우리가 해야 할 일이야.

네가 외롭고 슬플 때 우리가 늘 옆에 있어줄 수는 없다는 게 마음이 아프구나. 하지만 이 간단한 처방이 네가 사랑받는 사람이라는 사실을 일깨워줄 거야.

외로움과 고통의 순간이 찾아오면 두 손을 잡고 가슴 위에 올려놓아라. 그리고 눈을 감아. 기쁨의 순간과 실망의 심연에서 늘 너를 위해 그곳에 있었던 친구와 가족을 생각하렴. 네가 슬플 때 네 말을 들어준 사람들, 네가 스스로에 대한 믿음을 잃었을 때도 너를 믿어줬던 사람들, 널 잡아주고 일으켜주고 너를 진정한 네 모습으로 보는 사람들. 네게 밀려와 너를 행복으로 가득 채우는 그들의 따뜻함과 친절함을 느끼렴. 자, 이제 눈을 떠보렴.

당신의
인생에서
중요한 것은
무엇인가?

1978년 내 부모님은 당시 2살이었던 누나와 1살이었던 나를 데리고 영국을 떠나 캐나다 가장 동쪽에 있는 뉴펀들랜드의 작은 마을로 이사했다. 아버지는 새로운 지역 의료 담당관(district medical officer)으로 이곳의 보건을 책임질 예정이었지만 부모님은 이 지역은 물론 이 나라 전체에 아는 사람이 1명도 없었다. 설상가상으로 겨울 폭풍이 한창일 때 도착해 모든 것을 하얗게 덮은 눈과 격렬하게 휘몰아치는 바람만이 우리 가족을 맞아줬다. 나는 종종 남인도의 따뜻한 기후에서 자란 부모님이 어떻게 그런 혹독한 환경에서 살아갈 수 있었을지 궁금했다. 그럴 때면 아버지는 말하셨다. "사람들과의 관계 덕분이었지."

뉴펀들랜드의 맹렬한 추위 속에서 우리 부모님은 환자이자 공동체이기도 했던 사람들의 친절과 우정에 마음이 따뜻해졌다. 내가 부모님께 향수병에 걸린 적은 없느냐고 물었을 때 부모님은 "우리에게 가족이 없을 때 그들이 우리를 가족으로 받아들여줬다"고 대답하셨다.

아버지는 영하의 날씨에 코트를 여러 겹 껴입고 왕진을 나가 환자를 전부 볼 때까지 스노슈즈를 신고 힘겹게 걸어 다니셨다. 1년 내내 진료실에서 열상을 입은 어부들의 상처를 봉합하셨고 산모들의 분만을 도우셨다. 아버지는 인생의 말미에 있는 사람들이 죽음에 이르는 섬세한 여정을 인도하면서 그들과 그들의 가족을 보살피셨다.

그에 대한 보답으로 지역사회 사람들은 이상한 억양을 가진 지구 저편에서 온 어두운 피부색의 가족을 책임지기로 했다. 그들은 누나와 나를 돌봐줬고, 우리 가족에게 물고기와 신선한 바닷가재를 가져다줬으며 파이를 구워줬고 눈보라에 파묻혔을 때는 눈 밖으로 우리를 꺼내주기도 했다.

나중에 마이애미로 옮겨와 의원을 시작하면서 부모님은 이때의 가르침을 그대로 실천하셨다. 나는 그곳에서 부모님이 다시 한 번 그들 공동체의 일부가 된 환자들과 아름답고 상호 치료적인 관계를 형성하는 것을 지켜보면서 일찍이 의학을 접했다.

지금 여기에서 이 이야기를 하는 이유는 돌이켜보니 그때의 경험이 줄곧 나를 인도하는 빛이 됐기 때문이다. 부모님과 누나는 내 평생 동안 인간관계의 치유력을 솔선해서 보여줬다. 부모님이라는 본보기는 언제나 내게 용기와 희망을 줬다.

그렇다고 관계를 목격하는 것이 연결된 삶을 보장해주지는 않는다. 이렇게 좋은 롤 모델들이 있었지만 그 사실이 내 외로움을 막아주지는 않았다. 나는 물론 다른 사람들에게 베풀어야 하는 연민과 나 자신에 대해 알기 위해 혼자만의 길을 걸어야 했다. 이 여정에서 단절의 고통을 헤쳐나가야 했고 오랜 시간이 지나서야 내가 이민 생활에 관해 질문했을 때 아버지가 해주셨던 간단한 대답의 진정한 의미를 제대로 이해할 수 있었다. 우리에게 가족이 없을 때 뉴펀들랜드 사람들이 우리를 가족으로 받아들여줬다는 것이 얼마나 큰 기적이고 선물인지 알기까지, 내 삶을 좀 더 정확히 이해할 수 있는 능력을 길러야 했다. 우리는 왜 서로를 가족처럼 대하지 않는가? 왜 그럴 수 없는가? 사실 우리는 할 수 있고 해야만 한다. 이 책을 쓰면서 만난 사람들, 필립 레스터나 리처드 로페즈처럼 가혹한 환경에서 자라 수십 년을 교도소에서 보낸 사람들조차도 사랑, 봉사, 연결로 가득 찬 삶을 만들 수 있다는 사실을 일깨워줬다. 그들의 이야기는 우리가 진실로 관계를 맺도록 타고났다고 믿게 만든다. 관계는 우리의 진화적 생득권(사람이라면 태어날 때부터 가지고 있는 권리)이다.

우리에게 가장 큰 기쁨의 순간은 아이의 탄생, 사랑에 빠지는 일, 아끼는 친구들과의 재회 등 다른 사람들과 관련돼 있다. 그리고 가장 큰 슬픔의 순간은 종종 사랑하는 사람의 죽음, 연인과의 이별, 가까운 친구와의 화해할 수 없는 분쟁 등 관계의 상실과 분리를 수반한다.

오늘날 우리가 직면하고 있는 가장 큰 문제는 어떻게 사람 중심의 삶과 세계를 건설할 것인가 하는 점이다. 우리에게 닥치는 여러 중요한 문제들은 단절에 의해 악화되고 어떤 경우에는 단절에서 비롯되기도 한다. 대다수의 문제가 너무 많은 곳에서, 너무 오랫동안 계속돼 온 개인적·집단적 외로움의 징후다. 그런 고통 앞에서는 진실하고 애정 어린 관계만큼 강력한 치유력을 발휘하는 것은 없다.

앤서니 도런, 세레나 비안, 로라 탈머스 같은 사람들은 고통으로 인해 '인생에서 정말 중요한 것이 무엇인가?'라는 근본적인 질문을 마주해야만 했다. 그들의 여정을 통해 답은 명확해졌다. 가장 중요한 것은 튼튼한 관계다. 관계는 우리의 건강을 개선하고 성과를 향상하며 의견과 이데올로기의 차이를 뛰어넘어 한 사회로서 함께 큰 문제를 해결할 수 있게 한다. 인간관계는 이 모든 것을 건설하는 기반이다.

연결된 삶의 창조는 우리가 매일의 생활 속에서 내리는 결정에서 시작된다. 사람들에게 시간을 할애할 것인가? 진정한 모습으로 나를 드러낼 것인가? 우리를 하나로 모으는 봉사의 힘을 알고 친절하게 다른 사람들을 찾아 나설 것인가?

이 일이 항상 쉽지만은 않다. 용기가 필요하다. 취약해질 용기, 다른 사람에게 기회를 줄 용기, 우리 자신을 믿을 용기. 하지만 우리는 연결된 삶을 통해 연결된 세상을 이룰 수 있다. 연결된 세상에서는 관계를 지원하도록 학교, 직장, 기술을 디자인한다. 공동체를 강화하는 힘이 될 수 있게 법을 만든다. 친절과 연민을 신성한 가치로 취급하고 문화와 정치에 반영한다.

임종 때 내가 돌본 환자들을 떠올려보면 은행 계좌 잔고나 다른 사람들의 눈에 비친 지위는 결코 의미 있는 삶을 측정하는 잣대가 아니었다. 죽음을 앞둔 환자들은 인간관계를 말했다. 그들에게 큰 기쁨을 가져다준 사람들, 더 많이 있었으면 했던 관계들, 가슴을 아프게 했던 사람들에 대해 말했다. 마지막 순간, 삶의 가장 의미 있는 한 줄기만이 남았을 때 무엇보다 중요한 것은 바로 인간관계다.

많은 사람들이 외로움으로 힘들어하고 있는 것은 분명한 사실이다. 우리 자신보다 훨씬 더 큰 힘으로 상호작용이라는 기본적인 본성에 영향을 미치고 종종 해를 입히는 것 또한 사실이다. 그러나 관계를 맺기 위한 보편적인 추진력이 여전히, 온전히 살아 있는 것도 봤다. 이 힘은 때로 일상생활과 갈등의 고통 속에 묻혀 있겠지만 위기 상황이나 진짜 우리의 모습을 일깨워주는 예상치 못한 친절한 행동을 통해 수면 위로 올라온다.

나는 7살 때 처음으로 그런 친절을 목격했다. 한밤중, 어머니가 자고 있는 나를 갑자기 흔들어 깨우셨다.

"서둘러. 지금 당장 차를 타고 가야 해."

아버지는 반쯤 잠든 나와 누나를 뒷좌석에 태우고 마이애미에 있는 트레일러하우스 주차 지역으로 차를 몰고 가기 시작했다. 가는 길에 부모님은 환자 중 1명인 고든이 암이 전이돼 오랫동안 투병하다가 막 세상을 떠났다고 설명해주셨다. 부모님은 고든의 아내 루스가 혼자 슬퍼하고 있을 것이 걱정돼 그의 집에 가서 루스가 잘 있는지 확인하고 싶어 했다.

트레일러 계단에 서서 울고 또 울면서 루스를 껴안고 있는 인도 전통 사리를 입은 어머니의 모습을 나는 결코 잊지 못할 것이다. 두 사람은 전혀 다른 인생을 살았지만 그 순간에는 가족이었다. 내게 주어진 가족이 아니라 내가 스스로 선택한 가족이었다. 그날 밤 차에 앉아 내가 엿본 것은 우리를 치유하고 하나가 되게 하는 사랑의 놀라운 잠재력이었다.

감사의 글

이 책을 쓰는 과정은 특별한 선물인 동시에 내 인생에서 가장 큰 도전 중 하나였다. 사람들은 그들의 삶 속으로 나를 초대했고 연구자들은 수십 년에 걸쳐 획득한 지식을 내가 엿볼 수 있게 해줬다. 아이들은 우리의 진정한 본성은 친절하고 인정이 많으며 관계를 바탕으로 함을 자주 일깨워줬다. 자신의 이야기가 다른 사람들에게 도움이 됐으면 좋겠다는 바람으로 인생 여정을 들려준 수백 명의 사람들에게 감사를 보낸다.

글을 쓰는 과정은 쉽지 않았다. 나는 나 자신에 대해 많은 것을 배웠지만 다 좋은 것만은 아니었다. 중요하다고 생각해왔던 연결된 삶을 살지 못하고 있는 현실을 해결하려고 노력해야 했다. 외로움과 사회적 관계를 다루는 이 책을 쓰면서 가장 큰 아이러니 중 하나는 글을 쓰는 동안 나 자신이 꽤 외롭고 단절될 때가 있었다는 것이다. 결국 내게 무엇보다 가장 큰 도움이 된 것은 사람들이었다. 가족과 친구들은 상황이 암울하게 느껴지던 어두운 순간에 내가 누구였는지를 일깨워줬다. 그들의 사랑이 나를 계속 걷게 했다.

책을 쓰는 것이 내가 깊은 관심을 가진 주제에 관해 세상과 대화를 나누는 가장 좋은 방법이라고 확신하게 해준 탁월한 에이전트 리처드 파인(Richard Pine)이 아니었다면 이 책은 초기 단계를 넘어서지 못했을 것이다. 그는 이 혼란스럽고 당황스럽고 신나는 여정 동안 친구이자 조언자이며 나침반이었다. 발행인이자 편집자인 캐런 리날디(Karen Rinaldi)는 사려 깊은 피드백과 엄한 사랑으로 내가 이 책의 많은 부분에서 더 날카로운 시각을 지닐 수 있도록 도와줬다. 내 아이디어에 생기를 불어넣게 해준 그에게 감사한다.

1년이 넘도록 이 책을 꼼꼼히 구성하고 엮는 데 도움을 준 사람들이 있다. 이 책을 쓰는 데 필요한 연구 자료들이 어마어마하게 많았는데 로리 플린(Laurie Flynn)의 도움이 없었다면 나는 여전히 과학 논문과 신문 기사 더미에 앉아 있을 것이다. 세레나 비안은 명석함과 공감 능력, 속도, 판단력이 어우러진 비범한 재능으로 내가 자료 더미를 헤쳐나갈 수 있도록 도와줬다(내가 23살 때 그의 재능을 조금이라도 가졌더라면 얼마나 좋았을까). 스테이시 칼리시(Stacey Kalish)는 이 책의 아이디어에 활기를 더할 여러 이야기들을 찾는 데 중요한 역할을 했다. 나는 그가 사람들의 소중한 인생 경험을 대할 때 보여주던 공감과 배려를 언제까지나 기억할 것이다. 에이미 리우(Aimee Liu)는 예리한 통찰력과 솜씨로 페이지의 모든 단어가 살아 숨 쉬게 도움을 줬다. 그는 지난 몇 달 동안 여러모로 내 글쓰기 가이드였고 그에 대한 존경과 감탄은 시간이 지날수록 커질 뿐이었다. 공중보건위생국장 시절부터 내 오른

팔이었고 함께 일할 수 있어서 너무나 다행인 보좌관 제시카 스크러그스(Jessica Scruggs)가 이 모든 과정의 연결점이었다. 나는 그의 충직함과 헌신, 넓은 마음에 영원히 감사할 것이다.

대학 룸메이트 시절부터 가장 친한 친구였던 아킬 팔라니사미(Akil Palanisamy)와 나의 사랑하는 친구인 마이클 골드버그(Michael Goldberg), 앨런 카샬랴(Allen Kachalia), 마크 버먼(Mark Berman)은 내가 이 책을 쓰는 여정에서 어려움에 빠져 아무리 비이성적이고 침울해져 있어도 항상 내 이야기를 듣고 충고해주기 위해 그곳에 있어줬다. 서니 키쇼어(Sunny Kishore)와 데이브 촉시(Dave Chokshi)는 지난 몇 년 동안 내 모아이 형제들이었다. 우리가 의도적으로 쌓아온 깊은 유대감은 내게 연결된 삶을 가꾸는 것이 어떤 의미인시를 가장 분명하게 보여준 실례가 됐다. 너무 많은 친구들과 멘토들이 대화와 인생의 교훈을 통해 이 책을 쓰는 내 생각에 영향을 미쳤고 내 삶에 없어서는 안 될 관계의 힘을 보여줬다. 여기에서 이름을 다 나열할 수는 없지만 나는 그들에게 지혜와 인내와 사랑을 빚졌다.

책을 1권 쓰려면 마을 하나가 필요하다. 내 마을은 이 책의 대부분을 썼던 아베스 카페(Abe's cafe) 직원들을 포함해 예상치 못한 방식으로 커졌다. 카페 직원들은 내가 10시간 연속으로 글을 쓰고 있을 때 종종 격려의 미소를 지으며 내가 가장 좋아하는 타피오카 펄을 더 줬다. 내 마을에는 중요한 마감일 전에 우리 아이들을 돌봐주기 위해 나서준 베이비시터, 이웃, 친척이 있었고 종종 책에 관한 아이디어를 주고 실제로 이 책에 몇몇 이야기가 실리기도 한 우버와 리프트 운전자도 포함됐다. 나름대로의 아름다운 방식으로 그들은 내게 인간관계의 치유력을 일깨워줬다. 우리는 정말로 서로가 필요하다.

장모님 실비아 첸, 장인어른 용밍 첸, 처제 미셸은 그들을 만나기 위해 캘리포니아에 갔을 때 식탁이나 커피숍에서 끝없이 글을 쓰는 나를 여러 번 참아줬다. 가족들의 인내심과 지원에 큰 감사를 보낸다. 그리고 집에서 만든 맛있는 중국 음식과 파인애플 월병을 계속해서 제공해주신 데도 감사드린다.

어머니, 아버지, 누나 라시미는 처음부터 내게 영감을 주는 안내자였다. 글을 쓰면서 어쩔 수 없이 맞이하게 되는 힘든 시기에 내가 퉁명스럽거나 언짢은 기분으로 가족들과 얼마나 많이 대화했는지를 되돌아보면 좀 쑥스럽다. 가족들은 절대 날카롭게 맞받아치지 않았다. 피하지도 않았다. 그저 부드럽게 내게 좋을 때와 나쁠 때에 사랑이 무엇인지 상기시켜줬다. 사랑은 굳건하고 친절하다. 가족들은 언제나 그래왔듯이 앞으로도 내게 단단한 주춧돌이 돼줄 것이고 진정한 관계를 상기시켜줄 것이다. 매형 아밋과 사로지니 할머니, 탐미야 삼촌도 이 일을 하는 동안 변함없는 지지와 믿음으로 나를 축복해주셨다.

누구보다도, 크고 작은 모든 문제들에서 가장 친한 친구이자 현명한 조언자이며 인생의 파트너인 내 소중한 사랑, 아내 앨리스에게 감사하고 싶다. 내가 글을 쓰면서 괴로워하고 있을 때 그는 혼자 주말 놀이 약속을 가고 떼쓰는 아이들을 돌보면서 너무 많은 책임을 떠맡아줬다. 그러나 앨리스는 이렇게 시간과 에너지를 희생하는 것 이상으로 내가 이 책을 구상하고 쓸 용기를 갖고 질문을 작성하고 인터뷰

내용을 고민하고 과학 논문을 분석하고 수없이 원고를 편집하는 과정의 모든 단계를 도와줬다. 지금 책을 읽어보면 그가 덧붙인 말들과 그가 날카롭게 만든 생각들이 보인다. 우리가 만나서 존경하고 사랑하게 된 특징들이 드러난다. 이 책의 모든 페이지에 아내의 정신과 솜씨가 들어 있다. 10여 년 전 내가 앨리스와 만난 날부터 우리는 단체, 운동, 사상, 이상주의적 꿈을 함께 창조했다. 이 책도 다르지 않다. 우리 아이들과 미래 세대를 위해 더 다정하고 친절한 세상을 만들기 위한 우리 공동의 노력이다.

사랑하는 아이들, 테야스와 샨티는 아직 어리지만 이 책을 쓰려는 내 노력을 지속하는 데 아주 큰 역할을 했다. 이 책의 주제를 어떻게 다뤄야 할지 난관에 부딪히면 앨리스와 나는 종종 아이들을 떠올렸다. 우리 아이들이 나중에 이 책을 읽는다면 어떤 도움을 받을 수 있을까? 그들이 마땅히 누려야 할 세상을 만드는 데 무엇이 도움이 될까? 내가 글을 쓰기 시작했을 때 테야스는 겨우 말을 할 수 있었고 샨티는 태어난 지 얼마 되지 않았었다. 책을 다 끝낸 그 주 어느 날 아침 내게 이렇게 물을 만큼 말을 배운 테야스가 물었다.

"아빠, 책은 끝났어요?"

"응!"이라고 말할 수 있어서 얼마나 신났는지 말로 표현할 수가 없다. 테야스 그리고 샨티, 엄마와 아빠가 너희를 위해 이 책을 썼단다. 우리는 항상 너희를 사랑한다.

비벡 H. 머시

주

1장 하나는 부끄러운 숫자가 아니다

1. Bruce A. Austin, "Factorial Structure of the UCLA Loneliness Scale," Psychological Reports 53, no. 3 (December 1983): 883-89, https://doi.or g/10.2466%2Fpr0.1983.53.3.883.

2. Louise C. Hawkley, Michael W.Browne,and John T. Cacioppo,"How Can I Connect With Thee? Let Me Count the Ways," Psychological Science 16, no. 10 (October 2005): 798-804, https://doi.org/10.1111%2 Fj.1467-9280.2005.01617.x.

3. Stephanie Cacioppo, Angela J. Grippo, Sarah London, and John T. Cacioppo, "Loneliness: Clinical Import and Interventions," Perspectives on Psychological Science 10, no. 2 (2015): 238-49, https://doi. org/10.1177/1745691615570616.

4. Bianca DiJulio, Liz Hamel, Cailey Mu?ana, and Mollyann Brodie, "Loneliness and Social Isolation in the United States, the United Kingdom, and Japan: An International Survey," The Henry J. Kaiser Family Foundation, August 30, 2018, https://www.kff.org/other/report/ loneliness-and-social-isolation-in-the-united-states-the-united- kingdom-and-japan-an-international-survey/.

5. G. Oscar Anderson and Colette E. Thayer, "Loneliness and Social Connec-tions: A National Survey of Adults 45 and Older," AARP Foundation, 2018, http://doi.org/10.26419/res.00246.001.

6. "2018 Cigna U.S. Loneliness Index: Survey of 20,000 Americans

Examining Behaviors Driving Loneliness in the United States," Cigna, May 2018, https://www.multivu.com/players/English/8294451-cigna-us-loneliness-survey/docs/IndexReport_1524069371598-173525450. pdf.

7. Parminder Raina, Christina Wolfson, Susan Kirkland, and Lauren Griffith, "The Canadian Longitudinal Study on Aging (CLSA) Report on Health and Aging in Canada: Findings from Baseline Data Collection 2010-2015," Canadian Longitudinal Study on Aging (CLSA), May 2018, https://www.ifa-fiv.org/wp-content/uploads/2018/12/clsa_report_en_final_web.pdf.

8. "Australian Loneliness Report: A survey exploring the loneliness levels of Australians and the impact on their health and wellbeing," Australian Psychological Society and Swinburne University, Psychweek.org.au, November 17, 2018, https://www.psychweek.org.au/wp/wp-content/uploads/2018/11/Psychology-Week-2018-Australian-Loneliness-Report.pdf.

9. "All the Lonely People: Loneliness in Later Life," Age UK, September 25, 2018, https://www.ageuk.org.uk/latest-press/articles/2018/october/all-the-lonely-people-report/.

10. "Do Europeans Feel Lonely?," Eurostat, June 28, 2017, https://ec.europa.eu/eurostat/web/products-eurostat-news/-/DDN-20170628-1.

11. Nicolas Tajan, Hamasaki Yukiko, and Nancy Pionnié-Dax, "Hikikomori: The Japanese Cabinet Office's 2016 Survey of Acute Social Withdrawal," The Asia-Pacific Journal 15, issue 5, no. 1 (March 1, 2017): Article ID 5017, https://apjjf.org/2017/05/Tajan.html.

12. "613,000 in Japan aged 40 to 64 are recluses, says first government survey of hikikomori," The Japan Times, March 29, 2019, https://www.japantimes.co.jp/news/2019/03/29/national/613000-japan-aged-40-64-recluses-says-first-government-survey-hikikomori/#. XdW3QZNKgWo.

13. Jordan Muto, "'I didn't want to be alive'. . .": Michael Phelps talks about struggle with depression," Today, December 13, 2017, https://

www.today.com/health/michael-phelps-struggle-depression-mental-health-issues-t119969.

14. Harper's BAZAAR Staff, "Lady Gaga On Love and Lies," Harper's BAZAAR, February 5, 2017, https://www.harpersbazaar.com/celebrity/latest/news/a1542/lady-gaga-interview-0314/.

15. Elahe Izadi, "'You are not alone': Dwayne 'The Rock' Johnson opens up about depression," Washington Post, April 2, 2018, https://www.washingtonpost.com/news/arts-and-entertainment/wp/2018/04/02/you-are-not-alone-dwayne-the-rock-johnson-opens-up-about-depression/.

16. J. K. Rowling, "Text of J.K. Rowling's Speech," Harvard Gazette, June 5, 2018, https://news.harvard.edu/gazette/story/2008/06/text-of-j-k-rowling-speech/.

17. Julianne Holt-Lunstad, Timothy Smith, and J. Bradley Layton, "Social Relationships and Mortality Risk: A Meta-Analytic Review," PLOS Medicine 7, no.7 (July 2010), https://doi.org/10.1371/journal.pmed.1000316.

18. Julianne Holt-Lunstad, Timothy B. Smith, Mark Baker, Tyler Harris, and David Stephenson, "Loneliness and Social Isolation as Risk Factors for Mortality," Perspectives on Psychological Science 10, no. 2 (2015): 227-37, https://doi.org/10.1177/1745691614568352.

19. Louise C. Hawkley and John T. Cacioppo, "Loneliness Matters: A Theoret-ical and Empirical Review of Consequences and Mechanisms," Annals of Behavioral Medicine 40, no. 2 (October 2010): 218-27, https://doi.org/10.1007/s12160-010-9210-8.

20. Campaign to End Loneliness, "Family Doctors Ill-Equipped for Loneliness Epidemic," British Journal of Family Medicine, November 15, 2013, https://www.bjfm.co.uk/family-doctors-ill-equipped-for-loneliness-epidemic.

2장 관계는 본능이다

1. Tim Adams, "John Cacioppo: 'Loneliness Is like an Iceberg. It Goes Deeper than We Can See,'" Guardian, February 28, 2016, https://www.theguardian.com/science/2016/feb/28/loneliness-is-like-an-iceberg-john-cacioppo-social-neuroscience-interview.

2. Emily Singer, "New Evidence for the Necessity of Loneliness," Quanta Magazine, May 10, 2016, accessed September 5, 2019, https://www.quantamagazine.org/new-evidence-for-the-necessity-of-loneliness-20160510/.

3. Susanne Shultz, Christopher Opie, and Quentin D. Atkinson, "Stepwise evolution of stable sociality in primates," Nature 479, no. 7372 (2011): 219-22, https://doi.org/10.1038/nature10601.

4. William von Hippel, The Social Leap: The New Evolutionary Science of Who We Are, Where We Come From, and What Makes Us Happy (New York: HarperWave, 2018).

5. Christopher Weber, "Division of the Social Sciences," Psychology's John and Stephanie Cacioppo: Love on the Brain," Division of the Social Sciences, University of Chicago, accessed September 22, 2019, https://socialsciences.uchicago.edu/story/psychologys-john-and-stephanie-cacioppo-love-brain.

6. Tiffany M. Love, "Oxytocin, motivation and the role of dopamine," Pharmacology Biochemistry and Behavior 119 (2014): 49-60, https://doi.org/10.1016/j.pbb.2013.06.011.

7. Oscar Arias-Carrión and Ernst Pöppel, "Dopamine, learning, and reward-seeking behavior," Acta Neurobiologiae Experimentalis, US National Library of Medicine, 2007, https://www.ncbi.nlm.nih.gov/pubmed/18320725.

8. Gareth Cook, "Why We Are Wired to Connect," Scientific American, October 22, 2013, https://www.scientificamerican.com/article/why-we-are-wired-to-connect/.

9. Ibid.

10. Olga Khazan, "How Loneliness Begets Loneliness," The Atlantic, April 6, 2017, https://www.theatlantic.com/health/archive/2017/04/how-loneliness-begets-loneliness/521841/.

11. CC Goren, M. Satry, and PY Wu, "Visual Following and Pattern Discrimi-nation of Face-like Stimuli by Newborn Infants," Pediatrics 56, no. 4 (October 1975): 544-49, https://www.ncbi.nlm.nih.gov/pubmed/1165958.

12. Olivier Pascalis, Michelle de Haan, and Charles A. Nelson, "Is Face Processing Species-Specific During the First Year of Life?," Science 296 (May 2002): 1321-23, https://doi.org/10.1126/science.1070223.

13. David J. Kelly, Paul C. Quinn, Alan M. Slater, Kang Lee, Alan Gibson, Mi-chael Smith, Liezhong Ge, and Olivier Pascalis, "Three-month-olds, but not newborns, prefer own-race faces," Developmental Science 8, no. 6 (2005), https://doi.org/10.1111/j.1467-7687.2005.0434a.x.

14. David J. Kelly, Paul C. Quinn, Alan M. Slater, Kang Lee, Liezhong Ge, and Olivier Pascalis, "The Other-Race Effect Develops During Infancy Evidence of Perceptual Narrowing," Psychological Science 18, no. 12 (December 2007): 1084-89, https://dx.doi.org/10.1111%2Fj.1467-9280.2007.02029.x.

15. Liu Shaoying, Naiqi G. Xiao, Paul C. Quinn, Dandan Zhu, Liezhong Ge, Olivier Pascalis, and Kang Lee, "Asian infants show preference for own-race but not other-race female faces: the role of infant caregiving arrangements,"Frontiers in Psychology 6 (2015): 593, https://dx.doi.org/10.3389%2Ff-psyg.2015.00593.

16. Steven W. Cole, John P. Capitanio, Katie Chun, Jesusa M. G. Arevalo, Jeffrey Ma, and John T. Cacioppo, "Myeloid Differentiation Architecture of Leukocyte Transcriptome Dynamics in Perceived Social Isolation," Proceedings of the National Academy of Sciences 112, no. 49 (2015): 15142-47, https://doi.org/10.1073/pnas.1514249112.

17. John T. Cacioppo, Louise C. Hawkley, Gary G. Berntson, John M. Ernst, Amber C. Gibbs, Robert Stickgold, and J. Allan Hobson, "Do Lonely Days Invade the Nights? Potential Social Modulation of Sleep

Efficiency," Psy-chological Science 13, no. 4 (2002): 384-87, https://journals.sagepub.com/doi/10.1111/1467-9280.00469.

18. S. Cacioppo, M. Bangee, S. Balogh, C. Cardenas-Iniguez, P. Qualter, J.T. Cacioppo, "Loneliness and implicit attention to social threat: A high-performance electrical neuroimaging study," Cognitive Neuroscience 7, no.1-4 (January October 2016): 138-59, https://doi.org/10.1080/1758892 8.2015.1070136.

19. Emily Singer, "New Evidence for the Necessity of Loneliness," Quanta Magazine, May 10, 2016, accessed September 5, 2019, https://www.quantamaga-zine.org/new-evidence-for-the-necessity-of-loneliness-20160510/.

20. Jianjun Gao, Lea K. Davis, Amy B. Hart, Sandra Sanchez-Roige, Lide Han, John T. Cacioppo, and Abraham A. Palmer, "Genome-Wide Association Study of Loneliness Demonstrates a Role for Common Variation," Neuropsychopharmacology 42, no. 4 (2016): 811-21, https://doi.org/10.1038/npp.2016.197.

21. Heather Buschman, "Do These Genes Make Me Lonely? Study Finds Loneliness is a Heritable Trait," UC San Diego News Center, September 20, 2016,https://ucsdnews.ucsd.edu/index.php/pressrelease/do_these_ genes_make_me_lonely_study_finds_loneliness_is_a_heritable_trait.

22. Emily Singer, "New Evidence for the Necessity of Loneliness," Quanta Magazine, May 10, 2016, accessed September 5, 2019, https://www.quantamaga-zine.org/new-evidence-for-the-necessity-of-loneliness-20160510/.

23. Olga Khazan, "How Loneliness Begets Loneliness," The Atlantic, April 7, 2017, https://www.theatlantic.com/health/archive/2017/04/how-loneliness-begets-loneliness/521841/.

24. Naomi I. Eisenberger, "The Neural Bases of Social Pain," Psychosomatic Medicine 74, no. 2 (2012): 126-35, https://doi.org/10.1097/psy.0b013e3182464dd1.

25. N. I. Eisenberger and M. D. Lieberman, "Why rejection hurts: The neurocognitive over-lap between physical and social pain," Trends

in Cognitive Sciences 8(2004): 294-300, https://doi.org/10.1016/
j.tics.2004.05.010.

26. C. Nathan DeWall, Geoff MacDonald, Gregory D. Webster, Carrie
L. Mas-ten, Roy F. Baumeister, Caitlin Powell, David Combs, et al.,
"Acetaminophen Reduces Social Pain," Psychological Science 21, no. 7
(2010): 931-37, https://doi.org/10.1177/0956797610374741.

27. Naomi I. Eisenberger, Matthew D. Lieberman, and Kipling D.
Williams, "Does Rejection Hurt? An FMRI Study of Social Exclusion,"
PsycEXTRA Dataset, October 10, 2003, 290-92, https://doi.org/10.1126/
science.1089134.

3장 관계를 위협하는 문화 vs 외로움을 해소하는 문화

1. Amanda Mabillard, "Words Shakespeare Invented," Shakespeare-
online.com, August 20, 2000, accessed September 5, 2019, http://www.
shakespeare-on-line.com/biography/wordsinvented.html.

2. John Donne, The Best of John Donne, CreateSpace Independent
Publishing Platform, 2012.

3. John Milton, Paradise Lost, 1667, reprint Sirius Entertainment, 2017.

4. Fay Bound Alberti, "The history of loneliness," The Week, October 13,
2018, https://theweek.com/articles/798959/history-loneliness.

5. Ami Rokach, "The Effect of Gender and Culture on Loneliness: A Mini
Review," Emerging Science Journal 2, no. 2 (April 2018), https://doi.
org/10.28991/esj-2018-01128.

6. Bastian Mönkediek and Hilde Bras, "Strong and weak family ties
revisited: reconsidering European family structures from a network
perspective," History of the Family 19, no. 2 (March 2014): 235-59,
https://doi.org/10.1080/1081602x.2014.897246.

7. Ami Rokach, Loneliness Updated: Recent Research on Loneliness and
How It Affects Our Lives (New York: Routledge, 2015).

8. D. Paul Johnson and Larry C. Mullis, "Growing old and lonely in
different societies: Toward a comparative perspective," Journal of

Cross-Cultural Gerontology 2, no. 3 (1987): 257-75, https://doi.org/10.1007/BF00160684.

9. Holy Bible: Containing the Old and New Testaments: King James Version (NewYork: American Bible Society, 2010).

10. Kevin MacDonald, A People That Shall Dwell Alone: Judaism as a Group Evolutionary Strategy (Westport, CT: Praeger, 1994), https://pdfs.semanticscholar.org/0379/ec6cce2c8b6054547e0acf4dc417ce0b950c.pdf.

11. Amanda Duberman, "Here's What One Of America's Most Isolated Com-munities Can Teach Us About Getting Along," HuffPost, April 13, 2018, https://www.huffpost.com/entry/hutterites-rural-religious-photos_n_5accee42e4b0152082fe4005.

12. Yossi Katz and John Lehr, Inside the Ark: The Hutterites of Canada and The United States (Regina: Canadian Plains Researcher Center Press, 2012),https://books.google.com/books?id=-00f6NEsLUQC&pg=PA160&lp-g=PA160&dq=sorgalahutterite&source=bl&ots=6_JRNGy-6Wa&sig=ACfU3U2CbJzKyGSB6AtMqN6q204jrwydAQ&hl=en&sa=X-&ved=2ahUKEwjLl7aNwrHkAhVLFjQIHXD2D6IQ6AEwCnoECAIQA-Q#v=onepage&q=sorgalahutterite&f=false.

13. MaryAnn Kirby, I Am Hutterite: The Fascinating True Story of a Young Woman's Journey to Reclaim Her Heritage (Nashville: Thomas Nelson, 2011).

14. John T. Cacioppo, Louise C. Hawkley, Gary Berntson, John M. Ernst, Amber C. Gibbs, Robert Stickgold, and J. Allan Hobson, "Do Lonely Days Invade the Nights? Potential Social Modulation of Sleep Efficiency," Psychological Science 13, no. 4 (July 1, 2002): 384-87.

15. Lianne M. Kurina, Kristen L. Knutson, Louise C. Hawkley, John T. Cacioppo, Diane S. Lauderdale, and Carole Ober, "Loneliness Is Associated with Sleep Fragmentation in a Communal Society," Sleep 34, no. 11 (2011): 1519-26, https://doi.org/10.5665/sleep.1390.

16. Luzia C. Heu, Martijn Van Zomeren, and Nina Hansen, "Lonely Alone or Lonely Together? A Cultural-Psychological Examination of Individu-

alism Collectivism and Loneliness in Five European Countries," Personality and Social Psychology Bulletin 45, no. 5 (2018): 780-93, https://doi.org/10.1177/0146167218796793.

17. Dan Buettner, The Blue Zones: Lessons for Living Longer from the People Who've Lived the Longest (Washington, DC: National Geographic Society, 2010).

18. Ami Rokach, "The Effect of Gender and Culture on Loneliness: A Mini Review," Emerging Science Journal 2, no. 2 (April 2018), https://doi.org/10.28991/esj-2018-01128.

19. Barry Golding, The Men's Shed Movement: The Company of Men (Champaign,IL: Common Ground Publishing, 2015).

20. Lucia Carragher, "Men's Sheds in Ireland: Learning through community contexts," The Netwell Centre School of Health & Science, Dundalk Insti-tute of Technology, February 2013, http://menssheds.ie/wp-content/up-loads/2013/10/Men%E2%80%99s-Sheds-in-Ireland-National-Survey.pdf.

21. Ami Rokach, "The Effect of Gender and Culture on Loneliness: A Mini Review," Emerging Science Journal 2, no. 2 (April 2018), https://doi.org/10.28991/esj-2018-01128.

22. M. Katherine Weinberg, Edward Z. Tronick, Jeffrey F. Cohn, and Karen L. Olson, "Gender differences in emotional expressivity and self-regulation during early infancy," Developmental Psychology 35, no. 1 (1999): 175-88, https://doi.org/10.1037//0012-1649.35.1.175.

23. Helene Schumacher, "Why more men than women die by suicide," BBC, March 18, 2019, http://www.bbc.com/future/story/20190313-why-more-men-kill-themselves-than-women.

24. "Statistics on Suicide in Australia," Lifeline, accessed September 14, 2019, https://www.lifeline.org.au/about-lifeline/media-centre/lifeline-fast-facts.

25. "Suicide Statistics," American Foundation for Suicide Prevention, accessed September 14, 2019, https://afsp.org/about-suicide/suicide-statistics/.

26. "Male: Female Ratio of Age-Standardized Suicide Rates, 2016," World Health Organization, accessed September 14, 2019, http://gamapserver. who.int/mapLibrary/Files/Maps/Global_AS_suicide_rates_male_female_ratio_2016.png.

27. Paul R. Albert, "Why Is Depression More Prevalent in Women?," Journal of Psychiatry and Neuroscience, July 2015, https://dx.doiorg/10.1503%2Fjpn.150205.

28. Centre for Suicide Prevention, accessed September 6, 2019, https://www.suicideinfo.ca/.30 Helene Schumacher, "Why more men than women die by suicide," BBC, March 18, 2019, http://www.bbc.com/future/story/20190313-why-more-men-kill-themselves-than-women.

29. Helene Schumacher, "Why more men than women die by suicide," BBC, March 18, 2019, http://www.bbc.com/future/story/20190313-why-more-men-kill-themselves-than-women.

30. Carol Gillian, Annie G. Rogers, and Normi Noel, "Cartography of a Lost Time: Mapping the Crisis of Connection," in The Crisis of Connection: Roots,Consequences, and Solutions, ed. Niobe Way, Alisha Ali, Carol Gilligan, and Pedro A. Noguera (New York: New York University Press, 2018).

31. Brené Brown, PhD, I Thought It Was Just Me (but It Isnt): Telling the Truth about Perfectionism, Inadequacy, and Power (New York: Gotham Books, 2008).

32. Brené Brown, PhD, Women & Shame: Reaching Out, Speaking Truths & Building Connection (Austin, TX: 3C Press, 2004).

33. Rosalind Wiseman, Queen Bees and Wannabes: Helping Your Daughter Survive Cliques, Gossip, Boyfriends, and the New Realities of Girl World, 3rd ed. (NewYork: Harmony Books, 2016).

4장 왜 지금인가

1. Robert Putnam, Bowling Alone: The Collapse and Revival of American Community (New York: Simon & Schuster, 2000).

2. Robert Putnam. Interview by author, October 22, 2019.

3. Rita Gunther McGrath, "The Pace of Technology Adoption Is Speeding Up,"Harvard Business Review, August 7, 2014, https://hbr.org/2013/11/the-pace-of-technology-adoption-is-speeding-up.

4. Amy Orben and Andrew K. Przybylski, "The association between adoles-cent well-being and digital technology use," Nature Human Behaviour 3, no. 2(2019): 173-82, https://doi.org/10.1038/s41562-018-0506-1.

5. Andrew K. Przybylski and Netta Weinstein, "A Large-Scale Test of the Goldilocks Hypothesis: Quantifying the Relations Between Digital-Screen Use and the Mental Well-Being of Adolescents," Psychological Science 28, no. 2 (2017):204-15, https://doi.org/10.1177%2F0956797616678438.

6. Brian A. Primack, Ariel Shensa, Jaime E. Sidani, Erin O. Whaite, Liu Yi Lin, Daniel Rosen, Jason B. Colditz, Ana Radovic, and Elizabeth Miller, "Social Media Use and Perceived Social Isolation Among Young Adults in theU.S.," American Journal of Preventive Medicine 53, no. 1 (2017): 1-8, https://doi.org/10.1016/j.amepre.2017.01.010.

7. Ibid.

8. Liu Yi Lin, Jaime E. Sidani, Ariel Shensa, Ana Radovic, Elizabeth Miller, Jason B. Colditz, Beth L. Hoffman, Leila M. Giles, and Brian A. Primack, "Association Between Social Media Use and Depression Among U.S. Young Adults," Depression and Anxiety 33, no. 4 (April 1, 2017): 323-31, https://www.ncbi.nlm.nih.gov/pmc/articles/PMC4853817/.

9. Jon Hamilton, "Think You're Multitasking? Think Again," NPR, October 2, 2008, https://www.npr.org/templates/story/story.php?storyId=95256794.

10. Gloria Mark, Daniela Gudith, and Ulrich Klocke, "The Cost of Interrupted Work," Proceeding of the Twenty-Sixth Annual CHI Conference on Human Factors in Computing Systems - CHI 08, 2008, https://doi.org/10.1145/1357054.1357072.

11. Clay Skipper, "Why the Sharing Economy Is Making All of Us More

Lonely,"GQ.com, August 10, 2018, https://www.gq.com/story/sharing-is-not-caring.

12. Ibid.

13. Ibid.

14. Catherine de Lange, "Sherry Turkle: 'We're losing the raw, human part of being with each other,'" Guardian, May 4, 2013, https://www.theguardian.com/science/2013/may/05/rational-heroes-sherry-turkle-mit.

15. Andrew K. Przybylski and Netta Weinstein, "Can you connect with me now? How the presence of mobile communication technology influences face-to-face conversation quality," Journal of Social and Personal Relationships 30, no. 3(2012): 237-46, https://doi.org/10.1177/0265407512453827.

16. James A. Roberts and Meredith E. David, "My life has become a major distraction from my cell phone: Partner phubbing and relationship satisfaction among romantic partners," Computers in Human Behavior 54 (2016): 134-41, https://doi.org/10.1016/j.chb.2015.07.058.

17. Sara H. Konrath, Edward H. Obrien, and Courtney Hsing, "Changes in Dispositional Empathy in American College Students Over Time: A Meta-Analysis," Personality and Social Psychology Review 15, no. 2 (August 2010): 180-98, https://doi.org/10.1177/1088868310377395.

18. Victoria J. Rideout, Ulla G. Foehr, and Donald F. Roberts, "Generation M 2: Media in the Lives of 8- to 18-Year-Olds," The Henry J. Kaiser Family Foundation, January 2010, https://www.kff.org/wp-content/uploads/2013/01/8010.pdf.

19. Yalda T. Uhls, Minas Michikyan, Jordan Morris, Debra Garcia, Gary W.Small, Eleni Zgourou, and Patricia M. Greenfield, "Five Days at Outdoor Education Camp without Screens Improves Preteen Skills with Nonverbal Emotion Cues," Computers in Human Behavior 39 (2014): 387-92, https://doi.org/10.1016/j.chb.2014.05.036.

20. Peter Dizikes, "3 Questions: Sherry Turkle on 'Reclaiming Conversation,'"MIT News, November 17, 2015, http://news.mit.

edu/2015/3-questions-sherry-turkle-reclaiming-conversation-1117.

21. Jamie Ducharme, "Most Young Americans Are Lonely, Cigna Study Says," TIME, May 1, 2018, https://time.com/5261181/young-americans-are-lonely/.

22. "Are You Feeling Lonely?" Cigna, May 1, 2018, https://www.cigna.com/about-us/newsroom/studies-and-reports/loneliness-questionnaire.

23. Ellen E. Lee, Colin Depp, Barton W. Palmer, Danielle Glorioso, Rebecca Daly, Jinyuan Liu, Xin M. Tu, Ho-Cheoi Kim, Peri Tarr, Yasunori Yamada, and Dilip V. Jeste, "High prevalence and adverse health effects of loneliness in community-dwelling adults across the life span: role of wisdom as a protective factor," International Psychogeriatrics (December 2018): 1-16, https://doi.org/10.1017/S1041610218002120.

24. Catherine Steiner-Adair and Teresa Barker, The Big Disconnect: Protecting Childhood and Family Relationships in the Digital Age (New York: Harper, 2014).

25. "Suicide Rates (per 100,000 Population)," World Health Organization, December 27, 2018, https://www.who.int/gho/mental_health/suicide_rates/en/.

26. Holly Hedegaard, Sally C. Curtin, and Margaret Warner, Suicide Mortality in the United States, 1999-2017, National Center for Health Statistics, https://www.cdc.gov/nchs/products/databriefs/db330.htm.

27. Erika Beras, "Bhutanese Refugees Face a High Suicide Rate," Center for Health Journalism, January 29, 2014, accessed September 6, 2019, https://www.centerforhealthjournalism.org/bhutanese-refugees-face-high-suicide-rate.

28. Panos Christodoulou, "This is how it feels to be lonely," The Forum, March 11, 2015, http://migrantsorganise.org/wp-content/uploads/2014/09/Lone-liness-report_The-Forum_UPDATED.pdf.

29. Ibid.

30. Population Division of the UN Department of Economic and Social Affairs(DESA), "International Migrant Stock 2019," UN, accessed September 25, 2019, https://www.un.org/development/desa/en/news/

population/international-migrant-stock-2019.html.

31. "Global Migration Indicators 2018," Global Migration Data Analysis Centre(GMDAC) International Organization for Migration, accessed September 25, 2019, https://publications.iom.int/system/files/pdf/global_migration_indicators_2018.pdf.

32. "Statistical Communiqu? of the People's Republic of China on the 2018 National Economic and Social Development," National Bureau of Statistics of China, February 28, 2019, http://www.stats.gov.cn/english/PressRelease/201902/t20190228_1651335.html.

33. Haining Wang, Fei Guo, and Zhiming Cheng, "A distributional analysis of wage discrimination against migrant workers in China's urban labour market," Urban Studies 52, no. 13 (October 2015): 2383-2403, https://www.jstor.org/stable/26146146.

34. "Brakes on China's floating population," South China Morning Post, September 19, 2019, https://www.scmp.com/article/980385/brakes-chinas-floating-population.

35. Hisao Endo, "National Institute of Population and Social Security Research," National Institute of Population and Social Security Research, 2017, http://www.ipss.go.jp/pr-ad/e/ipss_english2017.pdf.

36. Yahoo! Travel, "From Rent-a-Friends to Chairs that Give Hugs: Japan's Wacky Anti-Loneliness Attractions," Yahoo! Lifestyle, November 7, 2014, accessedSeptember 6, 2019, https://www.yahoo.com/lifestyle/attractions-to-beat-loneliness-in-japan-101965056519.html.

37. Elizabeth Shim, "South Korea's suicide rate declines, but not among elderly," UPI, June 11, 2019, https://www.upi.com/Top_News/World-News/2019/06/11/South-Koreas-suicide-rate-declines-but-not-among-elderly/8341560265246/.

38. "Why Are So Many Elderly Asians Killing Themselves?" NBC News, Feb-ruary 18, 2014, https://www.nbcnews.com/news/world/why-are-so-many-elderly-asians-killing-themselves-n32591.

39. "2017 National Population Projections Tables," United States Census Bureau, accessed September 25, 2019, https://www.census.gov/data/

tables/2017/demo/popproj/2017-summary-tables.html.

40. D'Vera Cohn and Paul Taylor, "Baby Boomers Approach 65 Glumly," Pew Research Center Social & Demographic Trends, December 20, 2010, https://www.pewsocialtrends.org/2010/12/20/baby-boomers-approach-65-glumly/.

41. Kim Parker, Juliana Menasce Horowitz, Anna Brown, Richard Fry, D'Vera Cohn, and Ruth Igielnik, "Demographic and economic trends in urban, suburban and rural communities," Pew Research Center Social & Demographic Trends, May 22, 2018, https://www.pewsocialtrends.org/2018/05/22/demographic-and-economic-trends-in-urban-suburban-and-rural-communities/.

42. Ruth Igielnik and Anna Brown, "5 Facts about U.S. suburbs," Pew Research Center, October 2, 2018, accessed August 29, 2019, https://www.pewre-search.org/fact-tank/2018/10/02/5-facts-about-u-s-suburbs.

43. Laura Santhanam, "Nearly 80 percent of Americans concerned lack of civility in politics will lead to violence, poll says," Public Broadcasting Service, November 1, 2018, https://www.pbs.org/newshour/politics/nearly-80-percent-of-americans-concerned-negative-tone-lack-of-civility-will-lead-to-violence-poll-says.

44. Adam Waytz, Liane L. Young, and Jeremy Ginges, "Motive attribution asymmetry for love vs. hate drives intractable conflict," Proceedings of the National Academy of Sciences 111, no. 44 (2014): 15687-92, https://doi.org/10.1073/pnas.1414146111.

45. "Welcome to the Center for Courage & Renewal," Center for Courage & Renewal, accessed September 6, 2019, http://couragerenewal.org.

5장 외로움의 가면 벗기기

1. Frieda Fromm Reichmann, "Loneliness," Psychiatry 22, no. 1 (1959): 1-15, https://doi.org/10.1080/00332747.1959.11023153.

2. Jean M. Twenge, Roy F. Baumeister, Dianne M. Tice, and Tanja S.

Stucke, "If you can't join them, beat them: Effects of social exclusion on aggressive behavior," Journal of Personality and Social Psychology 81, no. 6 (2001): 1058-69, https://doi.org/10.1037/0022-3514.81.6.1058.

3. "California Criminal Justice Reform: Potential Lessons for the Nation," US House Committee on the Judiciary-Democrats, July 13, 2019, https://judiciary.house.gov/legislation/hearings/california-criminal-justice-reform-potential-lessons-nation.

4. John Cacioppo and Stephanie Cacioppo, "The Social Muscle," Harvard Business Review, October 2, 2017, https://hbr.org/2017/10/the-social-muscle.

5. A Vedanta Kesari Presentation, Service: Ideal and Aspects (Chennai, India:Lulu Press, Inc., May 2, 2014).

6. "Hinduism & Service," American World Hindu Service, accessed September 6, 2019, https://www.ahwsngo.org/hinduism-and-service.

7. Christian Smith and Hilary Davidson, The Paradox of Generosity: Giving We Receive, Grasping We Lose (New York: Oxford University Press, 2014).

8. Ashoka, "12 Great Quotes From Gandhi On His Birthday," Forbes, October 2, 2012, https://www.forbes.com/sites/ashoka/2012/10/02/12-great-quotes-from-gandhi-on-his-birthday/.

9. Valeria Motta, "Interview with Steve Cole on Loneliness," Imperfect Cog-nitions (blog), November 10, 2016, https://imperfectcognitions.blogspot.com/2016/11/interview-with-steve-cole-on-loneliness.html.

10. Tristen K. Inagaki, Kate E. Bryne Haltom, Shosuke Suzuki, Ivana Jevtic, Erica Hornstein, Julienne E. Bower, and Naomi I. Eisenberger, "The Neurobiology of Giving Versus Receiving Support," Psychosomatic Medicine 78, no. 4 (May 2016): 443-53, https://doi.org/10.1097/psy.0000000000000302.

11. Dawn C. Carr, Ben Lennox Kail, Christina Matz-Costa, and Yochai Z. Shavit,"Does Becoming A Volunteer Attenuate Loneliness Among Recently Widowed Older Adults?" The Journals of Gerontology: Series B 73, no. 3 (July 2017): 501-10, https://doi.org/10.1093/geronb/gbx092.

12. Bill Wilson, Alcoholics Anonymous: The Story of How Many Thousands of Men and Women Have Recovered from Alcoholism (New York: Alcoholics Anonymous World Services, [1939] 2001).

13. "Questions & Answers on Sponsorship," Questions & Answers on Sponsorship(New York: Alcoholics Anonymous World Services, Inc., 1976), https://www.aa.org/assets/en_US/p-15_Q&AonSpon.pdf.

14. Bryan E. Robinson, #Chill: Turn off Your Job and Turn on Your Life (New York:William Morrow, 2018).

15. "Trauma," SAMHSA-HRSA Center for Integrated Health Solutions, accessed September 30, 2019, https://www.integration.samhsa.gov/clinical-practice /trauma.

16. Melissa T. Merrick, Derek C. Ford, Katie A. Ports, and Angie S. Guinn, "Prevalence of Adverse Childhood Experiences From the 2011- 2014 Behavioral Risk Factor Surveillance System in 23 States," JAMA Pediatrics 172, no.11 (September 1, 2018): 1038-44, https://doi.org/10.1001/jamapediatrics.2018.2537.

17. Emmy E. Werner, "Risk, resilience, and recovery: Perspectives from the Kauai Longitudinal Study," Development and Psychopathology 5, no. 4 (1993): 503-15, https://doi.org/10.1017/s095457940000612x.

18. Emmy Werner, "Resilience and Recovery: Findings from the Kauai Longitudinal Study," FOCAL POiNT Research, Policy, and Practice in Children'sMental Health 19, no. 1 (Summer 2005): 11-14, https://www.pathwaysrtc.pdx.edu/pdf/fpS0504.pdf.

19. Emmy Werner and Ruth Smith, Overcoming the Odds: High Risk Children from Birth to Adulthood (Ithaca and London: Cornell University Press, 1992).

20. Emmy Werner, "Risk, Resilience, and Recovery," Reclaiming Children and Youth 21, no. 1 (2012): 18-23.

21. Mary Karapetian Alvord and Judy Johnson Grados, "Enhancing Resilience in Children: A Proactive Approach," Professional Psychology: Research and Practice 36, no. 3 (2005): 238-45, https://psycnet.apa.org/doi/10.1037/0735-7028.36.3.238.

22. Camelia E, Hostinar and Megan R. Gunnar, "Social Support Can Buffer against Stress and Shape Brain Activity," AJOB Neuroscience, US National Library of Medicine, July 1, 2015, https://www.ncbi.nlm.nih. gov/pmc/articles/PMC4607089/.

23. "Toxic Stress," Center on the Developing Child, Harvard University, accessed October 1, 2019, https://developingchild.harvard.edu/science/ key-con-cepts/toxic-stress.

24. Jessica Mitchell, PhD, "2018 Big Brothers Big Sisters of America Annual Impact Report," Big Brothers Big Sisters of America, April 2019, accessed August 30, 2019, https://www.bbbs.org/wp-content/ uploads/2018-BBBSA-Annual-Impact-Report.pdf.

25. "Research on Big Brothers Big Sisters," Big Brothers Big Sisters of America, accessed October 2, 2019, https://www.bbbs.org/research/.

26. Shireen Pavri, "Loneliness: The Cause or Consequence of Peer Victimization in Children and Youth," The Open Psychology Journal 8, no. 1 (2015): 78-84, https://doi.org/10.2174/1874350101508010078.

27. Mechthild Schäfer, Stefan Korn, Peter K. Smith, Simon C. Hunter, Joaqán A.Mora-Merchán, Monika M. Singer, Kevin Van der Meulen, "Lonely in the crowd: Recollections of bullying," British Journal of Developmental Psychology 22, no. 3 (September 2004): 379-94, https:// doi.org/10.1348/0261510041552756.

28. Deborah Lessne and Christina Yanez, "Student Reports of Bullying: Results From the 2015 School Crime Supplement to the National Crime Victimization Survey," National Center for Education Statistics (NCES) Home Page, a part of the US Department of Education, December 20, 2016. https://nces.ed.gov/pubsearch/pubsinfo.asp?pubid=2017015.

29. Pernille Due, Bjørn E. Holstein, John Lynch, Finn Diderichsen, Saoirse Nic Gabhain, Peter Scheidt, Candace Currie, and The Health Behaviour in School-Aged Children Bullying Working Group, "Bullying and Symptoms among School-Aged Children: International Comparative Cross Sectional Study in 28 Countries," European Journal of Public Health 15, no. 2 (April 2005): 128-32, https://doi.org/10.1093/eurpub/

cki105.

6장 가장 진실된 감정을 공유하라

1. "American College Health Association National Assessment, Fall 2018," American College Health Association (ACHA), October 2018, https:// www.acha.org/documents/ncha/NCHA-II_Fall_2018_Reference_Group_ Executive_Summary.pdf.

2. Kali H. Trzesniewski and Susan Ebeler, "First year college students' sense of belonging," Unpublished data, University of California, Davis, 2019.

3. Ibid.

4. Daniel Eisenberg, Ezra Golberstein, and Justin B. Hunt, "Mental Health and Academic Success in College," The B. E. Journal of Economic Analysis & Policy9, no. 1 (September 14, 2009), https://doi. org/10.2202/1935-1682.2191.

5. Megan Foley Nicpon, Laura Huser, Elva Hull Blanks, Sonja Sollenberger, Christie Befort, and Sharon E. Robinson Kurpius, "The Relationship of Loneliness and Social Support with College Freshmen's Academic Performance and Persistence," Journal of College Student Retention: Research, Theory & Practice 8, no. 3 (2006): 345-58, https://doi. org/10.2190/a465-356m-7652-783r.

6. Catharine Beyes, Angela Davis-Unger, Nana Lowell, Debbie McGhee, and Jon Peterson, "UW Undergraduate Retention and Graduation Study," University of Washington Office of Educational Assessment, June 2014, accessed August 31, 2019, http://depts.washington.edu/ assessmt/pdfs/reports/OEAReport1401.pdf.

7. Genevieve Glatsky, "A college junior wants you to have a deep conversation with 20 strangers in Center City," Daily Pennsylvanian, October 26, 2016, https://www.thedp.com/article/2016/10/space-conversation-with-strang-ers-serena-bian.

8. Thomas Merton, The Wisdom of the Desert: Sayings from the Desert

Fathers of the Fourth Century (New York: New Directions Publishing Corp, 1970).

9. Susan Cain, Quiet: The Power of Introverts in a World That Can't Stop Talking (New York: Broadway Books, 2012).

10. Julieta Galante, Ignacio Galante, Marie-Jet Bekkers, and John Gallacher, "Effect of kindness-based meditation on health and well-being: A systematic review and meta-analysis," Journal of Consulting and Clinical Psychology 82, no. 6(December 2014): 1101-1104, http://dx.doi. org/10.1037/a0037249.

11. Xianglong Zeng, Cleo P. K. Chiu, Rong Wang, Tian P. S. Oei, and Freedom Y. K. Leung, "The effect of loving-kindness meditation on positive emotions: a meta-analytic review," Frontiers in Psychology 6 (November 3, 2015): 1693, https://doi.org/10.3389/fpsyg.2015.01693.

12. Christopher R. Long and James R. Averill, "Solitude: An Exploration of Benefits of Being Alone," Journal for the Theory of Social Behaviour 33, no. 1 (2003): 21-44, https://doi.org/10.1111/1468-5914.00204.

13. Paul Piff and Dacher Keltner, "Why Do We Experience Awe?" New York Times, May 22, 2015, https://www.nytimes.com/2015/05/24/opinion/ sun-day/why-do-we-experience-awe.html.

14. Paul K. Piff, Pia Dietze, Matthew Feinberg, Daniel M. Stancato, and Dacher Keltner, "Awe, the Small Self, and Prosocial Behavior," Journal of Personality and Social Psychology 108, no. 6 (2015): 883-99, http:// dx.doi.org/10.1037/pspi0000018.

7장 관계의 원 그리기

1. Kate Murphy, "Do Your Friends Actually Like You?," New York Times, August 6, 2016, https://www.nytimes.com/2016/08/07/opinion/sunday/ do-your-friends-actually-like-you.html.

2. Olga Khazan, "How Loneliness Begets Loneliness," Atlantic Media Com-pany, April 6, 2017, https://www.theatlantic.com/health/ archive/2017/04/how-loneliness-begets-loneliness/521841/.

3.   John T. Cacioppo, "John Cacioppo on How to Cope with Loneliness," Big Think, November 3, 2008, https://bigthink.com/videos/john-cacioppo-on-how-to-cope-with-loneliness.

4.   Liz Mineo, "Good genes are nice, but joy is better," Harvard Gazette, April 11, 2017, https://news.harvard.edu/gazette/story/2017/04/over-nearly-80-years -harvard-study-has-been-showing-how-to-live-a-healthy-and-happy-life/.

5.   Robert Waldinger, What makes a good life? Lessons from the longest study on happiness, November 2015, TED, 12:36, https://www.ted.com/talks/robert_waldinger_what_makes_a_good_life_lessons_from_the_longest_study_on_happiness..

6.   Stephanie Coontz, "Too Close for Comfort," New York Times, November 6, 2006, https://www.nytimes.com/2006/11/07/opinion/07coontz.html.

7.   Kim Parker and Renee Stepler, "As U. S. marriage rate hovers at 50%, educational gap in marital status widens," Pew Research Center, September 14, 2017, https://www.city-journal.org/decline-of-family-loneliness-epidemic.

8.   Wendy Wang and Kim Parker, "Record Share of Americans Have Never Married," Pew Research Center Social & Demographic Trends, January 14, 2015, https://www.pewsocialtrends.org/2014/09/24/record-share-of-americans-have-never-married/.

9.   Gallup, Inc. "State of the American Workplace," Gallup.com, 2017, accessed August 8, 2019, https://www.gallup.com/workplace/238085/state-american-workplace-report-2017.aspx.

10.   Shawn Achor, Gabriella Rosen Kellerman, Andrew Reece, and Alexi Robichaux, "America's Loneliest Workers, According to Research," HarvardBusiness Review, April 11, 2018, https://hbr.org/2018/03/americas-loneliest-workers-according-to-research.

11.   Hakan Ozcelik and Sigal G. Barsade, "No Employee an Island: WorkplaceLoneliness and Job Performance," Academy of Management Journal 61, no. 6(2018): 2343-66, https://doi.org/10.5465/amj.2015.1066.

12.   Annamarie Mann, "Why We Need Best Friends at Work," Gallup.com,

January 15, 2018, https://www.gallup.com/workplace/236213/why-need-best-friends-work.aspx.

13. Rodd Wagner and Jim Harter, "The Tenth Element of Great Managing," Gallup Business Journal, February 14, 2008, https://news.gallup.com/business-journal/104197/tenth-element-great-managing.aspx.

14. Annamarie Mann, "Why We Need Best Friends at Work," Gallup.com, August 7, 2019, https://www.gallup.com/workplace/236213/why-need-best-friends-work.aspx.

15. Wayne Baker, Rob Cross, and Melissa Wooten, "Positive Organizational Network Analysis and Energizing Relationships," in Positive Organizational Scholarship Foundations of a New Discipline, ed. Kim S. Cameron, Jane E. Dutton,and Robert E. Quinn (San Francisco, CA: Berrett-Koehler, 2003), http://webuser.bus.umich.edu/wayneb/pdfs/energy_networks/pona.pdf.

16. Ibid.

17. Jane E. Dutton and Emily D. Heaphy, "The Power of High-Quality Connections," in Positive organizational scholarship: Foundations of a New Discipline, ed. Kim S. Cameron, Jane E. Dutton, and Robert E. Quinn (San Francisco: Berrett-Koehler, 2003), http://webuser.bus.umich.edu/janedut/high%20quality%20connections/power%20high%20quality.pdf.

18. Wayne Baker, "The More You Energize Your Coworkers, the Better Everyone Performs," Harvard Business Review, September 15, 2016, https://hbr.org/2016/09/the-energy-you-give-off-at-work-matters.

19. Bradley P. Owens, Wayne E. Baker, Dana McDaniel Sumpter, and Kim S.Cameron, "Relational energy at work: Implications for job engagement andjob performance," Journal of Applied Psychology 101, no. 1 (January 2016): 35-49, http://dx.doi.org/10.1037/apl0000032.

20. J. E. Dutton, Energize Your Workplace: How to Create and Sustain High-Quality Connections at Work (San Francisco: Jossey-Bass Publishers, 2003).

21. Wayne Baker, "The More You Energize Your Coworkers, the Better

Everyone Performs," Harvard Business Review, September 15, 2016, https://hbr.org/2016/09/the-energy-you-give-off-at-work-matters.

22. Nicholas Epley, "Let's make some Metra noise," Chicago Tribune, June 3, 2011, https://www.chicagotribune.com/opinion/ct-xpm-2011-06-03-ct-perspec-0605-metra-20110603-story.html.

23. Eric Klinenberg, Heat Wave: A Social Autopsy of Disaster in Chicago (Chicago: University of Chicago Press, 2015).

24. Tim Adams, "John Cacioppo: 'Loneliness is like an iceberg it goes deeperthan we can see,'" The Guardian, February 28, 2016, https://www.theguardian.com/science/2016/feb/28/loneliness-is-like-an-iceberg-john-cacioppo-social-neuroscience-interview.

25. Michele Debczark, "English Towns Are Installing 'Chat Benches' to Com-bat Loneliness," Mental Floss, June 26, 2019, https://mentalfloss.com/article/586572/chat-benches-combat-loneliness-in-uk.

8장 아이들을 위한 세상

1. Carl Desportes Bowman, James Davidson Hunter, Jeffrey S. Dill, and Megan Juelfs-Swanson, "Culture of American Families: Executive Report," Institute for Advanced Studies in Culture, 2012, http://sociology.as.dev.artsci.virginia.edu/sites/sociology.as.virginia.edu/files/IASC_CAF_ExecReport.pdf.

2. "The Children We Mean to Raise: The Real Messages Adults Are Sending About Values," Making Caring Common, July 7, 2014, https://mcc.gse.harvard.edu/reports/children-mean-raise.

3. Roy F. Baumeister, Jean M. Twenge, and Christopher K. Nuss, "Effects of social exclusion on cognitive processes: Anticipated aloneness reduces intelligent thought," Journal of Personality and Social Psychology 83, no. 4 (November2002): 817-27, https://doi.org/10.1037/0022-3514.83.4.817.

4. Helen Y. Weng, Andrew S. Fox, Alexander J. Shackman, Diane E. StodolaJessica Z. K. Caldwell, Matthew C. Olson, Gregory M. Rogers,

and Richard J. Davison, "Compassion Training Alters Altruism and Neural Responses to Suffering," Psychological Science 24, no. 7 (July 2013): 1171–1180, https://doi.org/10.1177/0956797612469537.

5.   Patricia A. Adler and Peter Adler, Peer Power: Preadolescent Culture and Identity (New Brunswick, NJ: Rutgers University Press, 2003).

6.   Kathryn M. LaFontana and Antonius H. N. Cillessen, "Developmental Changes in the Priority of Perceived Status in Childhood and Adolescence," Social Development 19, no. 1 (January 6, 2010): 130–47, https://doi.org/10.1111/j.1467–9507.2008.00522.x.

7.   Nancy G. Guerra and Catherine P. Bradshaw, "Linking the prevention of problem behaviors and positive youth development: Core competencies for positive youth development and risk prevention," New Directions for Child and Adolescent Development 2008, no. 122 (2008): 1–17, https://doi.org/10.1002/cd.225.

8.   Lise M. Youngblade, Christina Theokas, John Schulenberg, Laura Curry, I-Chan Huang, and Maureen Novak, "Risk and Promotive Factors in Families, Schools, and Communities: A Contextual Model of Positive Youth Development in Adolescence," Pediatrics 119, Supplement 1 (March 2007): S47–S53, https://doi.org/10.1542/peds. 2006–2089h.

9.   "The Common Sense Census: Media Use by Tweens and Teens," Common Sense, 2015, https://www.commonsensemedia.org/sites/default/files/uploads/research/census_researchreport.pdf.

10. Lori Nathanson, Susan E. Rivers, Lisa M. Flynn, and Marc A. Brackett, "Creating Emotionally Intelligent Schools With RULER," Emotion Review 8, no. 4(2016): 305–10, https://doi.org/10.1177/1754073916650495.

11. Marc A. Brackett and Susan E. Rivers, "Transforming Students' Lives with Social and Emotional Learning," in International Handbook of Emotions in Education, ed. Reinhard Pekrun and Lisa Linnenbrink–Garcia (New York: Routledge, 2014): 368, https://doi.org/10.4324/9780203148211. ch19.

12. Carolin Hagelskamp, Marc A. Brackett, Susan E. Rivers, and Peter Salovey, "Improving Classroom Quality with The RULER Approach

to Social and Emotional Learning: Proximal and Distal Outcomes," American Journal of Community Psychology 51, no. 3–4 (2013): 530–43, https://doi.org/10.1007/s10464-013-9570-x.

13. Ruth Castillo, Pablo Fernández–Berrocal, and Marc A. Brackett, "Enhancing Teacher Effectiveness in Spain: A Pilot Study of The RULER Approach to Social and Emotional Learning," Journal of Education and Training Studies 1, no. 2 (2013), https://doi.org/10.11114/jets.v1i2.203.

14. Susan E. Rivers, Marc A. Brackett, Maria R. Reyes, Nicole A. Elbertson, and Peter Salovey, "Improving the Social and Emotional Climate of Class-rooms: A Clustered Randomized Controlled Trial Testing the RULER Approach," Prevention Science 14, no. 1 (November 28, 2012): 77-87, https://doi.org/10.1007/s11121-012-0305-2.

15. Maria Regina Reyes, Marc A. Brackett, Susan E. Rivers, Nicole A. Elbertson, and Peter Salovey, "The Interaction Effects of Program Training, Dosage, and Implementation Quality on Targeted Student Outcomes for The RULER Approach to Social and Emotional Learning," School Psychology Review 41, no.1 (2012): 82–99, http://ei.yale.edu/wp-content/uploads/2013/08/pub318_Reyesetal2012_SPR.pdf.

16. Marc A. Brackett, Susan E. Rivers, Maria R. Reyes, and Peter Salovey, "Enhancing academic performance and social and emotional competence with the RULER feeling words curriculum," Learning and Individual Differences 22, no. 2 (2012): 218-24, https://doi.org/10.1016/j.lindif.2010.10.002.

외로움은 삶을 무너뜨리는 질병

우리는 다시 연결되어야 한다

제1판 1쇄 발행 | 2020년 7월 29일
제1판 4쇄 발행 | 2024년 9월 19일

지은이 | 비벡 H. 머시
옮긴이 | 이주영
펴낸이 | 김수언
펴낸곳 | 한국경제신문 한경BP

주소 | 서울특별시 중구 청파로 463
기획출판팀 | 02-3604-590, 584
영업마케팅팀 | 02-3604-595, 583   FAX | 02-3604-599
H | http://bp.hankyung.com   E | bp@hankyung.com
F | www.facebook.com/hankyungbp
등록 | 제 2-315(1967. 5. 15)

ISBN 978-89-475-4612-6 03300